AtV

Wilhelm von Sternburg, geb. 1939 in Stolp, aufgewachsen in Wiesbaden, studierte Volkswirtschaft und Geschichte. Er arbeitete in den politischen Redaktionen mehrerer Tageszeitungen und als Rundfunk- und Fernsehjournalist (von 1989 bis 1993 als Chefredakteur Fernsehen des Hessischen Rundfunks). Er drehte einige Filme für die ARD (u. a. über Lion Feuchtwanger, Arnold Zweig, Erich Maria Remarque und Anna Seghers). Seit 1994 lebt er als freier Autor in Wiesbaden und Irland.

Buchveröffentlichungen u. a.: Fall und Aufstieg der deutschen Nation (1993), Lion Feuchtwanger. Ein deutsches Schriftstellerleben (AtV), Warum wir? Die Deutschen und der Holocaust (AtV), »Um Deutschland geht es uns«. Arnold Zweig. Die Biographie (Aufbau-Verlag 1998), »Als wäre alles das letzte Mal«. Erich Maria Remarque. Eine Biographie (1998), Deutsche Republiken. Scheitern und Triumph der Demokratie (1999), zahlreiche Herausgaben.

Wilhelm von Sternburg ergänzt und korrigiert bisherige Lebensbilder des ersten Kanzlers der Bundesrepublik Deutschland. Er stellt einen patriarchalischen Demokraten vor, dessen Politik sehr häufig nicht auf rationalen Entscheidungen oder langfristig angelegten Konzeptionen beruhte, sondern auf Improvisation und Anpassungsbereitschaft. Die Adenauer-Ära bewertet er auch als eine Zeit der verpaßten Chancen und der gesellschaftlichen Restauration, die in vielen Punkten an die Nazizeit anknüpfte.

Für die Neuauflage der Biographie hat Wilhelm von Sternburg sachliche Fehler berichtigt, auf die ihn Kritiker oder neue Arbeiten über Adenauer und die Frühgeschichte der Bundesrepublik hinwiesen.

Wilhelm von Sternburg

Adenauer
Eine deutsche Legende

Biographie

Aufbau Taschenbuch Verlag

Mit 23 Abbildungen

ISBN 3-7466-1714-6

1. Auflage 2001

Umschlaggestaltung Preuße & Hülpüsch Grafik Design
unter Verwendung eines Fotos von AKG Berlin/AP
Satz LVD GmbH, Berlin
Druck Clausen & Bosse, Leck
Printed in Germany

www.aufbau-taschenbuch.de

Für Judith, Dodo und Maxi

Inhalt

»Gehen Sie mir mit dem ›Schicksal‹!
Die Politik ist das Schicksal.«

Napoleon

Vorwort

Die Gründerjahre der alten Bundesrepublik und die Politik ihres ersten Kanzlers sind mit dem Fall der Berliner Mauer 1989 endgültig Geschichte geworden. Erst mit der Wiedervereinigung endete der Zweite Weltkrieg – nicht in seiner moralischen, aber in seiner politischen Dimension – für die Deutschen wirklich. Der Streit um die Deutschland-Politik und die leidenschaftliche Debatte über die Rolle des Gründungskanzlers erscheinen den Jüngeren heute ungefähr so fern wie ihren Großeltern und Eltern die Bismarck-Jahre, der Wilhelminismus, die Weimarer Republik oder die Hitler-Diktatur. Über Adenauer und seine Zeit nachzudenken, bleibt aber deswegen nicht weniger faszinierend. Und das nicht nur, weil vieles, was damals entschieden wurde, von den Heutigen noch miterlebt und miterlitten wurde. Adenauer ist eine geschichtswirkende Figur gewesen. In seiner 1994 erschienenen, umfangreichen und erfrischend kritischen Biographie schreibt der Historiker Henning Köhler: »Eine Persönlichkeit vom historischen Range Konrad Adenauers kommt nicht aus der Mode.« So ist es.

Dieser biographische Essay über einen bedeutenden Staatsmann erschien erstmals 1987, also in einer Zeit, in der Deutschland noch geteilt war und das sowjetische Imperium noch bestand. Es gab zu diesem Zeitpunkt kaum jemanden in Ost oder West, der geahnt hat, vor welchen dramatischen politischen Veränderungen die Welt nur zwei Jahre später stehen sollte. Das Bild Adenauers war damals im Urteil der Deutschen doppelgesichtig:

In der Bundesrepublik erschienen mehr oder weniger apologetische Darstellungen seines Lebens und seines politischen Werkes, in der DDR blieb es bei der Verteufelung, die Adenauer dort schon zu Lebzeiten erfahren hatte. Beide Betrachtungsweisen gingen an der Wirklichkeit vorbei. Weder Engel noch Teufel war er, sondern ein Machtpolitiker, der mit Glück und Tüchtigkeit ein beachtliches Werk schuf. Adenauer irrte sich vielfach, und seine Politik beruhte sehr häufig nicht auf rationalen Entscheidungen oder langfristig angelegten Konzeptionen, wie es seine bewundernden Biographen darzustellen bemüht sind, sondern auf Improvisation und Anpassungsbereitschaft. Vor allem aber war das Handeln Adenauers vom Willen zur persönlichen Machterhaltung bestimmt. Aber er war im Gegensatz zur östlichen Propaganda während seiner Kanzlerzeit kein »Kriegshetzer«, »Revanchist« oder »Erfüllungsgehilfe des internationalen Kapitalismus«. Beide Sichtweisen bleiben auch nach der Wiedervereinigung und nach dem Ende der Bonner Republik eindimensional und ideologisch fixiert.

Die Neuauflage dieses Buches ist vom Verfasser nur leicht überarbeitet worden. Korrigiert wurden sachliche Fehler, auf die ihn Kritiker oder neue Arbeiten über Adenauer und die Frühgeschichte der Bundesrepublik aufmerksam gemacht haben. Auch einige analytische Anmerkungen, die von der Aktualität überholt worden sind, wurden ergänzt, geändert oder gestrichen.

Wilhelm von Sternburg

Wiesbaden, September 2000

Kapitel 1
Risse an einem Kanzlerdenkmal

Das Außergewöhnliche läßt sich schon am Lebensalter ablesen. Als Konrad Adenauer am 15. September 1949 zum ersten Kanzler der Bundesrepublik Deutschland gewählt wird, ist er 73 Jahre alt. Der Mann, der am 15. Oktober 1963 in kerzengerader Haltung der vierzigminütigen Dankesrede des Parlamentspräsidenten stehend lauscht und Abschied von der so geliebten Macht nehmen muß, ist ein Greis von 87 Jahren. Der andere Gründungskanzler der Deutschen, Otto von Bismarck, war 75, als sich die Gnadensonne der Hohenzollern, an deren Geschlecht er seine schwindelerregende Karriere unauflöslich gebunden hatte, endgültig über ihm verdunkelte. Keiner von Adenauers 22 Vorgängern, mit Ausnahme des »Eisernen Kanzlers«, hat sich über einen Zeitraum von 14 Jahren im Amt halten können. Nur zwei – Chlodwig zu Hohenlohe-Schillingsfürst und Georg von Hertling – waren ebenfalls über 70, als sie ins Kanzleramt berufen wurden. Berufen, nicht gewählt. Helmut Kohl schaffte es mit 16 Kanzlerjahren bislang als einziger von allen Adenauer-Nachfolgern, länger an der Macht zu bleiben.

Das Alter wurde für Adenauer erst ganz spät zur Bürde. Er benutzte bis zum Tod keine Brille, über den 80jährigen sollen die Ärzte mit Bemerkungen wie »er hat das Herz eines Pferdes« und »das Arteriensystem eines jungen Mannes« ins Schwärmen geraten sein. Viele Jahre nutzte es dieser so vollständig der Politik verfallene Mann als erfolgreiche Waffe. Die jüngeren unter seinen Konkurrenten nahmen ihn lange nicht ernst genug, sahen in seinem zähen, von Intrigen und Kämpfen begleiteten Aufstieg nur einen durch die Natur zeitlich begrenzten Übergang – eine Einschätzung, zu der er selbst in entscheidenden Ämter-Diskussionen durch kokette und scharf kalkulierte Hinweise beizutragen wußte. Als der Erfolg sich dann einstellte, als es den Bürgern im westlichen Rumpfstaat des Bismarck-Nachlasses allmählich bewußt wurde, daß sie noch einmal davongekommen waren, der Schuldschein der Geschichte bei den »Brüdern und Schwestern« im Osten, aber nicht bei ihnen mit letzter Konsequenz eingelöst werden mußte, war es zu spät. Da hatten sie schon die »Kanzlerdemokratie«, die mehr und mehr von der Gestalt des alten Mannes am Rhein überragt wurde.

Schon bald nach seinem Tod ist er ein Denkmal geworden. Zumindest in diesem Punkt zeigen sich Ähnlichkeiten mit dem Bismarck-Bild, das in den Jahren zwischen dem Sturz des Kanzlers und dem schmachvollen Verschwinden der Hohenzollern in den Schulbüchern und der Mehrzahl der historischen Schriften dieser Zeit gezeichnet wurde. Verschwunden scheint im Bewußtsein der meisten Deutschen die leidenschaftliche Auseinandersetzung um Adenauers Politik, der Streit etwa um den Weg in das westliche Bündnis, um die Bewahrung der Chance einer absehbaren Rückgewinnung der deutschen Einheit, um die Wiederbewaffnung, um die gesellschaftspolitischen Grundlagen der zweiten, demokratisch organisierten Republik auf deutschem Boden. Seine Biographen stehen bis auf wenige Ausnahmen mehr oder weniger im Bann eines politischen Lebenswerkes, das im Rückblick tatsächlich reichlich Anlaß zu fast kritikloser Bewunderung bietet. In den dickleibigen Werken zur Geschichte der Bundesrepublik, die in den vergangenen Jahrzehnten veröffentlicht wurden, verkürzen sich die Alternativen zu Adenauers Entscheidungen häufig zu zeitgeschichtlichen Randnotizen, überstrahlt der christdemokratische Parteiführer, Kanzler und Staatsmann seine Gegner und Weggefährten, wird aus dem Flickwerk, das Politik nun einmal immer nur sein kann, ein in weiser Voraussicht entworfenes, in sich stimmiges politisches Konzept. Was teilweise nicht einmal ganz falsch ist, denn Adenauers Denken basierte auf einigen wenigen Grundsätzen, die sich früh herausgebildet hatten und an denen er bis zum Ende starr festhielt.

Aber manche Detailstudie über Entscheidungen und Stationen dieser Karriere gibt tiefere Einblicke in Charakter und Politik Adenauers, als viele Globalbetrachtungen es bislang vermocht haben. Und es bleibt lohnend, die publizistischen Auseinandersetzungen der ersten 20 Jahre der Nachkriegszeit wieder nachzulesen, etwas von dem Geist der Zeit aufzuspüren, in der der »Übermensch« Adenauer noch nicht stilisiert worden war. Denn im Abstand der Jahre sind auch seine journalistischen Kritiker von einst, soweit sie ihn überlebt haben, milder geworden in ihrem Urteil über den Mann und sein Werk.

Die 91 Jahre dieses Politikerlebens überspannen einen historischen Zeitraum, der weit mehr an Veränderungen brachte, als die nackte Zahlenangabe dies auch nur andeuten kann. Konrad Adenauer wurde in einer Welt geboren, in der die großen, verändernden Bewegungen unserer Zeit zwar von manchem Denker und Deuter vorausschauend erkannt wurden, in der Bürger und Aristokraten, Kirchenmänner und Verbandsfunktionäre sich aber noch ganz dem Traum von abendländischer Größe und Einzigartigkeit, vom grenzenlosen persönlichen und nationalen Aufstieg hingaben.

Im Geburtsjahr Adenauers, 1876, war das Reich erst fünf Jahre alt, Bismarcks Koalitions-Alpträume begannen mit der gerade überwundenen »Krieg-in-Sicht«-Krise endgültig in den Mittelpunkt seines politischen Denkens zu rücken. Die Großstädte wuchsen in rasender Geschwindigkeit, die Dampfmaschine revolutionierte die industrielle Produktion, der kurzlebige Gründerboom war bereits von der ersten schweren Konjunkturkrise abgelöst worden. Es sollte nicht die einzige bleiben. Der Aufstieg der Arbeiterbewegung hatte begonnen, die auch in ihren langfristigen Folgen für das Denken der Deutschen verheerend wirkenden Sozialistengesetze kündigten sich schon an, die Mitgliederzahl der Freien Gewerkschaften erreichte die 50 000-Marke. Ferdinand Lassalle war schon zwölf Jahre tot. Aber Oben und Unten blieben noch deutlich getrennt, der gesellschaftliche Sprung innerhalb der festgelegten Klassenstruktur gelang, wenn überhaupt, nur durch die Anpassung an die herrschenden bürgerlichen Ideologien.

Als Adenauer am 19. April 1967 starb, war Deutschland zerstückelt, das britische und französische Weltreich zusammengebrochen, Europa durch zwei selbstmörderische Kriege weltpolitisch an den Rand gedrängt, wuchsen in Asien und Afrika schon längst neue Nationen heran, das Erbe des Kolonialismus als schwere Hypothek in das neue Zeitalter ihrer Geschichte übernehmend. Die Welt wurde beherrscht von zwei Mächten, deren Arsenale sich mit Waffen von unvorstellbarer Zerstörungskraft gefüllt hatten. Auf dem Boden des Landes, das er 14 Jahre regiert hatte, waren bald mehr Nuklearwaffen auf engstem Raum angehäuft als in jeder anderen Weltregion. Das christlich-abendländische Denken, das der Politiker und Katholik Adenauer in den Jahren nach 1945 immer wieder in Wahl- und Parteitagsreden beschwor, es sah sich zudem konfrontiert mit den millionenfachen Morden der Hitler-Jahre.

Das entscheidende politische Erlebnis des Bürgertums jedoch war die russische Oktoberrevolution von 1917. Bis zum Zusammenbruch des sowjetischen Imperiums verarbeiteten Europas Konservative diesen Alptraum nicht. Was damals geschah und bis fast zum Ende des

20. Jahrhunderts wie ein drohendes Menetekel an der Wand geschrieben stand, löste bei vielen von ihnen weit tiefer wirkende Ängste aus, als es der Faschismus je getan hatte. Adenauer machte hier keine Ausnahme. Auf der letzten Auslandsreise, nur wenige Wochen vor seinem Tod, traf er in Spanien mit Franco zusammen. Der General, so zitiert eine Mitreisende Adenauer, habe auf ihn »einen sehr klugen, überlegten Eindruck gemacht«. Der so Bewunderte hatte einen der blutigsten europäischen Bürgerkriege im vergangenen Jahrhundert ausgelöst und eine faschistische Diktatur errichtet. Als Adenauer ihn besuchte, starben in dem Land dieses treuen Sohnes der katholischen Kirche immer noch Menschen qualvoll durch die Garrotte.

Andererseits ist der Kommunismus, das »materialistische Denken«, in Adenauers Weltverständnis das Urübel seiner Zeit. Wie ein roter Faden zieht sich dieser Gedanke durch zahllose Reden, Briefe oder die Erinnerungsbücher dieses Politikers. Er hat denn auch, verstärkt durch die weltpolitischen Konstellationen des für die Geschichte der Deutschen so entscheidenden ersten Nachkriegsjahrzehnts, die Politik Adenauers nachdrücklicher beeinflußt als jede andere politische Idee. Dieser bedeutende Staatsmann, der der Natur ein Schnippchen schlagen konnte, da er scheinbar alterslos und mit ungeheurer Schaffenskraft durch seine Greisenjahre schritt, blieb in diesem Punkt ganz in den Traditionen des Bürgertums verhaftet, wurde Opfer seines eindimensionalen Denkens.

So ist er schließlich nicht nur der Gründungskanzler der Bundesrepublik geworden, sondern blieb auch der Teilungskanzler der Deutschen. Wie sich nämlich zeigen sollte, schloß das Eine, der wieder souveräne Staat, fest verankert in einem westlichen Militärbündnis, das Andere, die Rettung der Einheit der Deutschen, solange aus, bis das kommunistische Imperium ökonomisch und damit machtpolitisch zusammenbrach.

Kurt Schumacher und Jakob Kaiser sahen dies mit großer Klarheit. Ob ihnen, hätten sie im Machtkampf mit Adenauer den Sieg davongetragen, die Bildung eines freien und geeinten Deutschland damals gelungen wäre, erscheint dagegen sehr fraglich. Denn die Furcht vor der Wiederherstellung eines gesamtdeutschen Staates, der seine Nachbarn bereits zweimal in lange, blutige Auseinandersetzungen gestürzt hatte, beeinflußte nicht nur das Denken Stalins. Daß der rote Diktator von einer unersättlichen Landgier besessen war, kam noch hinzu. Aber auch in den Hauptstädten des Westens fanden die Deutschen kaum entschiedene Vorkämpfer für ihre Einigungswünsche. Es gehört zu den Illusionen der Adenauer-Jahre, daß die in den Westverträgen den Verbündeten abgerungenen Wiedervereinigungsbekenntnisse mehr bedeuteten als diplomatische Floskeln, mit denen dem bundesdeutschen Wähler die Zustimmung zur einseitigen Westorientierung schmackhafter gemacht werden sollte. Noch 1990 reagierten Frankreichs Präsident François Mitterand und die britische Premierministerin Maggie Thatcher überaus irritiert, als die Deutschen sich aufmachten, wieder gemeinsam in einem Staat zu leben.

Ob Adenauer selbst ernsthaft daran geglaubt hat, ein wiederhergestelltes Gesamtdeutschland gehöre zu den Zielen der Westalliierten, scheint bei der Klugheit dieses Politikers wenig wahrscheinlich. Auch wenn er häufig einem Wunschdenken erlegen war – in dieser zentralen Frage der Nachkriegspolitik kann er im Grunde nur mit beträchtlichen Realitätsverdrängungen Opfer eines Selbstbetrugs geworden sein. Es sei denn, die Politik des Rheinländers hätte ohnehin ganz andere Perspektiven gehabt als die dem Wähler dargelegte Doppelstrategie, Freiheit und Einheit durch Stärke und Westallianz. Schon kurz nach dem Ersten Weltkrieg stellte Walther Rathenau lapidar fest: »Zieht Preußen von Deutschland ab, was bleibt? Ein verlängertes Österreich, eine klerikale Republik? Der

Rheinbund.« Rheinbund-Gedanken aber trieben bereits den Kölner Oberbürgermeister der Weimarer Jahre recht heftig um. Adenauer lehnte die Wiedervereinigung in den Jahren seiner Kanzlerschaft natürlich nicht ab, aber seit den zwanziger Jahren besaß der Rheinstaat für ihn politische Priorität. Das blieb auch nach 1949 so.

Nun war es in den Jahrzehnten nach Adenauers Tod üblich geworden, Kritiker seiner Deutschlandpolitik unter der Rubrik »verkappte deutschnationale Staatsanwälte« (Hans-Peter Schwarz) abzulegen. Ein seltsames Wissenschaftsverständnis offenbarte sich da, und es zeigt sich gerade in diesem Punkt, wie empfindlich die geistigen Hüter des Erbes reagierten, wenn Risse am Kanzlerdenkmal auch nur angedeutet wurden.

Wer aber Schein und Wirklichkeit der Adenauerschen Politik zu beschreiben versuchte, die Widersprüchlichkeiten aufzeigte, die sich bei der Beurteilung von Wort und Tat offenbarten, mußte damit keineswegs ein großdeutsches Plädoyer ablegen. Es gab im Rückblick auf die europäische Geschichte in der ersten Hälfte des 20. Jahrhunderts mehr gute Gründe, einem starken deutschen »Reich der Mitte« mit Skepsis gegenüberzustehen, als etwa seine Wiedererrichtung zu befürworten.

Das Bismarck-Reich erlebte schon 47 Jahre nach seiner Gründung die ersten territorialen Beschädigungen, nach 75 Jahren war es wieder von der europäischen Landkarte verschwunden. In der tausendjährigen deutschen Geschichte blieb es also lediglich ein Zwischenspiel, dazu noch das dunkelste, das Europa je erlebt hat. Bevor Bismarck und Moltke in drei Kriegen ihr Reich zusammenschweißten, lebten die Deutschen mit zahllosen Grenzen, die ihre Länder voneinander trennten. Die Landschaft, die Konrad Adenauer hervorgebracht hat, gehörte zum frühen »Beutegut« Preußens. In diesen Regionen war die Erinnerung an die Zeit davor, an die eigenen, in Jahrhunderten gewachsenen Traditionen keineswegs erloschen.

Nach dem kurzen wilhelminischen Rausch, der auch die Rheinländer und die Bayern nicht kalt gelassen hatte, tauchten sie wieder mit neuer Macht empor. Weniger vielleicht bei den Volksmassen, die nach beiden Kriegen ganz andere Sorgen hatten, ums nackte Überleben kämpfen mußten. Aber die wirtschaftlichen und politischen Eliten liebäugelten im Westen und Süden stärker mit Autonomieideen und Rumpfstaatgedanken, als sie es später öffentlich eingestehen wollten.

Schließlich bleibt auch mit Blick auf die kommenden Jahrzehnte immer noch nachdenkenswert, was Jürgen Habermas in einer Betrachtung über die deutsche Zeitgeschichtsschreibung formuliert hat. »Die vorbehaltlose Öffnung der Bundesrepublik gegenüber der politischen Kultur des Westens«, so schrieb er in den achtziger Jahren, »ist die große intellektuelle Leistung unserer Nachkriegszeit, auf die gerade meine Generation stolz sein könnte.«

Das politische Gebilde, in dessen Gründungsphase Konrad Adenauer an entscheidender Stelle mitwirkte, wurde der erste deutsche Staat, in dem sich die große Mehrheit der Bürger uneingeschränkt zur parlamentarischen Demokratie angelsächsisch-französischer Prägung bekannt hat. Selbstverständlich war dies nicht, wie die Jahre der Weimarer Republik nachdrücklich gezeigt haben.

Und doch kann nicht übersehen werden, daß der Preis dieser Westorientierung von den 17 Millionen Deutschen östlich der Elbe entrichtet werden mußte. Ob er mit einer anderen Politik hätte gesenkt werden können, ob die Neutralisierung eines geeinten Deutschlands, eine deutsche Österreich-Lösung, je im Bereich des Möglichen gelegen hat, läßt sich wohl nie schlüssig beweisen. Aber daß Adenauer es in den entscheidenden Jahren nachdrücklich abgelehnt hat, auch nur ernsthaft zu prüfen, ob Chancen für einen solchen Weg gegeben waren, das läßt sich schon aus den Dokumenten erfahren, zu denen der Zugang niemandem mehr verwehrt wird.

Daß jeder Schritt zur Westintegration die Grenzpfähle zwischen beiden Teilen Deutschlands fester einrammte, haben viele Zeitgenossen dieses Kanzlers mit aller Deutlichkeit gesehen und gesagt. Und wie starr er an seinem unter den gegebenen politischen Konstellationen damals uneinlösbaren Stufenplan – erst Westbündnis, dann Wiedervereinigung – festhielt, schreibt er am Lebensende nicht nur selbst, sondern das zeigt auch sein jahrelanger Kampf gegen jedes Entspannungssignal aus Washington, London oder Paris. Als er dann, die drohende außenpolitische Isolierung erkennend, mit »Burgfrieden«-Vorschlägen und der Forderung nach Erleichterungen für die Bürger der DDR an Moskau herantrat, waren die Karten längst gemischt. Wie tief er das Scheitern seiner Deutschlandpolitik – sollte sie denn ernsthaft auf eine Wiedervereinigung angelegt gewesen sein – empfunden hat, darauf deutet seine Reaktion auf den Bau der Berliner Mauer im August 1961 hin. Der Kanzler verstummte. Er, der große Taktiker und Massenpsychologe, weigerte sich nach Berlin zu fliegen, versuchte Wahlkampf zu betreiben, als sei die Mauer ein Zwischenfall von vielen. Was hätte er auch sagen sollen, dämmerte es doch spätestens jetzt immer mehr Deutschen, welchen deutschlandpolitischen Leerformeln sie aufgesessen waren.

Bis in die letzten Lebensmonate hinein hat Adenauer versucht, an der Legende seiner Wiedervereinigungs-Strategie zu stricken. Die »Erinnerungen«, nach dem Abschied aus dem Amt geschrieben und unvollendet geblieben, sind durchzogen von Bekenntnissen zur »Politik der Stärke«, die allein die Sowjetunion zur Umkehr in der Deutschlandfrage bewegen könne. Die verzweifelten Wiederholungen dieser These nehmen schon beinahe pathologische Züge an. Er hat vielleicht gespürt, daß das Urteil der Geschichte über seine Kanzlerschaft gerade in diesem Punkt wenig schmeichelhaft ausfallen würde. Denn wer die öffentlichen Reden Adenauers durchblättert, sich die Wahlkampfparolen seiner Partei in den fünfziger Jahren in Erinnerung ruft, dem wird deutlich, welch tiefe Unwahrhaftigkeit die politische Auseinandersetzung der Adenauer-Zeit um die Einheit beherrscht hat. Daß sie dann ein Vierteljahrhundert nach seinem Tod doch Wirklichkeit wurde, hatte weniger mit deutscher Politik als vielmehr mit innersowjetischen Entwicklungen zu tun.

Kapitel 2

Annäherung an einen Charakter

Konrad Adenauer war Rheinländer. Die Landschaft seiner Geburt hat ihn über ein weitgespanntes Leben hinweg nicht losgelassen. Hier wuchs er auf, hier baute er seine Häuser, von hier stammten seine beiden Frauen, hier wurden seine Kinder geboren, hier erfüllten sich seine zwei politischen Karrieren. Mit Ausnahme einiger Studiensemester, dem kurzen, erzwungenen Aufenthalt während der Nazi-Zeit in Berlin und den Kanzler- und Urlaubsreisen ins Ausland, hat er das Rheintal kaum verlassen. Die Sprache, die Kultur, die Konfession dieser Region haben sein Denken, seine Sicht der Welt entscheidend geformt. Schließlich gründete er am Rhein das neue politische Zentrum Westdeutschlands.

Das politische Rheinland blickte – wenn auch mit sehr wechselhaften Gefühlen – seit jeher nach Westen. Das Geschehen in Frankreich, Belgien und den Niederlanden, der Handel mit dem britischen Weltreich berührte es häufig stärker als die Vorgänge im Osten. Berlin lag vom Rhein her gesehen oft ferner als Paris. Der Eroberer Napoleon fand in den Rheinstaaten seine engsten Verbündeten unter den Deutschen, Bismarck in den Jahren des Kulturkampfes seine stärksten Widersacher. Die separatistischen Auflösungstendenzen, die in den Weimarer Jahren mehrfach aufflammten, belebten die Rheinbund-Träume mancher rheinischer Industrieller und Politiker.

Im benachbarten Ruhrgebiet entwickelte sich seit der Mitte des 19. Jahrhunderts Deutschlands mächtigste Industrieregion. In Köln, lange Zeit aus seiner bis in die

Tage der Römer hineinreichenden Mittelpunktsrolle verdrängt, entstand ein bedeutendes Banken- und Gewerbezentrum. Als von 1917 an der Oberbürgermeister Konrad Adenauer hieß, stieg die Stadt wieder zur wirtschaftlichen und politischen Vormacht des Rheinlandes auf.

Preußische Provinz wurde es, als die »Heilige Allianz« in Wien das europäische Erbe Napoleons unter sich aufteilte. Gewöhnt hatten sich die Rheinländer nur schwer an die neuen protestantischen Herren aus dem Osten. Die Liberalen empörte die konservative Staatsideologie der Preußen, der wachsende Druck der Restaurationspolitik, der auf die Napoleon-Ära folgte. Die Katholiken litten unter der Entmachtung, die auch in der Besetzung führender Verwaltungspositionen durch Protestanten ihren Niederschlag fand. Die Kölner blickten neidisch nach Koblenz, das Preußen nicht ohne machtpolitischen Hintersinn zur »Hauptstadt« seiner neuen Provinz gemacht hatte.

Abgeschwächt wurden die anti-preußischen Affekte erst ganz allmählich: Als 1870 die vaterländische Begeisterung die Deutschen nach Sedan und Paris blicken ließ, Bismarck den Kulturkampf beendete, der wilhelminische Imperialismus das Bürgertum in der Bülow-Ära endgültig überwältigte, glanzvolle Kaiserbesuche versöhnliche Akzente setzten. Die besitzende Klasse arrangierte sich ohnehin rasch, als sie merkte, daß die Zollunion und dann die Reichsgründung neue ökonomische Perspektiven eröffneten.

Wer sich dem Charakter und dem politischen Weltbild Adenauers zu nähern versucht, der wird den hohen Stellenwert seiner Eingebundenheit in diese deutsche Landschaft kaum überschätzen können. Als ihn die Vaterstadt 1951 zum Ehrenbürger macht, dankt er mit einem persönlichen Bekenntnis: »Sie wissen, daß ich hier geboren bin, daß ich meine Jugend hier verbracht habe, daß dieser Stadt die Kraft meiner Mannesjahre gegolten hat. Aber was ich dieser Stadt gegeben habe, das hat mir dieser Boden und diese Stadt hundertfach wiedergegeben. Denn was ich bin – im Guten und im Schlechten –, das ist gewachsen auf diesem Boden und geformt worden von dieser Umgebung und in dieser Atmosphäre.«

Dieses Köln, seine Weltoffenheit, der liberale Pragmatismus, der es so auszeichnete, die sprichwörtliche »Klüngelei«, mit der im Schatten des Doms Geschäfte betrieben und wichtige Posten vergeben wurden, hat Adenauer bis in die Sprache hinein geformt. Seine Härte, die Skrupellosigkeit bei der Wahl der Mittel, mit denen er ehrgeizig seine Karriere vorantrieb oder seine Politik durchsetzte, sein ausgeprägter Zynismus, mit dem er Menschen behandelte, sie nutzte oder fallen ließ, je nach Bedarf und Situation, dies alles wurde für die Umwelt (und die Wähler) häufig abgemildert durch die weichen, verharmlosenden Klänge des von ihm so gern genutzten rheinischen Dialektes.

Da ihm zudem die Gabe der Schlagfertigkeit in hohem Maß gegeben war, gelang es Adenauer in schwierigen Verhandlungen immer wieder, mit seinem »rheinischen Humor« dramatische Situationen zu entkrampfen, unangenehmen Fragen auf Pressekonferenzen durch recht nichtssagende humorige Antworten auszuweichen, überschäumende Emotionen auf Parteitagen oder politischen Konferenzen souverän zu glätten. Das Kalkül, das hinter dieser Haltung stand, haben viele, die mit ihm oder gegen ihn arbeiteten, erst durchschaut, als die Entwicklung längst über sie hinweggegangen war, Adenauer seine persönlichen oder politischen Ziele durchgesetzt hatte.

Eine vielleicht noch bedeutendere Mitgift aus dem rheinländischen Erbe war Adenauers nie verlorengegangene Fähigkeit, pragmatisch zu operieren. Politik war für ihn ein durch und durch praktisches Geschäft, im wahrsten Sinne des Wortes eine Kunst, das Mögliche zu erreichen. Von theoretischen Disputen hielt er wenig, der Haltung von Menschen, die aus einer inneren Überzeugung heraus kompromißunfähig waren, stand er fremd gegenüber. Grundsätze gab er zwar nicht immer auf, aber er wußte kühl abzuwägen, wo – aus seiner Sicht – weniger wichtiges für wichtigeres geopfert werden mußte. Beim Streit im Parlamentarischen Rat um Einzelformulierungen des Grundgesetzes stand er beispielsweise weitgehend abseits. Er interessierte ihn nur wenig. Die Verfassung war für ihn ein politisches Instrument und keine Glaubensfrage. Der Anti-Militarist Adenauer wurde zum sehr frühen und auf deutscher Seite entscheidenden Antreiber der Wiederbewaffnung, weil sie für ihn gegenüber den Westalliierten der Schlüssel zur Rückgewinnung der staatlichen Souveränität war. Die Gewerkschaftsführung gewann er für die Unterstützung seiner Außenpolitik, indem er ihr die keineswegs auf der Linie seiner Unternehmerfreunde liegende Montanmitbestimmung zugestand.

Ein Blick auf die Rheinlanddebatte von 1923 unterstreicht die Kontinuität dieser Haltung: Als Adenauer damals erkannte, daß die Briten seine Pläne nicht unterstützten, es ablehnten, Druck auf die Regierung in Paris auszuüben, bot er sich bedenkenlos den Franzosen an. In den Diskussionen dieser Wochen mit den Kanzlern Stresemann und Marx spielte er mit viel Überzeugungskraft den treuen Reichsdeutschen, dagegen bei Paul Tirard, dem Contrôleur Général der besetzten Gebiete, gleichzeitig nicht weniger leidenschaftlich den Rheinstaat-Befürworter.

Dieser ausgeprägte Hang zum Pragmatismus fehlte den meisten seiner politischen Gegner. Kurt Schumacher, dem großen Widerpart der ersten Nachkriegsjahre, ging eine solche Haltung völlig ab. Seine harschen Formulierungen, sein Beharren auf Grundsatzpositionen, seine Unversöhnlichkeit, wenn es um die Sache ging, ließen ihn gegenüber Adenauers Geschmeidigkeit vielfach abstoßend wirken, trugen nicht wenig dazu bei, den Parteiführer der Christdemokraten als sympathischere Personalalternative erscheinen zu lassen.

Schumachers Haltung sollte für die Sozialdemokraten im übrigen bald ganz handfeste machtpolitische Folgen haben. Auf dem Weg von der Bi-Zone zur Bundesrepublik begab sich die SPD in einigen, für die Zukunftsgestaltung der heraufdämmernden Republik ganz entscheidenden Gremien freiwillig in die Opposition, weil sie zum Beispiel in personellen Fragen nur ein Entweder – Oder kannte. Am verhängnisvollsten sollte sich die Entscheidung auswirken, die der SPD-Fraktionsvorsitzende im Wirtschaftsrat, Erwin Schoettle, am 24. Juni 1947 verkündete. Seine Partei lehne jede Zusammenarbeit mit der bürgerlichen Mehrheit ab, erklärte er, da diese einen sozialdemokratischen Leiter des Wirtschaftsressorts nicht akzeptiere. Auf dem Felde der Wirtschaftspolitik aber fiel dann 1953 die endgültige Entscheidung der westdeutschen Wähler, denn das sich anbahnende »Wirtschaftswunder« und nicht Adenauers noch lange umstrittene und gefährdete Außenpolitik führten zu seinen Wahltriumphen.

Einem Mann wie Adenauer wäre es im Gegensatz zu Schumacher nicht im Traum eingefallen, kampflos, ohne Suche nach der zweitbesten Lösung für sich und seine Partei irgendeinen Platz zu räumen. Ihm war kaum ein Winkelzug zu abwegig, kein Umweg zu mühsam, kein Feilschen zu aufwendig, wenn es galt, Macht zu halten oder zu erobern.

Aber auch die eigenen Parteifreunde hatten nicht selten Mühe, den Pragmatismus ihres Vorsitzenden richtig einzuschätzen. Die verschlungenen Wege, die Adenauer einschlug, um seine Partei vom »sozialistischen« Ahlener Programm zur weitgehend »kapitalistischen« Marktwirtschaft zu führen, bieten dafür ein recht anschauliches Lehrstück. Die Korrespondenz mit Heinrich von Brentano weist zudem eine Fülle von Beispielen auf, wie schwer es die CDU/CSU-Fraktion im Bundestag mit »ihrem« Kanzler hatte. Adenauer ließ sich, zumindest solange seine Stellung innerparteilich unangreifbar war, von den Unions-Abgeordneten in seinen Handlungen nicht einengen. Die Parlamentarier hatten abzustimmen, der Kanzler (und unter seiner, wie er es gerade für notwendig hielt, einfühlsamen oder autoritären Lenkung, das Kabinett) zu entscheiden, in welche Richtung ihr Votum fallen sollte.

Ein Brief in der Korrespondenz des damaligen Fraktionsvorsitzenden Heinrich von Brentano an Adenauer illustriert dies recht anschaulich. Als der Kanzler eine geplante parlamentarische Mitbestimmungsinitiative der Union öffentlich scharf kritisiert hatte, schrieb der sich hintergangen fühlende Brentano am 25. Mai 1950: »Meine Freunde in der Fraktion und ich hatten eigentlich angenommen, daß der Verlauf der Fraktionssitzung, in der wir Ihnen auch die Gründe für unser Vorgehen in der Frage der Mitbestimmung zu erklären versuchten, Sie überzeugt hatte. Zahlreiche Mitteilungen, die ich in den letzten Wochen in der Presse finde, scheinen mir allerdings dafür zu sprechen, daß noch tiefgehende Mißverständnisse und Meinungsunterschiede offen geblieben sind.« Eine ebenso richtige wie folgenlose Feststellung, denn Adenauer dachte gar nicht daran, auf den Kurs der Fraktion einzuschwenken.

So wenig, wie er sich von Programmen oder Parteitagsbeschlüssen festlegen ließ, irritierten ihn Einwände oder Beschwörungen der frustrierten Fraktionsspitze. Zumal der wachsende Erfolg des Kanzlers die CDU mehr und mehr zu einem gutfunktionierenden Organisationsapparat für die Durchführung von Wahlen verkommen ließ, und dem Parteivorsitzenden weder in Heinrich von Brentano noch einem anderen führenden Unionspolitiker auch nur eine annähernd ebenbürtige Persönlichkeit gegenüberstand.

Politik läßt sich nicht durchsetzen, wenn der Akteur auf der Weltbühne nur die moralischen Forderungen der Bergpredigt zum Maßstab seines Handelns nimmt. Der Politiker Adenauer hat häufig in seinem Leben die Wahrheit umgebogen, um zum Ziel zu gelangen. Er halte es je nach Lage mit der »einfachen«, der »reinen« oder der »lauteren« Wahrheit, soll er – in seiner bekannt verharmlosenden Art – zu diesem Thema geäußert haben. Weniger milde ausgedrückt, läßt sich an vielen Briefäußerungen oder öffentlichen Reden nachweisen, daß er, wenn es nicht zu umgehen war, mit handfesten Lügen seinen Standpunkt durchzusetzen versuchte. Ob er dabei im Vergleich zu anderen Politikern über dem statistischen Durchschnitt lag, mag dahingestellt sein. Aber was die ihn bewundernden Zeitgenossen oder die verehrenden Biographen mit einem Einverständnis signalisierenden Augenzwinkern als Taten eines »schlauen Fuchses« empfanden, verdeckt dunkle Charakterzüge eines Machtmenschen, der im Umgang mit der Wahrheit ganz und gar nicht pingelig war. Immer auch machte Adenauer sehr schnell andere für Fehlentscheidungen verantwortlich, die er selbst getroffen hatte. Wobei er die Wahrheit stets meisterhaft zu verdrängen verstand.

Allerdings ist unübersehbar, daß Adenauers pragmatische Grundhaltung ihn befähigte, über dem Weg nicht die Ziele seiner Politik aus den Augen zu verlieren. So wurde sie zu einem entscheidenden Fundament seines politischen Erfolges. Dies gilt für die Kölner Oberbürgermeisterjahre nicht weniger als für seine Überlebensstrategien während der Nazi-Zeit und die Kanzlerjahre in Bonn. Eine Fülle von Handlungen und Reaktionen Adenauers zeigt dies.

Um die von ihm ziemlich allein geforderte Mühlheimer Hängebrücke 1926 gegen den heftigen Widerstand der Kölner Stadtverordneten, die eine Bogenbrücke der Firma Krupp favorisierten, durchzusetzen, paktierte er mit den Kommunisten. Ihnen pries er die Hängebrücke-Konstruktion mit Hinweis auf Leningrad als technische Leistung der fortschrittlichen Sowjetunion. Die Kölner Kommunisten gaben dann den Ausschlag für Adenauers Sieg bei der entscheidenden Abstimmung. Die Kölner Bürgerparteien und die SPD vergaßen ihm diese Taktik nicht. Als wenig später seine Wiederwahl anstand, erreichte er die zweite Amtszeit als Oberbürgermeister nur noch mit der Mehrheit von einer Stimme.

Ein zehnseitiger Brief an Hitlers preußischen Innenminister aus dem Jahre 1934, in dem Adenauer um seine Pensionsansprüche nach der Entlassung aus dem Amt kämpft, gibt an einem dramatischen Wendepunkt seines Lebens Einblick in tiefere Schichten dieses doppelbödigen Charakters. Es heißt dort: »Die NSDAP habe ich immer durchaus korrekt behandelt und mich dadurch wiederholt in Gegensatz zu den damaligen ministeriellen Anweisungen und auch zu den von der Zentrumsfraktion der Kölner Stadtverordnetenversammlung vertretenen Anschauungen gesetzt. Während der Revolution von 1918 und während der Zeit der feindlichen Besatzung habe ich mich um die deutsche Seite verdient gemacht.« Zumindest einen Teilerfolg konnte er in dieser Angelegenheit verbuchen.

Schumachers berühmter Zwischenruf in der Bundestagsdebatte im November 1949, als er erregt vom »Bundeskanzler der Alliierten« sprach, war so ganz falsch nicht. Die Siegermächte fanden in Bonn und Ostberlin bei den regierenden Politikern bereitwillige Gefolgsleute. Die SED-Führung gehorchte nahezu jedem Wink des Kreml, paßte sich allen deutschlandpolitischen Kurswechseln Stalins und seiner Nachfolger flexibel an. Adenauer kämpfte zwar mit hohem diplomatischem Geschick und beispielloser Energie für die Rückgewinnung der westdeutschen Souveränität und attackierte häufig und mit aller Härte die Politik der westlichen Besatzungsmächte, aber der Globalstrategie und der Wirtschaftsideologie der Supermacht im Westen setzte er keine selbst entwickelte, die gesamtdeutschen Interessen bewahrende Politik entgegen. Zwischen Ulbrichts und Adenauers Haltung gegenüber den Besatzungsmächten gab es allerdings einen grundlegenden Unterschied. Der westdeutsche Kanzler ließ seinen Kurs durch freie Wahlen demokratisch legitimieren, während der Statthalter Stalins die Ostdeutschen nicht danach fragte, ob sie mit der Politik der SED einverstanden waren oder nicht.

Daß der anpassungsfähige Adenauer unter den deutschen Politikern schließlich zum Favoriten der Westalliierten aufstieg, kann kaum verwundern. Die »nationale« Außenpolitik Schumachers, die wirtschaftspolitischen Vorstellungen der Sozialdemokraten paßten schon bald nicht mehr – und das gilt vor allem für die Amerikaner – in ihr Konzept. Aus diesem Blickwinkel betrachtet, war Adenauer tatsächlich der »Bundeskanzler der Alliierten«. Eine Rolle, die dem Führer der Christdemokraten keineswegs Schwierigkeiten bereitete. Die Konstellationen auf der politischen Weltbühne waren spätestens seit 1947 so, daß er zum Mann der Stunde in Bonn werden mußte. Der rheinländische Bürger, für den das Deutschland jenseits der Elbe schon immer eine ferne und fremde Region gewesen war, dessen gesellschafts- und damit auch wirtschaftspolitisches Denken sich im Dunstkreis von Bankiers und Industriellen entwickelt hatte, nutzte sie energisch.

Neben der landschaftlichen Herkunft, wenn sie sich so eng zuordnen läßt, wie es bei Adenauer der Fall ist, formt und prägt der familiäre Hintergrund die Gefühls- und Denkwelt eines Menschen. Sie kann sich entwickeln entweder im Konflikt, aus der in mühsamen inneren Kämpfen errungenen Befreiung von den als Zwang empfundenen Einflüssen der näheren Umwelt oder in Übereinstimmung mit deren Vorstellungen, Ideologien und Prinzipien. Alles, was man von Adenauers Entwicklung weiß, deutet darauf hin, daß die bürgerliche Welt seines Elternhauses ihn, auch im Rückblick, anzog und ihm das Gefühl der Geborgenheit gab, so daß die innere Sicherheit der späteren Jahre nicht zuletzt darin ihre Grundlage hatte.

Dieser im Hinblick auf die inneren Klänge seines Lebens so schweigsame Mann sprach gelegentlich von einer »glücklichen Jugend«, der tiefen, respektgetragenen Achtung vor dem Vater, dem heiteren, glaubensstarken Gemüt der Mutter. »Ich stamme«, heißt es da einmal spröde und doch aussagekräftig, »aus einfachen Verhältnissen, aber geordneten Verhältnissen. Meine Eltern bekümmerten sich sehr um ihre vier Kinder.«

Einfach war das Leben im Hause des Johann Conrad Adenauer, aber nicht ärmlich, wie es der später berühmte Sohn bei der Stilisierung seines Lebens gegenüber dem Hausbiographen, Paul Weymar, darstellte. Das Bett hat er nie, wie behauptet, mit den Brüdern teilen müssen, und das Sparen für den weihnachtlichen Gänsebraten war im wilhelminischen Bürgertum so selten nicht.

Sparsam war er sicher, der Vater – das Gehalt mußte immerhin einen sechsköpfigen Haushalt ernähren. Am Ende seines beruflichen Lebensweges trug er den Titel »Appelationsgerichtssecretair«, heute etwa mit dem Kanzleirat vergleichbar. Ein kleiner Beamter also, aber doch ein Aufsteiger. Denn der Sohn eines Bäckermeisters begann als Soldat in Preußens Armee, wurde in der Schlacht von Königgrätz verwundet und als Feldwebel wegen Tapferkeit vor dem Feind zum Seconde-Lieutenant befördert. Vor der Heirat verließ er die Armee und schlug die Beamtenlaufbahn ein, erreichte also das, was angesichts seiner Ausbildung und Herkunft möglich war.

Dieser pflichtbewußte, die Ordnung der Welt lobende Beamte erzog seine Söhne streng. Die Forderungen des

Lebens, so sein Credo, waren mit Fleiß, Geduld und Einordnung zu bewältigen. Es war für ihn selbstverständlich, daß es die drei Söhne einmal weiterbringen würden als er. Der Vater ermöglichte ihnen allen ein Studium, und sie enttäuschten nicht. Der Älteste wurde ein angesehener Rechtsanwalt, der zweite Domkapitular und der dritte am Ende Kanzler der Westdeutschen.

Pflicht, Ordnung und Disziplin waren Schlüsselbegriffe für Adenauers Erziehung. Er hat sie nicht nur akzeptiert, sondern sehr bald verinnerlicht. Der Preußen-Kritiker war in vielen Dingen preußischer als die meisten Menschen, die ihm auf seinem Weg begegneten.

Sein Pflichtbewußtsein ließ ihn Krisen und Zweifel ebenso wie persönliche Schicksalsschläge überwinden, trieb ihn in Zeiten der Resignation vorwärts. Daß die Pflicht nicht zur Last wurde, verdankt dieser schaffenswütige Mensch der Leidenschaft, mit der er dem praktischen Tun und der Politik verfallen war. Die wirklichen Krisenjahre seines Lebens durchlitt er, als ihn äußere Umstände zur Untätigkeit verdammten, die Nazis ihn für zwölf Jahre mit einem »Berufsverbot« belegten oder die eigene Partei ihn 1963 zum Rücktritt gezwungen hatte.

Adenauer führte ein geordnetes Leben. Innere und äußere Ordnung war eines der Erfolgsgeheimnisse seiner Politikerlaufbahn. Die Tage hatte er exakt eingeteilt, sie begannen morgens zwischen fünf und sechs und endeten abends zwischen zehn und Mitternacht. Der knappe Mittagsschlaf im Palais Schaumburg, der anschließende halbstündige Spaziergang mit dem mächtigen Zuarbeiter Hans Globke, auf dem häufig wichtige Personalentscheidungen fielen, mancher politische Gedanke Konturen gewann – diese Zeiten wurden streng eingehalten.

Die ungeheuren Anforderungen seiner Kanzlerjahre bewältigte Adenauer mit einer schon fast genialen Arbeitsökonomie. Er besaß die Fähigkeit, sehr rasch zum

Kern des gestellten Problems vorzudringen, komplexe Vorgänge zu vereinfachen, sich ganz auf die gerade zu lösende Frage zu konzentrieren. Bei Gesprächen ließ er genau jene Dauer zu, die er brauchte, um Nutzen daraus zu ziehen. Trotz eines täglich bis zum Rand gefüllten Terminkalenders machte er nur selten einen gehetzten Eindruck auf seine Verhandlungspartner oder Mitarbeiter. Genaue Aktenkenntnis und der breite Informationsstrom, den er geschickt und nachdrücklich in das Kanzleramt lenkte, gaben ihm in zahlreichen politischen Alltagsfragen hohe Sachkompetenz, erleichterten rasche Entscheidungen. Es entbehrt nicht der Symbolik, daß Adenauer die zahlreich vorhandenen Uhren in seinen Arbeits- und Privaträumen höchstpersönlich überwachte und stellte.

Er unterwarf sein Leben schon in frühen Jahren strenger Disziplin. Er rauchte nicht, schätzte zwar einen guten Tropfen Wein, ohne aber beim Alkohol je das Maß zu verlieren und war ein mäßiger Esser.

Diese zum asketischen neigende Lebensweise entsprang der nüchternen Erkenntnis, daß die ungeheure Arbeitsbelastung nur zu bewältigen war, wenn der Körper in Höchstform blieb. Sie zu erreichen, verlangte viel Disziplin, denn Adenauer war keineswegs mit »eiserner« Gesundheit gesegnet. Eine Zuckerkrankheit forderte jahrzehntelange strenge Diät, ein schwerer Autounfall kurz vor der Oberbürgermeisterwahl 1917 hinterließ häufig auftretende Kopfschmerzen, aus den als persönlich schwer empfundenen Hitler-Jahren blieb eine in der Regel nur mit Tabletten zu bekämpfende Schlaflosigkeit. Wie manche Menschen, die ihr Innenleben streng verschließen, die hohen Anforderungen, die ihr Wille an sie stellt, durch ständige Selbstkontrolle erfüllen, neigte auch Adenauer häufig zu Heiserkeit, die vor größeren Reden in Stimmlosigkeit umschlagen konnte. Er litt meist zweimal im Jahr an Bronchialkatarrh.

Der Greis zeigte jedoch kaum Ermüdungserscheinungen, konnte stundenlang und regungslos auf seinem Kanzler- oder Abgeordnetensitz die Debatten im Bundestag verfolgen, schwierige, über Tage andauernde Konferenzen ohne Konzentrationsschwäche meistern. Auf Auslandsreisen überstand er die Strapazen des Klima- und Zeitwechsels, der Empfänge und Verhandlungen scheinbar mühelos, die meist erheblich jüngeren Reisebegleiter in Erstaunen versetzend.

Belanglos sind solche Hinweise nicht. Denn die starke physische Konstitution wußte Adenauer in sehr wichtigen Stunden seiner politischen Karriere zum eigenen Vorteil zu nutzen. Mancher Verhandlungspartner wurde erst in jenem Augenblick bezwungen, als ihn Müdigkeit und Konzentrationsverlust, Überdruß und Ungeduld das Konferenzende herbeisehnen ließen. Nicht selten machte Adenauer, hellwach auf diesen Augenblick wartend, dann seinen entscheidenden Vorstoß gegen einen matten Gegner.

Diese wache Präsenz, diese Fähigkeit, über Stunden konzentriert verhandeln, debattieren oder Akten lesen zu können, beruhte nicht zuletzt auf seinem streng eingehaltenen Arbeitsrhythmus. Er hatte es gelernt, sich rasch und in verblüffend kurzer Zeit zu entspannen, den Anforderungen des politischen Geschäfts in seiner privaten Welt weitgehend Einhalt zu gebieten. Der Oberbürgermeister von Köln kam aus stürmischen Stadtverordnetensitzungen oder nervenaufreibenden Verhandlungen während der Mittagspause in die Max-Bruch-Straße, wo sein komfortables Kölner Haus stand, und überwachte die Schularbeiten seiner Söhne. Der CDU-Vorsitzende fand auch in strapaziösen Wahlkampfwochen, in denen er bis zu fünf Reden am Tag hielt, die Zeit, seinen Pflichten als Vorstand eines recht großen Haushalts nachzukommen. Der Kanzler ließ es nur selten zu, daß sein Domizil in Rhöndorf zur Stätte politischer Gespräche oder Konferenzen wurde.

Dieser so distanziert, häufig kalt wirkende Homo politicus fand im bürgerlichen Familienleben einen bis ins hohe Alter wirkenden Kräftespeicher. Privates Glück und private Tragik öffneten die menschlichsten Seiten seines vielschichtigen Charakters. Zweimal war er verheiratet, beide Male, soweit dies erkennbar ist, äußerst glücklich. Seine Frauen überlebte er, sie wurden von seiner Seite gerissen – es scheint wie eine düstere Schicksalsfügung –, kurz bevor sein öffentliches Leben vor einem neuen triumphalen Aufstieg stand.

1916, im Alter von nur 36 Jahren und nach zwölfjähriger Ehe starb Emma Adenauer, Mutter seiner drei ältesten Kinder. Sie stammte aus der mächtigen Kölner Familie Wallraf. Eine Heirat, die dem jungen Assessor aus kleinbürgerlichem Milieu das Eintrittsbillett in die ersten Gesellschaftskreise seiner Heimatstadt verschaffte. Nur zwei Jahre nach dieser Eheschließung wurde er Beigeordneter für das Steuerdezernat, 1909 Erster Beigeordneter und damit in der kommunalen Hierarchie zweitmächtigster Politiker der Stadt. Knapp ein Jahr bevor ihn die Kölner Stadtverordneten zum jüngsten Oberbürgermeister Preußens wählten, war Emma Adenauer nach längerem Leiden gestorben.

Zweimal in seinem Leben hat Adenauer den Versuch unternommen, ein Tagebuch zu führen. Nach dem Tod seiner ersten Frau und in den Tagen, als er sich durch die Nazis bedroht fühlte. Über einige kurze Notizen kam er jedoch nicht hinaus. Die Spiegelung der Innenwelt ließ er nur in den düstersten Stunden seines Lebens zu.

Aber diese wenigen Eintragungen zeigen einen anderen Adenauer; nicht den kühlen Machtpolitiker, der jede menschliche Regung hinter distanzierender Ironie verbirgt, sondern den sensibel-weichen, vom Schicksal hart geprüften Menschen. Drei Monate nach seiner Wahl zum Kölner Stadtoberhaupt notiert er: »Das Jahr 1917 war für mich schwer, sehr schwer, voll körperlicher und geistiger Qual und Elend. Das ganze Jahr ist erfüllt von Schmerz und Leid und Sehnsucht nach meiner teuren Frau. In jungen Jahren zu einer großen Stellung berufen, bin ich ein vielbeneideter Mann, und dabei arm, bitterarm.«

In diesen Tagebuchfragmenten findet sich aber auch schon der Hinweis auf das, was ihn zeitlebens zum »Trotzdem« befähigte: »Ein Übermaß von Arbeit brachten mir die ersten Monate des Jahres; die Arbeit war mir ein Narkotikum für mein Leid.«

Zwei Jahre nach dem Tod von Emma Adenauer heiratete er die 19 Jahre jüngere Gussie Zinsser, Professoren-Tochter aus der Nachbarschaft. Auch diese Verbindung sollte zu einem harmonischen, erfüllten Zusammenleben führen, das sich in den nationalsozialistischen Jahren der bitter empfundenen Untätigkeit bewährte. 1948, ein gutes Jahr vor seiner Wahl zum Bundeskanzler, starb die Mutter seiner drei jüngsten Kinder. Wieder ging dem Tod ein langes Leiden voraus. Die wenigen Stunden in Gestapo-Haft im Herbst 1944 ruinierten die ohnehin angeschlagene Gesundheit von Gussie Adenauer, die unter schwerstem Druck erpreßte Preisgabe des Aufenthaltsortes ihres geflüchteten Ehemannes rief seelische Belastungen hervor, die nicht mehr weichen sollten.

Adenauer hat trotz seiner aufreibenden politischen Arbeit an den monatelangen Krankenlagern seiner Lebensgefährtinnen gewacht. Die wenigen Briefe an die Familienmitglieder, die bislang veröffentlicht worden sind, zeigen einen besorgten, zärtlichen Ehemann und Vater. Das familiäre Rollenspiel wurde allerdings nie in Frage gestellt. In der Kölner Max-Bruch-Straße und im Rhöndorfer Zennigsweg herrschte ein Patriarch, der nur wenig Widerspruch ertragen konnte, der mit Strenge über die Einhaltung der bürgerlichen Ordnung, die Stellung von Frau und Kindern im Familienverband wachte.

Später, als er für seine Wähler schon so etwas wie ein

»Ersatzkaiser« geworden war, scheute er sich nicht, die Familie in seinen politischen Propagandafeldzügen einzusetzen. Am 5. Januar, seinem Geburtstag, durften Pressefotografen und Fernsehteams stets in Rhöndorf oder im Kanzleramt erscheinen und eine Idylle aus dem 19. Jahrhundert ablichten: der Kanzler, der charakteristische Indianerkopf inzwischen von tiefen Falten durchzogen, die harten, einst fast brutal wirkenden Gesichtszüge durch das Greisenalter sanfter geworden, im Kreise der sechs Söhne und Töchter, der zahlreichen Schwieger- und Enkelkinder.

Adenauer war Katholik. Es läßt sich nur sehr schwer beurteilen, wie ein Mensch in Glaubensdingen denkt und empfindet, was die Beziehung zu Gott in den tieferen Schichten seines Charakters bewirkt, welche Rolle die Metaphysik in seinem Denken spielt. Einfacher erscheint es, das Verhältnis dieses Menschen zu seiner Kirche darzustellen, die äußeren religiösen Bekundungen zu beschreiben, den Einfluß der Konfession auf sein Weltbild zu deuten.

Glaubensfragen waren für Adenauer keine Zweifelsfragen. Nichts läßt darauf schließen, daß sein Leben von ernsthaften Glaubenskrisen erschüttert worden ist. Die Konfession seiner Eltern und der Landschaft, in der er aufwuchs, war für ihn ein selbstverständlicher Bestandteil seines Lebens. Er besuchte bis ins hohe Alter regelmäßig die Sonntagsmesse. Sich Adenauer im Beichtstuhl vorzustellen, fällt dagegen schon erheblich schwerer.

Spitzfindige theologische Dispute ließen ihn weitgehend kalt. Nüchtern und praktisch empfand er die Religion als das Fundament der christlichen Weltordnung, bei deren Zusammenbruch er Chaos und Untergang wähnte. Es überrascht nicht, daß Adenauer in Zeiten der Ruhe oder der inneren Krise dem eigenen Bekunden nach in den Büchern des Schweizer Strafrechtlers und Evangelisators Carl Hilty (1833–1909) Trost und Bestätigung fand. Dieser protestantische Bibelkenner predigte ein praktisches Christentum, das er auf den einfachen Nenner brachte: »Handele recht, so wirst du bald glauben.« Die »Rheinische Zeitung« schrieb allerdings in den zwanziger Jahren über den damaligen Kölner Oberbürgermeister lakonisch: »Nur eins hat man bei diesem Mann der nüchternsten Rechenhaftigkeit, der rücksichtslos Menschen benützt und verbraucht, nicht einmal unter der Lupe entdeckt: praktisches Christentum.«

In einer Charakterstudie über Adenauer, die Horst Osterheld, einer der engsten Mitarbeiter in den späten Kanzlerjahren, verfaßte, findet sich eine Beschreibung der letzten Stunde des Sterbenden: »Als der Tod im April 1967 dann wirklich kam, war Adenauer gefaßt. Er wußte, daß es zu Ende ging und nahm Abschied von seinen Kindern und Enkeln. Nacheinander traten sie an sein Bett, drückten ihm die Hand, küßten ihn, Tränen im Gesicht. Der Alte wehrte ab. Über seinem Bett hing ein altes Gemälde. Gott Vater, groß und mächtig, hielt den gekreuzigten Sohn gütig in den Armen. Auf dieses Bild zeigte Adenauer. ›Kein Grund zum Weinen‹, sagte er.«

Eine andere, mehrfach beschriebene Szene, ein Treffen des Kanzlers mit dem baptistischen Evangelisten Billy Graham, verdeutlicht Adenauers skeptische Haltung zur Theologie. Als Graham keinerlei Zweifel an der Gewißheit der Auferstehung zeigt, antwortet sein deutscher Gesprächspartner mit hintergründigem Lächeln: »Ich freue mich über alle, die Menschen zu Gott führen, aber nehmen Sie mir bitte eine Bemerkung nicht übel: wenn ich sehe, wie sicher Sie im Glauben sind, bin ich froh, daß ich katholisch bin.«

Adenauer war jedoch alles andere als kirchenfromm. Seine Kritik an der Amtskirche und ihren führenden Geistlichen konnte heftig sein, politisch zog er meist einen energischen Trennungsstrich, wenn katholische Amtsträger sich zu stark in das weltliche Geschäft einzumischen versuchten. Die Zwei-Reiche-Theorie des Reformators Luther kam dem Denken des Katholiken Adenauer recht nah. »Die Kirche war ihm Kirche des überlieferten Glaubens und der schlichten Gläubigen« (Hugo Stehkämper).

In den schwersten Stunden seines Lebens fand er in seiner Kirche Schutz. Als die Nationalsozialisten ihn aus seinem Amt jagten und er für Monate heimatlos geworden war, lebte Adenauer ein Jahr im abgeschiedenen Kloster Maria Laach, von Depressionen heimgesucht, aber doch in Sicherheit. Der Klosterabt, Ildefons Herwegen, ein Freund aus den Schülertagen im Kölner Apostelgymnasium, zählte zu den wenigen Menschen, mit denen er sich duzte. Später, wenn er sich durch Hitlers Schergen bedroht fühlte (was in Wirklichkeit praktisch nie der Fall war), waren es wieder Klöster, katholische Krankenhäuser oder Heime, in denen er sich verbarg. Die Kirche, das erfuhr er in diesen Jahren, konnte auch im äußeren Leben zum Schutzwall werden.

In zwei Lebensphasen wird seine politische Stellung zum deutschen Katholizismus besonders deutlich: in den ersten Jahren der Weimarer Republik und in der Gründungsphase von CDU und Bundesrepublik. Als Präsident des deutschen Katholikentages 1922 in München löste er, nicht ohne sich zuvor herausgefordert zu fühlen, einen heftigen Zusammenstoß mit Kardinal Faulhaber aus, der im katholischen Lager ein lebhaftes, langanhaltendes Echo fand. Faulhaber, ein konservativer, bayerischer Monarchist und begabter Massenredner, war ein erbitterter Gegner der noch jungen Republik. In zahllosen Predigten und Reden geißelte er die neue Zeit: »Die Revolution war Meineid und Hochverrat. Sie bleibt in der Geschichte erblich belastet und gezeichnet mit einem Kainsmal ...«

Adenauer kämpfte auf dem Katholikentag offen und

hart gegen diese Haltung an: »Es verrät Mangel an historischem Blick, die heutige Verfassung verantwortlich zu machen für die heutigen Zustände.« Und in seiner Denkschrift »Über die politische Lage im deutschen Katholizismus« vom November 1922 schreibt er: »Die Haltung des Kardinal Faulhaber ist unverträglich mit den Interessen des deutschen Katholizismus. Er muß entweder eine grundsätzliche Schwenkung einnehmen oder dazu angehalten werden, sich jeder politischen Betätigung auf das strikteste zu enthalten.«

In Faulhabers Republik-Kritik und in den Bestrebungen des Rechtskatholizismus sah Adenauer nicht nur eine verhängnisvolle Schwächung der Einheit der deutschen Katholiken, sondern auch unzulässige Eingriffe der Kirche in die Politik. Faulhaber hat ihm diese Haltung nie verziehen. Noch 1949 meint er empört, es sei schlimm, »daß ausgerechnet dieser Mann der erste Bundeskanzler der Bundesrepublik geworden« ist.

Auch der von Politikern wie Julius Bachem und Adam Stegerwald unternommene Versuch, die Zentrums-Partei schon in den Weimarer Jahren aus dem Ghetto einer katholischen Weltanschauungspartei herauszuführen, sie für Nichtkatholiken zu öffnen, scheiterte am heftigen Widerstand der Rechtskatholiken. Wiederum trat der Münchener Kardinal als Wortführer der Gegner einer Neuorientierung des Zentrums auf: »In einer Zeit, in der wir um die Rechte und Freiheit der Kirche und um die Konfessionsschulen kämpfen, kann man dem katholischen Volk nicht zumuten, einem nicht-katholischen Abgeordneten die Stimme zu geben.«

Adenauer hatte seine politische Karriere in der Deutschen Zentrumspartei gemacht. In seinen Jugendjahren erlebte er noch die besonders im Rheinland zu spürenden Auswirkungen des von Bismarck entfachten Kulturkampfes, die das Zentrum zum organisierten Bollwerk des politischen Katholizismus werden ließen. Nach dem

Sturz des ersten Reichskanzlers nahm die Partei der Katholiken dann eine Schlüsselrolle im Reichstag ein, wurde mit Ausnahme der Jahre des Bülow-Blocks (1907–1909) Regierungspartei. Auch in der Weimarer Republik hielt das Zentrum diese Position, stellte immerhin vier Kanzler. Zweimal – wenn auch wohl nicht allzu ernsthaft gemeint – war der Kölner Oberbürgermeister Kanzlerkandidat seiner Partei.

Aber schon der Abfall in Bayern, wo die Zentrumspolitiker 1918 die Bayerische Volkspartei gründeten, deutete eine gefährliche Schwächung an. Adenauer hat sie scharf kritisiert, appellierte immer wieder, zur Einheit zurückzufinden. Auf dem Münchener Katholikentag beschwor er die »Abtrünnigen« um Faulhaber vergebens zur Umkehr: »Von diesem Platz aus rufe ich im Namen der deutschen Katholiken ... den Führern und allen den Katholiken, die jetzt abseits stehen, zu: Stellt die alte Einigkeit, stellt die alte Einheit wieder her.«

Erst ein Vierteljahrhundert später sollte es ihm als Parteiführer gelingen, aus dem Zentrum eine überkonfessionelle Partei zu machen, mitentscheidend dazu beizutragen, die CDU als »Volkspartei« zu etablieren. Bayerische Eigenbrötelei allerdings mußte er auch dann hinnehmen.

Daß er in den Jahren nach 1945 ein Wiederaufleben des Zentrums ablehnte, einer Partei, der er über 30 Jahre angehört und der er viel zu verdanken hatte, dürfte wohl auch auf das Versagen des politischen Katholizismus am Ende Weimars zurückzuführen sein. Als der letzte Zentrums-Kanzler, Heinrich Brüning, stürzte, ging die Partei unter Führung des Prälaten Kaas nach rechts, stimmte dann für eine Koalition mit den Nationalsozialisten und sagte schließlich ja zum Ermächtigungsgesetz. Auch wenn Adenauer Hitlers Aufstieg lange unterschätzte, in seiner »Ratlosigkeit« kurz vor der Katastrophe einer »autoritären« Lösung nicht fremd gegenüberstand, erbitterte ihn das Versagen der Zentrums-Führung, zumindest im Rückblick. Wobei er – wie sooft – das eigene Verhalten in der Erinnerung verdrängte. Denn im Spätsommer 1932 schrieb er zustimmend an Graf Wolff-Metternich, dem früheren Botschafter in London: »Die Zentrumspartei verlangt dringend den Eintritt der Nazis in die Reichsregierung. Sie wird bereit sein, alsdann diese Regierung zu tolerieren.«

Nach 1945 war der gläubige Katholik keineswegs bereit, kirchenfromm über die Fehler und Versäumnisse der Amtskirche während der nationalsozialistischen Zeit hinwegzusehen. In einem Schreiben vom 23. Februar 1946 an Pastor Bernhard Custodis heißt es ungeschminkt: »Nach meiner Meinung trägt das deutsche Volk und tragen auch die Bischöfe und der Klerus eine große Schuld an den Vorgängen in den Konzentrationslagern. Richtig ist, daß nachher vielleicht nicht mehr viel zu machen war. Die Schuld liegt früher. Das deutsche Volk, auch Bischöfe und Klerus zum großen Teil, sind auf die nationalsozialistische Agitation eingegangen. Es hat sich fast widerstandslos, ja zum Teil mit Begeisterung, gleichschalten lassen. Darin liegt seine Schuld. Im übrigen hat man aber auch gewußt – wenn man auch die Vorgänge in den Lagern nicht in ihrem ganzen Ausmaße gekannt hat –, daß die persönliche Freiheit, alle Rechtsgrundsätze, mit Füßen getreten wurden, daß in den Konzentrationslagern große Grausamkeiten verübt wurden, daß die Gestapo, unsere SS und zum Teil auch unsere Truppen in Polen und Rußland mit beispiellosen Grausamkeiten gegen die Zivilbevölkerung vorgingen. Die Judenpogrome 1933 und 1938 geschahen in aller Öffentlichkeit. Die Geiselmorde in Frankreich wurden von uns offiziell bekanntgegeben. Man kann also wirklich nicht behaupten, daß die Öffentlichkeit nichts gewußt habe, daß die nationalsozialistische Regierung und die Heeresleitung ständig aus Grundsatz gegen das Naturrecht, gegen die Haager Konvention und gegen die einfachsten Gebote der Menschlichkeit verstießen. Ich glaube, daß, wenn die Bischöfe alle miteinander in einem bestimmten Tage öffentlich von den Kanzeln aus dagegen Stellung genommen hätten, sie vieles hätten verhüten können. Das ist nicht geschehen und dafür gibt es keine Entschuldigung.«

Adenauer-Biograph Peter Koch überliefert eine Begegnung des Kanzlers mit dem Kölner Kardinal Frings, die trotz unverkennbar anekdotischer Züge doch sehr anschaulich zeigt, wie selbstbewußt der Katholik im hohen politischen Amt auch nach 1945 das Rollenspiel zwischen Repräsentanten von Kirche und Staat auffaßte. Als Frings wieder einmal auf kirchliche Forderungen an die Bundesregierung zu sprechen kam, antwortete Adenauer scharf: »Herr Frings, kümmern Sie sich um Ihre Kirche und lassen Se mir den Staat. Und wenn Se mal so alt sind wie ich und Se haben Ihre Kirche so in Ordnung wie ich meinen Staat, dann findet sich dat alles von selbst.«

Diese zeitlebens nicht verlorengegangene kritische und selbstsichere Haltung gegenüber der katholischen Amtshierarchie hinderte Adenauer jedoch keineswegs daran, den deutschen Katholizismus rücksichtslos für seine politischen Pläne einzuspannen. Der Erfolg der CDU und ihres Parteivorsitzenden beruhte zum hohen Teil auch auf dem Zusammenspiel zwischen Partei und Kirche. Zu allen Bundestagswahlen bis zum Jahr 1969 gab es termingerecht die berüchtigten Hirtenbriefe, die von den Kanzeln der katholischen Kirchen verlesen wurden und die Gläubigen zu einer »christlichen« Wahlentscheidung aufriefen. 1949 erklärten die katholischen Bischöfe, unmißverständlich Partei ergreifend, »daß Abgeordnete der sozialistischen und liberalistischen Weltanschauung in Bonn für wesentliche christliche Forderungen kein Verständnis gezeigt haben.« Dabei blieb es denn während der gesamten »Adenauer-Ära«.

Hans Maier, lange Jahre bayerischer Kultusminister und Vorsitzender des Zentralkomitees der deutschen Katholiken, schreibt noch 1974 verharmlosend: »Die politischen Existenzfragen mußten ohne speziellen Beitrag der Kirchen gelöst werden.« Zumindest für seine Kirche gilt dies gewißlich nicht. Ihre jahrzehntelange Wahlhilfe war ein nicht zu unterschätzender Beitrag für den Sieg des bürgerlichen Lagers im Westteil Deutschlands.

Der kalte Rechner an der Spitze der Union hat das schärfer gesehen als viele seiner Parteifreunde und Gegner. Er mußte nach 1945 in dieser Frage auch nicht umdenken. Unter den steilen Türmen des Kölner Doms war Politik ohne Kirche nicht denkbar gewesen. Weltliche und geistliche Macht, das hatte der Oberbürgermeister Konrad Adenauer in seinen langen kommunalen Lehr- und Meisterjahren studieren können, ergänzten sich prächtig, wenn es galt, Sozialdemokraten und Liberale in die Schranken zu weisen.

Der deutsche Katholizismus war nach dem Zusammenbruch der Hitler-Diktatur zudem in einer gestärkten Position. Durch das zwischen dem Vatikan und den neuen Herren in Berlin 1933 abgeschlossene Konkordat, das die Nationalsozialisten für viele Gläubige hoffähig machte, blieb die organisatorische Kraft der deutschen Katholiken im Dritten Reich weitgehend erhalten. Der Übergang von der Diktatur zur Republik bedeutete keinen totalen Neubeginn. Im Hirtenbrief vom August 1945 beklagten die deutschen katholischen Bischöfe zwar Gleichgültigkeit und Schweigen vieler Deutscher gegenüber dem Nazi-Terror, aber das eigene Versagen wurde mit keinem Wort erwähnt. Kardinal Frings beharrte 1949 bei der Tagung der Fuldaer Bischofskonferenz auf einer Festschreibung des Konkordats. Der Vatikan schloß Kommunisten vom Empfang der kirchlichen Sakramente aus.

In den wilhelminischen Jahren hatten sich die Katholiken als verfolgte und nach der Beendigung des Kulturkampfes allenfalls geduldete, von der Macht ferngehaltene Minderheit im Reich empfunden. Bayerischer und rheinländischer »Preußenhaß«, der unter der Oberfläche immer mehr oder weniger kräftig vorhanden war, hatte wohl auch mit Selbstbewußtseinsproblemen angesichts der führenden Rolle des protestantischen Berlin zu tun. In den Weimarer Jahren akzeptierten sie die »atheistische« Republik, in der die Macht Preußens und seiner alten Eliten kaum gebrochen war, nur mit großen Vorbehalten.

Nach 1945 führte die Dreiteilung des Reiches zu einer Verschiebung der Konfessionsanteile im Westen. Die Katholiken zogen, verstärkt durch die Ostvertriebenen aus den Gebieten jenseits von Oder und Neiße, mit den Protestanten fast gleich. Preußen war zerschlagen, das politische Zentrum des neuen demokratischen Staates lag im katholischen Rheinland. Es entstand zwar keine katholische Republik, aber doch ein politisches Gebilde, in dem der katholische Bevölkerungsanteil an entscheidender Stelle mitwirken und mitreden konnte.

Adenauers Politik fand in der katholischen Amtskirche und bei ihren Mitgliedern rascher und stärker Zustimmung als bei den westdeutschen Protestanten. Die Teilung, der Verlust »Preußens«, wurde weniger tief, weniger tragisch von denen empfunden, deren Bindungen zum Osten ohnehin nicht sehr stark waren. Auch das Europa, das in Adenauers politischen Visionen einen immer breiteren Raum einzunehmen begann, fand bei den Katholiken ein überaus positives Echo. Die Kernstaaten der Europäischen Gemeinschaft – Frankreich, Italien und der westdeutsche »Rheinbund« – waren katholische Länder. Die Wiederaufrüstung, die den Deutschen in West und Ost schon bald bevorstand, sollte die Bundesrepublik vor dem Ansturm des atheistischen Feindes schützen, den christlichen Werten, von denen in den Anfangsjahren der Republik kaum ein Wahlkämpfer der

Unionsparteien zu sprechen versäumte, zum Sieg verhelfen.

Der Einfluß kritischer Katholiken – wie etwa der Kreis um die Herausgeber der »Frankfurter Hefte«, Walter Dirks und Eugen Kogon, die Adenauers einseitige Westorientierung, die Wiederbewaffnung und den Abschied der Union von der christlichen Soziallehre ablehnten – blieb auf ein schmales intellektuelles Umfeld beschränkt.

Die scharfen, antikirchlichen Äußerungen mancher Sozialdemokraten, die die Rolle der Amtskirchen im Dritten Reich nicht so schnell vergessen konnten und die 1948/49 bei den Beratungen des Grundgesetzes Ansprüche des Klerus auf konstitutionell garantierte Mitsprache bei Entscheidungen des Staates heftig bekämpften, taten ein übriges. Kurt Schumacher wehrte sich massiv und vergeblich gegen die Propaganda der Unions-Parteien, die der SPD eine unchristliche Politik vorwarfen. Der leidenschaftliche Sozialdemokrat ließ sich zu dem Satz hinreißen: »Wir denken nicht daran, das deutsche Volk einer fünften Besatzungsmacht auszuliefern.« Da halfen alle nachträglichen Erklärungen und Relativierungen nicht, Adenauer nutzte solche »Entgleisungen« mit gekonnt vorgetragener Empörung dazu, christlichen Wählern und Kirchenfürsten klarzumachen, wo sie politisch zu stehen hatten.

Der CDU-Vorsitzende scheute sich auch keineswegs, bei der Kirche vor Wahlentscheidungen das richtige Hirtenwort für die Gläubigen nachdrücklich und oft zusammen mit unverbindlichen politischen Versprechungen anzumahnen. So am 11. Oktober 1948 in einem Brief an Kardinal Frings: »Die kommunalen Wahlen machen mir Sorge. Die SPD arbeitet außerordentlich. Das Zentrum trägt zur Zersplitterung der christlichen Wähler bei. Ich glaube, ich brauche gerade Ihnen nicht noch einmal besonders ans Herz zu legen, daß durch die Gemeindewahlen auch das Schicksal der konfessionellen Schulen in weitestem Maße beeinflußt wird ... Ich bitte Sie daher, sehr verehrte Eminenz, doch sehr dringend am nächsten Sonntag von der Kanzel – wie früher auch – eine entsprechende Mahnung an die Gläubigen zu richten.« Als taktischen Erfolg durfte Adenauer bald registrieren, daß der Kölner Kardinal Mitglied der CDU wurde.

Zu den aus der Sicht der Union – und wohl auch für die Parteiengeschichte der Bundesrepublik – großen Leistungen Adenauers gehört zweifellos, daß es ihm gelang, die CDU auch für Protestanten zu öffnen und damit die Wählergrenzen niederzureißen, die das alte Zentrum außerhalb der katholischen Regionen machtpolitisch einengten. Günter Hollenstein schreibt zu Recht: »Das unbestreitbare Verdienst Konrad Adenauers in jener Zeit aber lag darin, einen katholisch-sozial dominierten mit einem bürgerlich-protestantischen Wirtschaftsflügel in Einklang zu bringen.« Eine Tat, die er sicher nicht allein vollbracht hat, aber angesichts seiner wachsenden Bedeutung im bürgerlichen Parteienlager wurde er zum Motor dieser schließlich so erfolgreichen Bestrebungen.

Selbst gerade Mitglied der CDU geworden, warb Adenauer seit Sommer 1945 für eine organisatorische Zusammenfassung aller christlich orientierten Parteigruppierungen, warnte eindringlich davor, »daß jede Zersplitterung der Anhänger des christlichen Gedankens eine empfindliche Schwächung bedeuten würde.« In einem Schreiben vom 21. August 1945 an Münchens Oberbürgermeister Karl Scharnagl heißt es: »Allein die Zusammenfassung in einer solchen Partei würde gegenüber achristlichen Parteien die Vertreterin des christlichen Prinzips sein, und ich glaube, daß unser Volk nur dann wieder gesunden kann, wenn in ihm das christliche Prinzip wieder herrschen wird.«

Schon sehr früh auch machte Adenauer zögernden Katholiken, die mit einer Wiederauflage des alten Zentrum oder der Bayerischen Volkspartei liebäugelten, deutlich, welches die Grundsätze einer solchen überkonfessionellen Partei sein müßten: »Führung des Staates auf christlicher Grundlage, d. h. nach den Prinzipien, wie sie sich auf der Grundlage des Christentums in einer Jahrhunderte langen Entwicklung in Europa herausgebildet haben.«

Und in einem Brief vom Februar 1946 klingt bereits Adenauers Vision von einer großen christlichen Volkspartei an: »Unsere Partei steht jedem offen, der sich zur christlich-humanistischen Weltanschauung und den ethischen Grundsätzen des Christentums bekennt.« Entschieden setzte er sich bei der Diskussion um den Namen der neuen Partei für die Verwendung des Begriffs »christlich« ein. Nicht nur alte Zentrumswähler, sondern auch konfessionell gebundene Protestanten sollten daran erkennen, »daß für die Zukunft die Scheidung zwischen Anhängern einer materialistischen Weltanschauung und den Gegnern der materialistischen Weltanschauung absolut nötig ist«.

Unterstützung für seine Parteipläne erhielt Adenauer im übrigen bereits sehr früh von Teilen der evangelischen Amtskirche. Auf einer Konferenz des Lutherrates im August 1945 in Treysa erklärten die Teilnehmer, daß »die evangelische Kirche die Bildung einer politischen Partei, die sich selbst auf christliche Grundsätze verpflichtet, mit Wohlwollen aufnimmt«. Im langjährigen, einflußreichen Ratsvorsitzenden der EKD, Bischof Otto Dibelius, fand Adenauer zudem bei entscheidenden politischen Weichenstellungen einen kritiklosen, konservativen Anhänger seiner Politik der Westorientierung und vor allem der von ihm massiv vorangetriebenen Wiederbewaffnung, die im protestantischen Lager ansonsten leidenschaftlich diskutiert wurde. In der CDU bildete sich ein Evangelischer Arbeitskreis, dessen Meinung nicht ohne Gewicht blieb. Der Kanzler und Parteivorsitzende achtete bei Kabinettsumbildungen oder der Vergabe hoher Partei- und Parlamentsämter genau darauf, daß der Konfessions-Proporz eingehalten wurde.

Schwierig zu beantworten ist die Frage, ob es eine »christliche« Politik im ethisch-moralischen Sinn überhaupt geben kann. In seiner Predigt beim Gedenkgottesdienst zum 100. Geburtstag Adenauers, am 5. Januar 1976, ließ der Kölner Kardinal Höffner keine Zweifel daran, daß der erste Kanzler der Bundesrepublik nicht an den »zwei Spannungsverhältnissen zerbrochen ist«. Adenauer habe zum einen »die Hoffnung auf das Ewige durch die Zuwendung zur Welt« und zum anderen »das Bekenntnis zu letzten sittlichen Werten durch den Sinn für das Konkrete und Mögliche harmonisch ergänzen« können.

Ähnlich sieht es auch der Theologe und einstige Sekretär der deutschen Bischofskonferenz Karl Forster: »Konrad Adenauer war es in einer geradezu paradigmatischen Weise gegeben, erfahrbar zu machen, daß er bei aller Versiertheit in der politischen Taktik und in der situationsbezogenen Pragmatik in entscheidenden Grundsatzfragen von Kriterien bestimmt war, deren Grund jenseits der politischen Berechnung lag.«

Sieht man einmal ab von der Frage, wie eine »christliche« Politik überhaupt zu definieren wäre, die auf den Grundsätzen des christlichen Abendlandes basierende Realpolitik zumindest hat in den vergangenen 1200 Jahren eine tiefe Blutspur in der Menschheitsgeschichte hinterlassen. Auch im Hinblick auf Adenauer erweisen sich Deutungen und »Heiligsprechungen« wie die von Höffner und Forster jedenfalls als Legendenbildung.

In der praktischen Politik war für ihn die Berufung auf das Christentum in erster Linie eine taktische Variante, kaltblütig und erfolgreich eingesetzt, die tiefsten Gefühle der Menschen häufig mißbrauchend. Marxisten, Sozialdemokraten und Liberale (damit waren nicht die Anhänger der FDP gemeint, sondern die kritischen Jünger der Aufklärung), das waren die Atheisten, so suggerierte er seinen »gutgläubigen« Wählern und auch noch den Lesern seiner »Erinnerungen«, die es nicht etwa nur im Kampf um die politische Macht zu besiegen galt, sondern deren Denken aus ethischen Motiven abzulehnen war.

Sehr früh schon in seiner politischen Laufbahn ließ er solche Töne anklingen. Auf dem Katholikentag 1922 hieß es in seiner Rede, daß Kapitalismus, Liberalismus und Materialismus die Totengräber des wilhelminischen Reiches gewesen seien. »Der Zusammenbruch Europas ist ein nicht zu widerlegender Beweis für die unerschütterliche Richtigkeit christlicher Grundsätze.« Wobei der Tagungspräsident allerdings vergaß hinzuzufügen, daß sich das »Gottesgnadentum« der Hohenzollern stets genau auf diese Grundsätze zu berufen pflegte.

Mehrfach sprach er von der Pflicht, so zu handeln, »daß sich auch in dieser Welt die von Gott gewollte Ordnung durchsetzt«. Polemisch formuliert: Gottes Ordnung, das war die des Kanzlers Konrad Adenauer und des Kardinals Joseph Frings. Die katholische Soziallehre paßte da schon weniger hin, und die Nächstenliebe, ein fundamentaler neuer Denkansatz, den das Christentum vor 2000 Jahren dem Abendland schenkte, sie findet man im politischen Leben und Handeln des damals führenden Unions-Politikers auch bei genauerem Hinsehen nur selten.

Als Wahlkämpfer säte er Haß, der mehr trennte und damit zerstörte, als es realpolitische Erfordernisse notwendig gemacht hätten. Sah er seine persönliche Macht bedroht, war ihm kaum ein Trick zu schäbig, um Konkurrenten innerhalb und außerhalb der eigenen Partei auszubooten. Die SPD nannte er immer wieder in einem Atemzug mit der KPD und bezeichnete – den Unterschied zwischen beiden politischen Organisationen genau kennend – sie als »totalitär ausgerichtete Parteien«. Noch als Altbundeskanzler intrigierte er wie ein Winkeladvokat gegen seinen ungeliebten Nachfolger Ludwig

Erhard, ohne dessen Popularität als Wirtschaftsminister wohl mancher Wahlkampf in der »Adenauer-Ära« für die bürgerlichen Parteien und ihren Kanzler kläglich ausgegangen wäre. Daß Adenauer mit diesem Vorgehen auch zum Machtverlust der Union ein gut Stück beigetragen hat, sei nur am Rande vermerkt. Als der Kölner Bürgermeister Rudolf Görlinger im nordrhein-westfälischen Kommunalswahlkampf von 1947 erklärte, »auch die unverehelichte Frau (hat) ein Recht auf Mutterschaft«, machte Adenauer mit Hinweis auf die NS-Organisation »Lebensborn« skrupellos die öffentliche Bemerkung: »Also genau wie bei der SS.« Im Wahlkampf des Jahres 1953 behauptete er wissentlich unwahr, daß die Solinger SPD-Funktionäre Heinrich Schroth und Hugo Scharley je 10 000 Mark aus der DDR erhalten hätten. Als Adenauer sich für diese Lüge öffentlich entschuldigen mußte, waren die Wahlen längst gelaufen. Ein christlicher Politiker?

Er selbst und seine Bewunderer sahen und sehen hinter alldem natürlich nur die »brennende Sorge« um Volk und Vaterland, den großen Verantwortungsethiker in der klassischen Definition Max Webers, der so handelt, »daß man für die (voraussehbaren) Folgen seines Tun aufzukommen hat«. Für Adenauer jedoch gilt dies eben nur zum Teil. Vieles in seinem Handeln hatte sehr viel weniger mit »Verantwortung«, dafür aber umso mehr mit Macht zu tun.

So scheint es nicht ohne Ironie der jüngsten deutschen Geschichte, daß die so viel beschworenen christlichen Grundsätze schließlich in eine Republik einmündeten, deren Gott der Materialismus wurde. Die Bundesrepublik entwickelte sich unter Adenauer zu einem Staat, in dem Produktionsrekorde und Wachstumsraten zum Fetisch wurden.

Vergessen waren die nachdenklichen Töne der ersten Nachkriegsjahre, der Ruf nach ethischer und sozialer

Neubesinnung eines Volkes, das als Täter und Opfer zugleich Europa in eine Katastrophe gestürzt hatte. Produzieren und Konsumieren waren bald die Zauberworte des Adenauer-Staates, die modernen Helden saßen in den Vorstandsetagen der Industrie.

Zwei Monate nach Adenauers Tod, am 2. Juni 1967, wurde in Berlin der Student Benno Ohnesorg von einem Polizisten erschossen. Es war das Signal für den Ausbruch der Studentenunruhen, für den Protest einer Generation, die in der Adenauer-Ära aufgewachsen war und die im Vietnamkrieg, im sinnentleerten Kauf- und Verkaufrausch ihrer Umwelt den klaffenden Riß zwischen Anspruch und Wirklichkeit einer sich christlich nennenden Politik erkannte.

Der wirtschaftliche Erfolg der Bundesrepublik in den fünfziger und sechziger Jahren hat fraglos die demokratische Entwicklung stabilisiert, radikalen Strömungen den Boden entzogen, Millionen Bürgern einen hart erarbeiteten Wohlstand gebracht. Aber – nur darum geht es in diesem Zusammenhang – mit dem lieben Gott hat die Entscheidung für eine bestimmte Wirtschaftsordnung nun wirklich nichts zu tun, und Materialismus predigten in der Bundesrepublik am lautesten jene politischen Gruppierungen, die ihren Parteinamen mit dem »C« schmückten. Adenauer selbst war in seinem Privatleben überaus materialistisch eingestellt. Er feilschte energisch und sehr auf seinen Vorteil bedacht um Oberbürgermeistergehalt und Pensionsansprüche, spekulierte heftig und hoch mit Aktien, scheute bei ihn fast ruinierenden Börsenverlusten nicht vor zwielichtigen, sein Oberbürgermeisteramt bedenklich mißbrauchenden Kontakten zurück, die ihn vor dem Verlust seines gesamten Privatvermögens bewahrten.

Zweifel daran, daß Adenauer, wie er selbst immer wieder behauptete, eine »christliche« Politik betrieben hat, dürfen jedoch nicht zu dem Schluß verleiten, hier habe ein besonders charakterloser, despotischer Politiker an den Schalthebeln der Macht gesessen. Adenauer hat seine politischen Pläne nicht, wie der andere Gründungskanzler der Deutschen, mit blutigen Kriegen verwirklichen müssen. Solche Entscheidungen Bismarcks, der die Verantwortung für die Folgen seiner Beschlüsse im übrigen stets mit seinem Herrgott alleine ausmachen wollte, blieben ihm erspart. Sein Denken unterschied sich auch klar von dem rassistischen Großmachtwahn seines Vorgängers im Kanzleramt, Hitler blieb ihm zeitlebens fremd. Vielmehr hat er die demokratischen Grundregeln der neuen Republik – wenn auch häufig mit sehr eigenwilligen Interpretationen und manchmal nur aufgrund eines erheblichen Gegendrucks der öffentlichen Meinung – akzeptiert, sie schon in den Weimarer Jahren gegen den konservativ-nationalistischen Ansturm verteidigt. Adenauer war als Außenpolitiker kein Scharfmacher, sondern ein Mann, der für Aussöhnung und Ausgleich eintrat. Trotz seiner sich immer wiederholenden verbalen Hinweise an die westlichen Allianzpartner, sich gegenüber der Sowjetunion an die »Politik der Stärke« zu halten, geriet er in Zeiten drohender militärischer Auseinandersetzungen zwischen den Supermächten sofort in Panik. Er verweigerte Washington beispielsweise während der Berlin- oder Kubakrisen ausdrücklich jede Beteiligung deutscher Soldaten, sollte sich aus den Krisen ein Krieg entwickeln.

Dies alles sind jedoch Eigenschaften, die auf viele Politiker seiner Zeit zutreffen, ohne daß sie sich in ihrem Handeln auf »christliche Grundsätze« berufen haben. Adenauer tat es nachdrücklich, und diese Taktik trug nicht wenig zu seinem Erfolg bei. Besonders glaubwürdig war sie deswegen trotzdem nicht.

Adenauer war kein Intellektueller. Sein Weltbild war einfach, nur selten – zumindest in seiner Ganzheit – von Zweifeln in Frage gestellt. Seine Reden, seine Briefe, seine Erinnerungs-Bände sind nüchtern, trocken im Stil, glanzlos. Rudolf Augstein schreibt über Bismarck: »Es gibt keinen Politiker, der die Sprache so auf ihre musikalischen Töne hin abgehört hat, sei es als Schreiber, sei es als Redner.« Ein Satz, der den Lesern der von Adenauer überlieferten Texte nicht im Traum einfallen würde.

An den großen geistigen Debatten des 20. Jahrhunderts, die jenseits der direkten politischen oder historischen Diskussion und außerhalb katholischer, kircheninterner Dispute lagen, nahm er kaum Anteil. Er las nicht Proust oder Kafka, Joyce oder Sartre, sondern Gedichte von Eichendorff und Mörike, Romane von Joseph Conrad und in beachtlicher Menge Kriminalgeschichten der Agatha Christie. Daß der Lyriker Heinrich Heine, ein rheinischer Landsmann, ihn gelegentlich ins Schwärmen geraten ließ, fällt da schon fast aus dem Rahmen.

Seit seinen Studententagen hatte er eine besondere Liebe zur Malerei entwickelt. Aber nicht Paul Klee, George Grosz oder Pablo Picasso, sondern die Niederländer des 16. und 17. Jahrhunderts, die sakralen mittelalterlichen Bilder und Plastiken der rheinländischen Schule inspirierten ihn, schmückten die Wände seiner Wohnhäuser und Amtsräume. Als Oskar Kokoschka den Greis während eines Urlaubs in Cadenabbia malte, fanden die beiden alten Herren zwar Gefallen und Interesse aneinander, aber das in diesen Tagen entstandene Werk blieb dem Porträtierten wohl doch recht fremd.

Er liebte es, sich an den Abenden bei Schallplattenmusik zu entspannen. Haydn wurde dabei bevorzugt, Beethoven und Mozart geschätzt, die melancholischen, schwerblütigen Schubert-Lieder aufgelegt. Der zeitgenössischen Musik, selbst wenn man diesen Begriff sehr weit faßt, konnte er nichts abgewinnen.

Der Kölner Oberbürgermeister der zwanziger Jahre griff manchmal recht autoritär ein, wenn ein Museumsdirektor »falsche« Bildeinkäufe getätigt hatte, an der Universität Max Scheler vom Pfad der rechten (theologischen)

Lehre abkam. Und so blieb es: Der Bundeskanzler und die Intellektuellen in dem von ihm regierten Land wußten wenig miteinander anzufangen.

Adenauer war geistig ein Repräsentant des 19. Jahrhunderts, ein deutscher Bildungsbürger, der in der Kunst die Harmonie suchte. Die oft schrillen, aber tiefsichtigen Deutungen der Moderne, die auf den Schriften Nietzsches und den Lehren Freuds fußten, von den geistigen Wertverlusten, die erschütternde Kriegserlebnisse bewirkten, beeinflußt, lagen jenseits seiner Auffassungsgabe. Das Wächteramt, das der Wilhelminismus über das geistige und seelische Heil der Untertanen ausübte, sprach auch Adenauer dem Staat und seinen (bürgerlichen) Trägern zu. Ganz überraschend allerdings ist eine solche Haltung nicht, war er zu Beginn des Ersten Weltkriegs, als das Jahrhundert seiner Geburt sich endgültig aus der Geschichte verabschiedete, doch immerhin bereits ein Mann von 38, vom Zeitgeist geprägt und weitgehend geformt.

Auch der optimistische Glaube an den technisch-ökonomischen Fortschritt, der mit dem Ausbruch der industriellen Revolution das Denken des Bürgertums immer schrankenloser zu beherrschen begann, war diesem ansonsten so skeptischen Mann in hohem Maße gegeben. Als Oberbürgermeister von Köln schuf er mit bewundernswerter Energie und Entscheidungskraft eine moderne Metropole, ließ den berühmten Grüngürtel anlegen, setzte sich entschieden für die Neugründung der Universität ein, führte die Messe zu neuen Höhen, förderte tatkräftig den Hafenausbau und Industrieansiedlungen, holte 1928 mit der »PRESSA« die größte Medienschau dieser Jahre an den Rhein.

Es kümmerte ihn dabei herzlich wenig, daß zum Ärger des Deflationspolitikers und Parteifreundes im Berliner Kanzleramt, Heinrich Brüning, die Verschuldung der Stadt bedenkliche Größenordnungen erreichte. Zuvor hatte schon sein Intimgegner in den Weimarer Jahren, Gustav Stresemann, notiert: »Persönlich ist Adenauer für Köln unzweifelhaft glänzend, ob immer im Reichsinteresse handelnd, wohl zu bezweifeln ...« Und in bezug auf die Ausgabenpolitik des Kölner Stadtoberhauptes meinte Stresemann, der gegen die Reparationsforderungen der Siegermächte kämpfte und sein Argument, das geschlagene Reich könne die Forderungen des Versailler Vertrages nicht erfüllen, durch die »Verschwendungssucht« mancher Städte unterlaufen wähnte, »daß Herr Adenauer ein wunderbares Messehaus baut und sich rühmt, die größte Orgel der Welt eingebaut zu haben, hat den selben Effekt« (nämlich ihn, Stresemann, bei seinen Verhandlungspartnern unglaubwürdig zu machen).

Wachstum war für Adenauer, der zeitlebens wenig von den Gesetzen der Ökonomie, aber viel von praktischer öffentlicher Finanzpolitik verstand, bereits damals ein Zauberwort. Schon als Kommunalpolitiker war er ein moderner, aber auch bedenkenloser »Macher«.

Technik und Natur besaßen für ihn einen nie verlorengegangenen Reiz. Er abonnierte und las regelmäßig die Zeitschrift »Kosmos«, in den tatenlosen Jahren der Nazi-Zeit gab er sich leidenschaftlich skurrilen Erfindungen hin, kämpfte mit der ihm eigenen Zähigkeit bei den Patentämtern um ihre Anerkennung.

Sein Haus in Rhöndorf, das er 1937 baute, liegt hoch über dem Rheintal, weite Blicke eröffnend. In seinen Urlaubswochen zog es ihn immer wieder in die Schweizer Berge oder später dann an den Comer See, wo er in Cadenabbia einsam liegende Villen bewohnte, in langen Spaziergängen sich der Beobachtung von Naturschauspielen hingebend. Er war ein Augenmensch, Bilder und Landschaften bewegten ihn. Die Arbeit im heimischen Garten vergaß er auch in Wochen hektischer Betriebsamkeit nicht. Adenauer, der Rosenzüchter, der er nie war, dies allerdings wurde zur schönen, idyllischen Legende.

Der einst kurzfristig gehegte Traum des jungen Assessors, ein Notariat auf dem Lande, war dagegen so unernst nicht, wie das spätere Leben vermuten lassen könnte.

Hans Maier hat über ihn einmal sehr treffend geschrieben: »Adenauer verfügte über eine reduzierte Intelligenz.« Andere sprachen von seinem ausgeprägten Hang zur Simplifizierung. Genau diese Eigenschaft aber befähigte den kommunalen Spitzenpolitiker, den Parteivorsitzenden und den Kanzler, komplizierte Sachverhalte radikal zu vereinfachen, sie auf wenige Stränge hin bloßzulegen und dafür passende Lösungsstrukturen zu entwerfen. Seine Mitarbeiter und Verhandlungspartner verblüffte er durch die Gabe, rasch zum Kern eines scheinbar verwickelten Problems vorzudringen, sich nicht im Dickicht zahlloser Möglichkeiten zu verlieren. Ein überdurchschnittliches Gedächtnis – noch im hohen Alter trug Adenauer im Familienkreis viele seiner Lieblingsgedichte auswendig vor –, genaue Aktenkenntnis und ein hoher Informationsgrad, den er sich durch gezielte Gespräche bei klug ausgewählten, sachkundigen Partnern vor wichtigen Beschlüssen aneignete, gaben ihm bei vielen Entscheidungen die souveräne Überlegenheit, mit der er sich so häufig durchsetzte.

Aber diese »reduzierte Intelligenz«, die sich auch in einer überraschenden Spracharmut ausdrückte, hatte ihre nicht zu unterschätzende Kehrseite: Gut und böse, schwarz und weiß, das waren für Adenauer wie für viele seiner Zeitgenossen häufig unumstößliche Richtwerte. Der Kommunismus war die Lehre des Teufels, die westliche Politik stand dagegen voll unter dem Zeichen von Humanität und Vernunft. Die USA verteidigten die Freiheit, die Sowjetunion plante, die Welt zu unterjochen. Sozialistische Wirtschaftskonzeptionen führten die Gesellschaft in eine Kolchosenwelt von Zwang und Entmündigung, die Marktwirtschaft war der Garant für die freiheitliche Entwicklung des einzelnen. Zwischentöne waren von diesem Politiker nur selten zu hören, und wenn er auch sicher jenseits von Wahlveranstaltungen oder sonstigen öffentlichen Bekundungen differenzierter dachte, das Weltbild des Konrad Adenauer enthielt eine Fülle schlichter Entweder-Oder-Vorstellungen.

Und das blieb trotz aller großen Erfolge, zu denen viele seiner Grundsatzentscheidungen führten, nicht folgenlos. Diese »Reduzierung« verbot zum Beispiel eine variantenreiche Außenpolitik, wie sie etwa Bismarck oder Stresemann betrieben. Für die glänzenden außenpolitischen Fähigkeiten des bedeutendsten Politikers der Weimarer Jahre, Gustav Stresemann, hatte Adenauer nur die verächtliche Vokabel »Schaukelpolitik« übrig. Auch in zahlreichen innenpolitischen Fragen »schaukelte« der Kanzler nicht, fällte er weitreichende wirtschafts- und gesellschaftspolitische Entscheidungen aus sehr vordergründigen, auf Wahltermine oder die eigene Karriere fixierten Gründen. Verdeckt wurde dies häufig von taktischen Winkelzügen, zu denen er griff, wenn seine Pläne nicht auf dem direkten Weg durchzusetzen waren, wenn er dem Parlament und den Wählern die Ziele seiner Politik zunächst verschleiern wollte.

Dort, wo die politische Wirklichkeit so einfach war wie sein Denken oder wo Lösungen von Entwicklungen gefördert wurden, die seinen Plänen entgegenkamen, setzte Adenauer die Glanzpunkte seiner politischen Laufbahn. Sobald aber die Situation komplizierter wurde, flexible Reaktionen notwendig waren, um neue politische Handlungsspielräume zu eröffnen, gerieten seine starren Konzeptionen häufig ins Wanken. Dies gilt zumindest für die Ostpolitik des Kanzlers.

Deutlich wurde dies in den fünfziger Jahren, als die Ost-West-Konfrontation, auf der das außenpolitische Konzept Adenauers weitgehend aufgebaut war, sich auflockerte, »Koexistenz« und Entspannung das politische

Denken der führenden Männer in Moskau und Washington zu beeinflussen begannen. Der Bonner Kanzler stand dieser Entwicklung ziemlich hilflos gegenüber, sie überforderte sein strategisches Reaktionsvermögen, ließ ihn in düstere Zukunftsängste verfallen. Der »Potsdam-Komplex« brach voll durch, die traumatische Vision einer erneuerten Koalition der Siegermächte gegen die Bundesrepublik trübte seinen Blick für die vielschichtigen Antriebskräfte der Weltpolitik, lähmte seine Kräfte.

Die Verkrampfung der Bonner Außenpolitik im letzten Drittel seiner Kanzlerschaft, die wachsende Isolierung, in die er den westdeutschen Staat hineinschlittern ließ, beruhten auch auf der mangelnden Fähigkeit, sich von seinen zu einfachen Denkmodellen lösen zu können. Die Wähler begannen dies zu spüren, und in der eigenen Partei wuchs – wenn auch nur sehr zögernd und ganz selten mit offenem Visier – der Widerstand gegen den autoritären Vorsitzenden und Regierungschef, dessen solange bestaunte Virtuosität, mit der er die Republik durch die klippenreichen Gewässer der Außenpolitik gesteuert hatte, sichtbar an Wirkung verlor.

In einem anderen Sinn, als Hans Maier es gemeint hat, machte ihn seine »reduzierte Intelligenz« blind gegenüber mancher weltpolitischen Entwicklung. Die Wiederbewaffnung der Deutschen, nur wenige Jahre nachdem es die letzten Kriegstoten in Europa gegeben hatte, war ihm kein zu hoher Preis, die Souveränität Westdeutschlands ein paar Jahre früher zurückzugewinnen. Die tiefgreifende innen- und außenpolitische Dimension dieser Entscheidung blieb ihm offensichtlich verschlossen, zumindest verdrängte er sie. Denn die auf diesem Weg wiedererlangte Souveränität führte schon sehr bald in neue Abhängigkeiten. Sie dämmte zwar die akuten Sicherheitsängste von vielen Deutschen im westlichen Rumpfstaat ein, die der Kanzler durch seine dramatischen Reden noch verstärkt hatte, aber sie verengte gleichzeitig den außenpolitischen Spielraum Adenauers und seiner Nachfolger, machte es ihnen schwieriger, eine eigenständige Politik zu betreiben.

Washington sah und sieht seine Politik unter dem Blickwinkel einer Supermacht, deren Interessensphäre weit über Europa hinausreicht. Amerikas Präsidenten, wer wollte es ihnen verdenken, blicken auf ihre Wähler, verlangen aus einer Position der Stärke heraus europäische Gefolgschaft. Vorrangig galt dies natürlich für die Jahrzehnte des Kalten Krieges. Sieht man von Einzelpunkten ab, so hat sich die westliche Vormacht in den globalen Fragen – nicht zuletzt im Kampf gegen die Sowjetunion – auch durchgesetzt.

Adenauer ist häufig ein Opfer seines statischen Weltbildes geworden, weil er nicht oder zu spät erkannte, daß es politische Partnerschaft nur unter Gleichstarken geben kann. Seine Erschütterung, als 1954 die Pariser Nationalversammlung die Europäische Verteidigungsgemeinschaft ablehnte, ist deshalb nur zu verständlich. Aber dieses Veto der Franzosen kam so überraschend nicht, und die Motive dafür hätten ihm bei etwas genauerer Analyse der französischen Innenpolitik und der jüngeren Geschichte unserer westlichen Nachbarn eigentlich von Anbeginn an bewußt sein müssen. Jedenfalls starb damit nicht nur die von ihm frühzeitig angestrebte politische Union der Westeuropäer, sondern auch die Hoffnung, eine gleichgewichtige Position zwischen Westeuropa und den USA zu schaffen. Im Grunde war das Konzept des Kanzlers mit dem Nein der Franzosen gescheitert. Allerdings sein politischer Pragmatismus triumphierte dann doch, denn an die Stelle der EVG trat der Eintritt der Bundesrepublik in die Nato.

»Reduziert« war aber auch Adenauers politische Phantasie. Die tiefgreifenden Veränderungen, die der gigantische Ausbau der Nuklearарsenale in Ost und West der Weltpolitik bescherte, scheinen ihm kaum bewußt geworden zu sein. Im Zusammenhang mit der atomaren Rüstung sprach er einmal von einer »Weiterentwicklung der Artillerie«. Er erfaßte nicht, daß der nukleare Geist, den die Menschen leichtfertig beschworen, das Denken der Erdenbewohner zu verändern begann, die Politik vor ganz neue Herausforderungen stellte. Wer im Zeitalter der Atombombe seinen Wählern noch einreden wollte, die europäische Landkarte ließe sich durch eine Politik der Stärke verändern, der verkannte die Zeichen der Zeit oder war ein politischer Hasardeur. Letzteres trifft auf Adenauer mit Sicherheit nicht zu.

Die Entwicklungen in der Dritten Welt blieben dem Kanzler in ihrer Bedeutung für die Zukunft ebenfalls weitgehend verschlossen. Die Völker Asiens und Afrikas, die sich von den Ketten ihrer europäischen Kolonialherren zu befreien begannen, als Adenauer Kanzler war, blieben in dessen außenpolitischer Konzeption nahezu ausgeklammert. Was sich in diesem Teil der Welt abzeichnete, konnte er nur unter dem eindimensionalen Aspekt der Ost-West-Konfrontation beurteilen. Allerdings galt dies für die meisten westlichen Regierungen.

In der Innenpolitik der »Ära Adenauer« fielen Entscheidungen über zahlreiche weitreichende Entwicklungen häufig mit dem engen Blick auf kurzfristige taktische Vorteile. Hinter ihnen stand ein Bonner Regierungschef, der sich keineswegs immer als der große konzeptionelle Stratege erwies, als den ihn seine Bewunderer damals und heute darstellen. Die gesellschaftspolitischen Folgen dieser oft aus dem Augenblick heraus getroffenen Beschlüsse waren jedoch nicht selten bedeutungsvoll für die weitere Geschichte der Bundesrepublik, und dies nicht nur zu ihrem Vorteil.

Die Diskussion der Experten über eine große Sozialreform etwa brach Adenauer vorzeitig ab und bot seinen Wählern lediglich ein Teilstück an, die dynamische Rente, weil er für seinen Wahlkampf 1957 ein populäres Thema brauchte. Die Folgen dieses »Wahlgeschenkes« wurden bald sichtbar. Die Sozialpolitik verkam zum Gefälligkeitspräsent für christdemokratische Wahlkämpfe.

Das KPD-Verbot von 1956 war verfassungsrechtlich bedenklich, zeugte von einer seltsamen Demokratieauffassung der Antragsteller und war politisch völlig unsinnig, da der real existierende Sozialismus in der DDR für die Westdeutschen abschreckend genug war, um ausreichende Abwehrkräfte gegen den kommunistischen Bazillus zu mobilisieren. Schon bei der Bundestagswahl von 1953 war die KPD bei äußerst bescheidenen 2,2 Prozent gelandet.

Der Versuch, durch einen Regierungskanal im neuen Medium Fernsehen Fuß zu fassen, die öffentliche Meinung von der Bonner Machtzentrale aus zu steuern, wurde von Adenauer intensiv unterstützt und erst durch das Verfassungsgericht gestoppt. Für den Kanzler hatte der Rundfunk ein »politisches Führungsmittel der jeweiligen Bundesregierung« zu sein. Abgesehen von dem kalten, machtpolitischen Willen, der hinter einer solchen Forderung steckte, wirft sie auch ein bezeichnendes Licht auf das fatale, »reduzierte« Demokratieverständnis des ersten Kanzlers der Bundesrepublik.

Diese knappen Hinweise haben weniger mit dem »Erfolg« Adenauers zu tun als mit den Grenzen seiner Persönlichkeit, den Schranken, die seine politische Weltauffassung ihm im praktischen Handeln oft setzte. Sein hoch sensibilisiertes Gespür für politische Entwicklungen, für das Erfassen von Chancen, die eine bestimmte Situation ihm zum Erreichen seiner Ziele bot, ließ ihn unter allen westdeutschen Politikern in eine herausragende Stellung hineinwachsen. Und Arnulf Baring hat Recht, wenn er meint: »Der Wille wie die Fähigkeit zur Vereinfachung bedeuteten auf der anderen Seite eine große Stärke: immer zu Antworten auf die Herausforderungen des Tages in der Lage und zur Entscheidung bereit zu sein.« Aber

Legenden sind auch hier nicht am Platze. Adenauer legte manches Fundament in den so wichtigen Gründerjahren, das sich später als wenig belastbar erwies.

Denn die Bundesrepublik hat sich im Laufe ihrer fünfzigjährigen Geschichte schwer getan mit den Grundtugenden einer republikanischen Gesellschaft: Toleranz und Liberalität, Rechtsstaatlichkeit und Minderheitenpolitik bleiben umkämpft, sind keineswegs selbstverständlich in diesem Land. Mancher Schatten einer dunklen Vergangenheit soll auch schon wieder verdrängt werden.

Die »reduzierte Intelligenz« hatte sich bald von der »Leitfigur« vieler Westdeutscher auf sie selbst übertragen. Adenauer, von den Nationalsozialisten 12 Jahre kaltgestellt und zeitweise drangsaliert, blieb seltsam zurückhaltend, wenn es um dieses Kapitel deutscher Geschichte ging. Er wolle das Volk nicht spalten, sagte er gelegentlich dazu. Zweifellos war dies nicht der Grund, denn nach links hin konnte dem christdemokratischen Wahlkämpfer und Regierungschef keine Spaltung tief genug sein. Zu klug, um nicht zu wissen, daß die Mehrzahl seiner Wähler in irgendeiner Form das Hitler-Regime geduldet oder sogar unterstützt hatte, wollte er nicht zum Gewissen der Nation werden, sondern er lenkte die Bürger seines Staates hin zu anderen Werten. Den kollektiven Massenrausch des Nationalismus ersetzte in der Bundesrepublik der Götze Konsum. Die Deutschen im Westen wurden wohlhabende und ordentliche Demokraten. Sie wurden ein Volk des Habens und nicht ein Volk des Seins. Eine Entwicklung die sich später in der langen Zeit der Kanzlerschaft Helmut Kohls noch enorm verstärkte. In den neunziger Jahren beherrschen in Deutschland Aktienkurse und Börsentips endgültig die Seele der Nation.

Adenauer hatte in seinem langen Leben die Schwächen der Menschen studiert. Es schien ihm wohl ein hoffnungsloses Unterfangen, sie ändern zu wollen. Die Nazi-Zeit, so sah er es, ließ sich nur durch praktisches Handeln überwinden, die Demokratie durch eine materiell ausreichend befriedigte Gesellschaft stabilisieren. Viele Deutsche waren ihm dankbar, daß er sie vom Nachdenken über die moralische und politische Katastrophe ihrer jüngsten Geschichte freistellte. Aber diese kollektive Verdrängung verschüttete schon bald manchen ernsthaften Ansatz zu einem wirklichen Neubeginn.

An Adenauers 100. Geburtstag, am 5. Januar 1976, feierten und verklärten die Westdeutschen ihren Gründungskanzler in zahllosen Artikeln und Sammelbänden. Nachdenkliche Stimmen waren zu diesem Zeitpunkt bereits selten geworden. Gösta von Uexküll aber schrieb damals: »Wenn der Weltgeist an Hitler das Unsinnige und Unzeitgemäße j e g l i c h e r Machtpolitik demonstrieren wollte, dann hat er es für Adenauer umsonst getan. Unter der Bezeichnung ›Politik der Stärke‹ feierte sie ihre Wiederauferstehung. Dem Wunsch von Millionen Deutschen nach etwas ganz und gar Neuem, der sich unbeholfen, aber doch deutlich in der ›Ohne-mich-Bewegung‹ und dem Ahlener Programm der CDU ausdrückte, stand Adenauer verständnislos gegenüber. So wurde aus einem ›Ohne-mich‹ ein ›Wie-gehabt‹, aus einem Aufbruch zu neuen Ufern eine Restauration von »Verhältnissen, wie sie vor Hitler bestanden und zu Hitler geführt hatten«.

Wer die Höhen der Macht erklimmt – das gilt nicht nur, aber vor allem für die Politik –, kommt nicht ohne innere Beschädigungen ans Ziel. Ist Adenauer auf seinem langen Weg zum Gipfel ein Menschenverächter geworden? Viele seiner Handlungen und Reaktionen scheinen darauf hinzudeuten. Zu seinem Biographen Paul Weymar sagte er in den fünfziger Jahren: »Es ist schwer, die Menschen zu kennen und sie nicht zu verachten.« Und ein Mithäftling im Nazi-Lager auf dem Messegelände von Köln-Deutz zitiert ihn mit den Worten: »Wissen Sie, Eugen, ich bin ursprünglich weich und empfindsam gewesen, aber der Umgang mit den Menschen hat mich hart gemacht.«

Zuneigung und Wärme zu anderen Menschen jedenfalls ließ er selten erkennen. Spott, Ironie oder gar Häme dagegen spürten seine Mitarbeiter und Parteifreunde nicht weniger als seine politischen Gegner. Adenauer hatte einen unbestechlichen Blick für die Schwächen eines Menschen, und er nutzte sie hemmungslos aus. Er war ein Meister der Intrige, setzte innerparteiliche Konkurrenten matt, indem er zu Mitteln Zuflucht suchte, die auch vor der Lüge, der persönlichen Diffamierung nicht Halt machten. Wen er nicht mehr brauchte, ließ er fallen, wie treu seine Haltung, wie hilfreich seine Arbeit auch gewesen sein mochte.

Heinrich von Brentano, sein langjähriger Außenminister und enger politischer, wenn auch hoffnungslos unterlegener Weggefährte, erfuhr aus der Zeitung, daß Adenauer ihn beim Koalitionspoker im Herbst 1961 als Außenminister bedenkenlos opfern wollte, und verzichtete freiwillig auf den Sitz im Kabinett. Ludwig Erhard bewunderte den Kanzler und diente ihm lange Jahre, seine Wirtschaftspolitik hatte einen beträchtlichen Anteil an den Wahlsiegen Adenauers. Als er zum Konkurrenten wurde, die Partei in ihm den Nachfolger sah, fiel Adenauer in Reden und Interviews, auf Parteitagen und hinter verschlossenen Konferenztüren über ihn her, versuchte seine Leistung herabzusetzen, seine Fähigkeiten in Zweifel zu ziehen, ihn als Politiker öffentlich zu demontieren.

Hans Globke, Herbert Blankenhorn und Otto Lenz (bis 1953) wurden zu den wichtigsten Zuarbeitern, Informanten und – soweit dies bei Adenauer möglich war – Ratgebern im Kanzleramt. Auch ihnen gegenüber, die er fast täglich sah, blieb der Kanzler auf Distanz, wachte eifersüchtig darüber, daß keiner zu mächtig, keiner »wissender« wurde als er. In den vier Kabinetten, die er leitete, nahm Adenauer lange die beherrschende Rolle ein, nicht nur weil ihm die »Richtlinienkompetenz« zustand, sondern weil er mit Abstand die stärkste Persönlichkeit in diesem Kreis war. Einsame Beschlüsse fällte er in wichtigen Fragen nicht so häufig, wie es ihm nachgesagt wurde, aber hatte er sich zu einer Entscheidung durchgerungen, hielt er daran fest, auch gegen noch so harte Widerstände (oder gar alle Vernunftargumente) im Kabinett oder in der Fraktion.

Adenauer war trotz aller Jovialität bei seinen öffentlichen Auftritten ein harter, verschlossener Mann, Mißtrauen ein Grundzug seines Charakters. Dem widerspricht nicht, daß er Menschen, die er brauchte, von denen er in seinen Entscheidungen abhängig war, mit großem Charme, einer oft mitreißenden Liebenswürdigkeit entgegentrat. Wollte er etwas von seinem Gesprächspartner wissen, konnte er mit großer Geduld zuhören. Aber er blieb immer zurückhaltend. Auch seinen ausländischen Verhandlungspartnern gegenüber verlor er nie seine skeptische Haltung im Hinblick auf ihre Zuverlässigkeit. Selbst dann nicht, wenn er sie hochschätzte, ihnen fast freundschaftlich (soweit das in der Politik überhaupt möglich ist) zugetan blieb, wie es bei John Foster Dulles oder – wenn auch in abgeschwächter Form – bei Charles de Gaulle der Fall war.

Häufig wurde er von pessimistischen Ahnungen überwältigt, die Lage empfand er tatsächlich fast immer so ernst, wie er sie seinen Wählern in den 14 Kanzlerjahren und auch noch im Ruhestand so dramatisch zu schildern wußte. Dem prallen Optimismus eines Ludwig Erhard stand er verständnislos gegenüber.

Er war sicher nicht allein – zeitlebens hatte er eine große Familie um sich, und die politische Karriere ließ täglich eine lange Reihe von Besuchern in seinen Amtsräumen ein- und ausgehen –, aber er fühlte sich wohl oft einsam.

Besonders in den 12 Jahren der Verlassenheit, als die Nationalsozialisten regierten, und in den letzten Jahren, als ihm die Macht genommen war, sein Wort zwar noch gehört wurde, er aber schmerzlich erkennen mußte, wie wenig es noch bewirken konnte. Ein Jahr vor seinem Tod – oft war er jetzt resigniert, quälte sich mit der Niederschrift seiner »Erinnerungen« – notierte seine Mitarbeiterin Anneliese Poppinga Sätze des Greises, die in seinem Leben sonst keinen Platz gehabt hatten: »Sehen Sie, jetzt bin ich 90 Jahre alt, ich habe Kinder. Ich habe viel Leid, auch viel Freude gehabt – aber wozu?«

Private Freundschaften suchte er in seinem Leben nie allzu viele, im wachsenden Alter nahmen sie eher noch ab. Wem er sich allerdings persönlich verbunden fühlte, dem stand er mit praktischer Hilfe, Rat und Trost zur Seite, wie seine umfangreiche Korrespondenz vielfach beweist.

Enge, lebenslange Beziehungen verbanden ihn vor allem mit Menschen, die ihm schon in den Kölner Jahren begegnet waren. Sie wurden häufig, ohne ein politisches Amt innezuhaben, zu wichtigen Ratgebern. Der Bankier Robert Pferdmenges zählte zu diesem Kreis, die Industriellen Dannie Heinemann und Paul Silverberg. Pferdmenges, ein rheinländischer Protestant, hatte nicht nur in Personalfragen auf Adenauer in den Jahren nach 1945 einen beträchtlichen Einfluß, sondern vor allem gab er dem Parteivorsitzenden der rheinländischen CDU und dann dem Kanzler manch nützliche Nachhilfestunde zu wirtschaftspolitischen Themen, von denen sein politischer Gesprächspartner jenseits der Kommunalpolitik nicht allzuviel verstand. Besonders in der Sozialisierungsfrage, die in den Gründerjahren der Union eine so bedeutende Rolle spielte, war Pferdmenges für den »Kapitalisten« Adenauer ein wertvoller Argumentationslieferant beim Streit mit dem linken CDU-Flügel. Eine ähnliche Rolle im Leben Adenauers spielte in den zwanziger Jahren Kölns mächtigster Mann, Louis Hagen, der den jungen Oberbürgermeister förderte und stützte, aber ihn auch für die eigenen Pläne einspannte.

Robert Pferdmenges und Louis Hagen waren Ende der zwanziger Jahre auch die Schlüsselfiguren in einer Spekulationsaffäre, die Adenauer fast sein Amt gekostet und seinen finanziellen Bankrott heraufbeschworen hätte. Bei einer Millionenspekulation, von der Deutschen Bank in Köln, in deren Aufsichtsrat er saß, in seinem Auftrag vorgenommen, verlor er 1930 nahezu sein gesamtes Vermögen. Er war praktisch ruiniert. Durch die Vermittlung von Pferdmenges und Hagen kam es zu undurchsichtigen Kontenverschiebungen, und die Bank übernahm die Verluste des Oberbürgermeisters. In einem Rechtsstaat üblicherweise ein Fall für den Staatsanwalt.

Einige Jahre später wurde der Filialdirektor der Deutschen Bank in Köln, Adenauers Duzfreund Anton Brüning, im Zusammenhang mit dem Bankrott des »Görreshauses«, eines dem Zentrum gehörenden Verlages, wegen Betrugs verurteilt. Der Oberbürgermeister distanzierte sich in scheinheiliger Empörung von seinem ehemaligen Partner und in vielfacher Hinsicht politisch und privat sehr hilfreichen Freund.

Überhaupt hatte der Politiker, der dem Kleinbürgertum entstammte, ein recht handfestes Verhältnis zum Geld. Sein Gehalt lag mit 41 250 Reichsmark an der Spitze der Oberbürgermeisterbezüge im Reich. Der Berliner Kollege etwa mußte sich mit 38 000 Reichsmark begnügen. Adenauer langte zusätzlich noch kräftig beim Wohngeld zu. Wie die Zeitungen berichteten, lag es bei stattlichen 43 000 Reichsmark, Frankfurts Stadtoberhaupt erhielt diesen Quellen zufolge ein Wohngeld von 2 500 Reichsmark. Nach dem Krieg führte er einen zähen, schließlich erfolgreichen Kampf um eine Entschädigung für seine Villa in der Max-Bruch-Straße. Er hatte sie nach einem überaus guten finanziellen Vergleich mit der Stadt

Köln 1937 aufgegeben, und für einen Teil dieses Geldes konnte Adenauer sich sein Haus in Rhöndorf bauen. Nazis hin, Nazis her – der clevere einstige Kölner Oberbürgermeister machte nach 1945 – wie immer wenn es um private Vermögensfragen ging – erheblichen Druck, um sich das Haus zum zweitenmal vom Staat bezahlen zu lassen. Henning Köhler, der Mitte der neunziger Jahre die bislang erste kritische Adenauer-Biographie vorgelegt hat, schreibt: »Während Millionen anderer Deutscher alles verloren hatten und viele Jahre auf Lastenausgleich warten mußten, hatte Adenauer das Kunststück fertiggebracht, das Dritte Reich als Eigentümer einer Villa zu beginnen, nach dessen Untergang jedoch deren zwei zu besitzen. Wahrlich – ein rheinischer Phönix ganz eigener Art.«

Mit Blick auf Adenauers sehr begrenzte Fähigkeit zur Freundschaft ist es erwähnenswert, daß der amerikanische Jude Dannie Heinemann in Adenauers »Erinnerungen« einen besonderen Ehrenplatz erhalten hat. Noch der greise Kanzler vergaß diesem Weggefährten aus den zwanziger Jahren nicht, daß er zu den ganz wenigen Menschen zählte, die nach seinem politischen Sturz im Frühjahr 1933 weiterhin zu ihm standen, ihm in der Not halfen. Adenauer, dessen Pension zunächst ausgesetzt und dessen Bankkonten vorübergehend von den neuen Machthabern gesperrt waren, erhielt von Heinemann 10 000 Mark, um sich und seine Familie fürs erste durchzubringen. »Ich hatte als Oberbürgermeister von Köln viele Freunde«, schreibt er dreißig Jahre später, »Heinemann und Professor Kraus waren die einzigen, die mir nach meiner Absetzung ihre Hilfe anboten.« Auch Kraus war Jude.

Auffallend sind diese Sätze, weil der Memoirenschreiber Adenauer in seinen Aufzeichnungen sonst kaum persönliche, jenseits der Politik liegende Dinge erwähnt. Heinemanns damalige menschliche Größe hinterließ bei ihm offenbar einen tiefen Eindruck, stand sie doch im krassen, schmerzlich empfundenen Gegensatz zum Verhalten der vielen Menschen, die ihn im Glanz seines Kölner Amts umgeben und umschmeichelt hatten, nach seinem Sturz aber kaum noch grüßten. Der »Menschenverächter« wußte also sehr genau zu differenzieren, wenn er es auch im persönlichen Umgang nur selten zu erkennen gab. Allerdings hielt auch Adenauer selbst während der Hitler-Jahre Distanz zu seiner Umgebung.

Es ist sicher kein Zufall, daß Adenauer die Episode mit Dannie Heinemann in jenem Kapitel erwähnt, in dem er über das Wiedergutmachungsabkommen mit dem Staat Israel berichtet. Denn wie immer man den Politiker und Menschen Adenauer beurteilen mag, der Rassenwahn, der das deutsche Bürgertum im 20. Jahrhundert überwältigte, schließlich alle Dämme brechend, war ihm zutiefst fremd. Als Kölner Oberbürgermeister hielt er enge, freundschaftliche Kontakte zur jüdischen Gemeinde der Stadt. Und Juden verkehrten auch in seinem Haus.

Es gehört zu den moralisch und politisch großen Entscheidungen des Kanzlers, daß er mit den Wiedergutmachungszahlungen an Israel, die er großzügig, unbürokratisch und unbeirrt von haushälterischen Einwänden seiner Finanzpolitiker teilweise im diplomatischen Alleingang durchsetzte, gegenüber den Überlebenden des Holocaust den Willen des demokratischen Deutschland deutlich machte, die ungeheuren Verbrechen nicht zu verschweigen und zu verdrängen. In den »Erinnerungen« schreibt Adenauer:

»Als ich 1949 Bundeskanzler wurde, sah ich in der Ordnung unserer Beziehungen zu den Juden eine der wichtigsten Aufgaben. Unser guter Wille konnte vor allem durch materielle Hilfe bezeugt werden. Wir mußten dabei aber den Eindruck vermeiden, als könne und solle allein durch die Hergabe materiellen Gutes das Unrecht, das geschehen war, gesühnt werden. Sie konnte nur äußeres Zeichen unseres Bestrebens nach Wiedergutmachung sein.« Andere Gruppierungen, die Opfer des Nazi-Terrors geworden waren – die politisch Verfolgten oder die Roma beispielsweise – bekamen allerdings weder vom Bundeskanzler noch von der bundesdeutschen Demokratie solche »Zeichen unseres Bestrebens nach Wiedergutmachung« zu spüren. Sie mußten in peinvollen, oft demütigenden Bittgängen und Kämpfen ihre Ansprüche durchsetzen, wenn sie denn überhaupt für ihre Leiden »entschädigt« wurden.

Adenauer schuf die »Kanzlerdemokratie«. Wie ungenau diese Beschreibung des politischen Systems der Bundesrepublik in den ersten 14 Jahren ihres Bestehens auch sein mag, sie drückt zutreffend aus, daß der Kanzler die herausragende Figur dieses Staatswesens geworden war. Daß er es wurde, ist nicht nur auf die starke Stellung zurückzuführen, die das Grundgesetz dem Regierungschef einräumt, sondern es hatte viel zu tun mit der Persönlichkeit, den hochentwickelten Machtinstinkten, dem Führungstalent des Mannes, den das Parlament 1949 in diese Position gewählt hatte.

Aber die vom Kanzler okkupierte Demokratie, die sich in seiner Amtszeit entwickelte, wies auch auf innere Strukturen der CDU und ein Selbstverständnis des politischen Konservatismus hin, deren mafiose Züge erst Ende der neunziger Jahre entlarvt wurden. In der Ära Kohl offenbarte sich – wie die nach seiner Kanzlerschaft aufgedeckten Finanzskandale zeigten – ein politisches System, in dem innerparteiliche Kontrolle nicht stattfand und in dem die CDU von dem Gefühl beherrscht wurde, sie stände über Verfassung und Recht. Das Parteiengesetz wurde gebrochen und die Parlamente belogen. Am Anfang aber stand Konrad Adenauer.

In den Augen der Wähler wuchs der Kanzler in den fünfziger Jahren in eine omnipotente Rolle hinein, wurde er zum Über-Ich der Deutschen. Selbst die parlamentarische Opposition empfand dies trotz aller verzweifelten Gegenwehr bald kaum anders. Der Wahltriumph von 1957, als die Union die absolute Mehrheit der Sitze im Bundestag gewann, zeigte den damals 81jährigen Kanzler im Zenit seiner Laufbahn.

Ein Hauptgrund für die Einzigartigkeit von Adenauers Stellung in den fünfziger Jahren ist selbstverständlich in den für alle sichtbaren Erfolgen seiner Politik zu suchen. Die Westdeutschen hatten in überraschend kurzer Zeit ihre staatliche Souveränität zurückgewonnen, und die unvorstellbare Not der ersten Nachkriegsjahre wurde mehr und mehr vom weltweit bestaunten »Wirtschaftswunder« abgelöst.

Hinzu kam, daß die Deutschen ihre in Jahrhunderten eingeübte Autoritätsgläubigkeit mit der Kapitulation von 1945 nicht einfach über Bord warfen. Bismarck und Wilhelm I., Wilhelm II. und Ludendorff, Hindenburg und schließlich in extremer Übersteigerung Hitler – sie hatten immer ihren »Führer« gehabt, zu dem sie in gläubiger Begeisterung aufblicken konnten, dem sie nur allzu willig die Geschäfte des Staates überließen.

Adenauers autoritärer Führungsstil, seine patriarchalische, mahnende Rhetorik, die souveräne Sicherheit, mit der er seine auf scheinbar unwiderlegbarer Logik beruhenden politischen Entscheidungen in der Öffentlichkeit rechtfertigte und darstellte, überzeugten eine wachsende Zahl von Menschen davon, daß ihre Wünsche und Forderungen in sicheren Händen lagen, ihre Ängste und Sorgen an der Spitze des Staates ähnlich empfunden wurden. Sie hatten wieder einen »Führer«. Diesmal nicht schäumend, kriegslüstern und den Geist vernebelnd wie der politische Landstreicher aus Braunau, sondern nüchtern und distanziert, den geordneten Staat beschwörend, der skeptischen Welt ein neues, dem Frieden verpflichtetes Deutschland vorführend. Der wachsende Ruhm Adenauers auf der internationalen Bühne, die neidvoll-bewundernden Blicke der Nachbarn auf die Produktionsziffern der westdeutschen Wirtschaft waren Balsam für die komplexbeladene, unter der Verachtung der Welt leidende Gesellschaft im westlichen Rumpfstaat.

Das Kanzlerbild dieser Jahre wurde durch die veröffentlichte Meinung in seinen Konturen mit der Zeit immer plastischer herausgearbeitet. Natürlich gab es im deutschen Blätterwald scharfe Auseinandersetzungen über die Politik des Kanzlers. Beim noch nicht allzu einflußreichen Nachrichtenmagazin »Der Spiegel« fand Adenauer in Rudolf Augstein jahrelang einen scharfzüngigen, hochintelligenten Kritiker seiner Deutschlandpolitik; die SPD-Blätter, deren wirklicher Niedergang erst in den sechziger Jahren einsetzte, schossen sich vehement auf ihn ein; »Die Welt« neigte zunächst in den großen außenpolitischen Fragen dem Konzept der Opposition zu; bei der »Frankfurter Allgemeinen Zeitung« erschienen Leitartikel aus der Feder von Paul Sethe, in denen Adenauers einseitige Westorientierung als das Ende aller Wiedervereinigungschancen bezeichnet wurde.

Aber im Laufe der Jahre verlagerten sich die Gewichtungen, Adenauer-Kritiker in den großen überregionalen Blättern gerieten häufig in eine schwierige Situation. Die »marktwirtschaftlich« orientierten Verleger trimmten ihre Zeitungen auf Adenauer-Kurs. In der Provinz fand der Kanzler ohnehin in der Regel wohlwollende journalistische Beobachter seiner Politik.

Im Gegensatz zu den Kölner Oberbürgermeisterjahren, in denen Adenauer den Einfluß der Presse, die Möglichkeiten ihrer Manipulation, zeitweise sträflich unterschätzt hatte, nahm er nach 1945 in dieser Frage eine ganz andere Haltung ein. Die Medien – und das war bis weit in die fünfziger Jahre hinein nicht das Fernsehen, sondern das waren die Zeitungen, Zeitschriften und das Radio – erhielten in seiner politischen Strategie nun einen hohen Stellenwert.

Grundsätzlich hatte er von der Arbeit der Journalisten und der Aufgabe der Medien eine vordemokratische Auffassung. Die Freiheit der Presse, immerhin ein Eckpfeiler jedes demokratischen Systems, hielt er geradezu für gefährlich. Die schon erwähnte Bemerkung Adenauers im Fernsehstreit von 1960 läßt sich auch auf seine Haltung gegenüber der Presse übertragen. Journalisten hatten im Dienst der Parteien zu stehen, Zeitungen waren für ihn eigentlich nur als Parteiblätter vorstellbar, oder sie hatten zu den politischen Fragen zu schweigen. Öffentlich gesagt hat er das so natürlich nie, aber manche Anmerkung in seiner Korrespondenz unterstreicht diese Einstellung, macht deutlich, daß Adenauer von der Unabhängigkeit der Presse herzlich wenig hielt.

So schreibt er am 7. Oktober 1947 anläßlich einer Stellenbesetzung bei der Nachrichtenagentur DPD an Anton Betz, den Verleger der »Rheinischen Post«: »Wie ich höre, soll die Stellung eines Korrespondenten des DPD in Düsseldorf neu besetzt werden. Es sei dafür ein Sozialdemokrat in Aussicht genommen. Ich brauche Ihnen nicht auseinanderzusetzen, daß es für uns sehr wichtig ist, wer für DPD in Düsseldorf sitzt. Ich bitte Sie zu verhüten, daß ein Sozialdemokrat dort hinkommt. Ich empfehle Ihnen für den Posten den jetzigen Vertreter des DPD in Köln, Herrn Hange. Herr Hange ist gewandt, fleißig, zuverlässig, und er steht treu zu uns.«

In einem Schreiben an Ministerpräsident Karl Arnold vom 26. Januar 1948 zeigt sich Adenauer dann als gelehriger Metternich-Schüler: »Ich bin der Ansicht, daß, wenn die Engländer überparteiliche Zeitungen haben wollen, diese Zeitungen auch wirklich überparteilich sein müssen, d. h. daß sie sich nicht mit Politik beschäftigen dürfen, denn jedes Befassen einer Zeitung mit Politik bedeutet eine partei-politische Stellungnahme nach dieser oder jener Richtung.«

Wie andere Parteipolitiker auch setzte Adenauer sich

in den ersten Nachkriegsjahren, als die Lizenzpolitik der Alliierten und die Papierverteilung über die Neuordnung auf dem Zeitungsmarkt entschieden, massiv für den Aufbau einer starken CDU-Presse ein. Immer wieder beklagte er sich über die angebliche Bevorzugung der sozialdemokratischen Presse durch die Engländer. CDU-Lizenzträger erhielten ständig Abmahnungen, wenn in ihren Blättern aus der Sicht des Parteivorsitzenden die Leistungen der Union nicht ins rechte Licht gerückt worden waren.

Als Kanzler dann beeinflußte er die veröffentlichte Meinung sehr viel subtiler. Seit 1950 wurde ein kleiner Kreis ausgewählter Journalisten regelmäßig zu den bald berühmten »Teegesprächen« ins Kanzleramt geladen. In recht weitschweifigen, für seine Gäste allerdings schon aus Berufsgründen hochinteressanten Monologen sprach Adenauer über aktuelle politische Fragen, erläuterte seine Zukunftspläne, analysierte die internationale Lage. In die Karten blicken ließ er sich dabei freilich nicht. Aber seine Interpretation der politischen Wirklichkeit – und das war der Zweck dieser Veranstaltungen – fand auf diesem Weg Eingang in manche Berichte und Kommentare der Medien. Auch kritische Gäste bei den Teegesprächen, die allerdings in der Regel eine Minderheit bildeten, hatten es gelegentlich schwer, sich der Überzeugungskraft des Kanzlers völlig zu entziehen.

Eine besondere Variante seiner Pressepolitik war der gezielte Einsatz von Interviews. Er gab sie, um Stimmungen zu testen oder politische Signale zu setzen, die oft weniger für die breite Leserschaft gedacht waren als für bestimmte politische Gruppierungen im In- oder Ausland. Anlaß solcher Interviews war häufig die mehr oder weniger verklausulierte Ankündigung bestimmter politischer Schritte, von denen der Kanzler nicht genau wußte, welchen Widerspruch sie bei den Verbündeten oder im eigenen Lager hervorrufen würden. Brach anschließend ein Sturm der Entrüstung aus, dementierte Adenauer prompt, klagte, sein Interviewpartner habe ihn falsch zitiert oder mißverstanden.

In den Besatzungsjahren ersetzten solche Interviews auch die noch fehlenden diplomatischen Kanäle, nutzte Adenauer sie, um seine Gedanken auch jenseits der deutschen Grenzen öffentlich zu machen. Berühmt geworden ist das Gespräch, das er mit einem Reporter des »Cleveland Plain Dealer« im Dezember 1949, also kurz nach der Kanzlerwahl führte. Er ließ damals erstmals durchblikken, daß er ein »deutsches Kontingent innerhalb einer europäischen Streitmacht« nicht rundweg ablehnen würde. Gewählt hatte der Bundeskanzler dieses amerikanische Provinzblatt für seine schon fast sensationelle Ankündigung – die er anschließend natürlich sofort dementierte – nur aus einem einzigen Grund: Präsident Truman las den »Cleveland Plain Dealer« jeden Morgen beim Frühstück.

Mißtrauisch, wie er nun einmal war, glaubte Adenauer meist, die Presse wolle ihm Übles zufügen. Kritische Berichte oder Kommentare, seiner Politik entgegenstehende Gedanken konnten ihn maßlos ärgern. Hier stieß er auf öffentlichen Widerspruch, den er nicht unterdrücken konnte. Sein Abonnement der »Frankfurter Hefte« kündigte er, als er erkennen mußte, daß er die Herausgeber Dirks und Kogon nicht auf seine Linie bringen konnte. Sie hatten unter anderem die »Todsünde« begangen, darüber nachzudenken, ob es nicht eine Synthese zwischen Christentum und Marxismus geben könnte.

Als Kanzleramtsstaatssekretär Otto Lenz in Bonn begann, ein Propagandaministerium zu konzipieren, das einen konzentrierten Zugriff auf die veröffentlichte Meinung ermöglichen sollte, stoppte der Kanzler ihn erst, als die Widerstände gegen diesen Plan übermächtig zu werden drohten. Lenz war in dieser Sache aber nur ein treuer Diener seines Herrn gewesen, und der ließ ihn sofort fallen, als der öffentlich Sturm das Kanzleramt erreichte.

Es entbehrt wohl nicht der Symbolik, daß der letzte und für den Hauptdarsteller zweifellos tragische Akt der Ära Adenauer mit der »Spiegel-Affäre« einsetzte. Der angebliche Geheimnisverrat, den Verteidigungsminister Franz Josef Strauß in einem Militär-Artikel des Magazins zu entdecken glaubte und durch einen illegalen Einsatz der Staatsmacht verfolgen ließ, wobei mehrere Journalisten ins Gefängnis geworfen wurden, endete für den Kanzler mit einem politischen Desaster. Nun plauderte nicht mehr ein leutseliger Politiker beim »Teegespräch« über den Weltenlauf, sondern im November 1962 ging ein Machtpolitiker an das Rednerpult des Bundestages und ließ sich von Zornesausbrüchen überwältigen: »Wir haben einen Abgrund von Landesverrat in diesem Lande ... Wenn von einem Blatt, das in einer Auflage von 500 000 Exemplaren erscheint, systematisch um Geld zu verdienen Landesverrat getrieben wird ...« Der Tumult im Parlament hinderte den Kanzler, seinen Satz zu vollenden. Die Affäre Strauß war auch zu einer Affäre Adenauer geworden.

Das Verhältnis des Kanzlers zu den Medien blieb über seine gesamte Amtszeit hinweg zwiespältig. In der freien Presse sah er nicht in erster Linie ein Diskussionsforum, nicht die für eine freiheitliche Gesellschaft unabdingbare Voraussetzung, Pluralismus entstehen zu lassen, nicht eine Kontrollinstanz gegenüber Parlamenten und Bürokratien. Sie war für ihn vor allem ein politisches Instrument, das es trickreich zu beherrschen galt, um die eigene Macht abzustützen, das Denken der Menschen zu beeinflussen.

Dem freien Wettbewerb der politischen Ideen versuchte er durch harte Eingriffe, die zum Glück meist zum Scheitern verurteilt waren, Grenzen zu setzen. Allerdings unterschied sich Adenauer dabei nur wenig von vielen anderen Politikern. Doch bei ihm ging es tiefer, war dies nicht bloß eine Machtfrage. Er war zu mißtrauisch, um den Menschen zuzutrauen, daß sie im ideologischen Spannungsfeld der Zeit »vernünftig« entscheiden würden. Sie mußten daher auch geistig geführt, gelenkt und, wenn es nicht anders ging, manipuliert werden.

Verstärkt wurde diese Skepsis zweifellos in den Jahren des Nationalsozialismus, als er sah, wie die Deutschen dem politischen Rattenfänger massenhaft verfielen. So schwer diese historische Erfahrung ins Gewicht fällt, so unverkennbar bleibt doch auch: Ein Sohn der Aufklärung war Konrad Adenauer nicht. Der geistige Stammbaum dieses Politikers reicht weiter zurück, bis in die Zeiten, als Päpste und Kardinäle, Kaiser und Fürsten streng darüber wachten, daß der Mensch nie vergaß, welchen Platz ihm die göttliche Ordnung zugewiesen hatte.

Adenauer stand demokratischen Grundsätzen mit großer Gleichgültigkeit gegenüber. Jedenfalls dann, wenn sie seine Handlungsspielräume einzuengen drohten. Natürlich lassen sich in den Reden und Schriften des Kanzlers eine Fülle von Bekenntnissen zu dem politischen System finden, an dessen Spitze er so lange gestanden hatte. Auf den ersten Seiten seiner »Erinnerungen« beispielsweise stimmt der Memoirenschreiber Adenauer seine Leser gleich richtig ein: »Demokratie ist mehr als eine parlamentarische Regierungsform, sie ist eine Weltanschauung, die wurzelt in der Auffassung von der Würde, dem Werte und den unveräußerlichen Rechten eines jeden einzelnen Menschen. Eine echte Demokratie muß diese unveräußerlichen Rechte und den Wert eines jeden einzelnen Menschen achten im staatlichen, im wirtschaftlichen und kulturellen Leben. Wer wirklich demokratisch denkt, muß Achtung vor dem anderen, vor dessen ehrlichem Wollen und Streben haben.«

Die Wirklichkeit sah sehr viel weniger edel aus. So wie es ihn während der »Spiegel-Affäre« beispielsweise unberührt ließ, daß die Journalisten Conrad Ahlers und Rudolf Augstein, Menschen, die er immerhin persönlich kannte, in Haft genommen wurden, so gleichgültig waren ihm rechtsstaatliche Grundsätze, wenn es galt, einen politischen, in diesem Fall publizistischen Gegner zu vernichten. Das ist der Stoff, aus dem auf dieser Welt eher Diktatoren gemacht werden. Und das sind ja nicht immer Massenmörder vom Format eines Hitler oder Stalin. Wenn Adenauer dennoch der Führer eines demokratischen Staatswesens geworden ist, dann hat das weniger mit seinem republikanischen Selbstverständnis zu tun als mit den Verhältnissen, die in jener geschichtlichen Stunde herrschten, die ihn an die politische Spitze führte.

Kapitel 3

Der kurze Weg zur Macht

Am Anfang der zweiten politischen Karriere Konrad Adenauers stand ein Rausschmiß. Der von den Amerikanern im April 1945 wiedereingesetzte Oberbürgermeister von Köln wurde nur knapp sechs Monate später, am 6. Oktober, ins Amtsgebäude der inzwischen britischen Militärregierung bestellt. Brigadier John Barraclough, ein altgedienter, etwas barscher Kolonialoffizier, präsentierte dem fast Siebzigjährigen ein Zwölfpunkte-Papier zur Unterschrift, in dem es unter Ziffer 5 lapidar hieß: »Sie werden daher heute aus Ihrem Amte als Oberbürgermeister von Köln entlassen.«

Der Vertreter der Besatzungsmacht lieferte für diesen harten Eingriff in die Stadtpolitik eine Begründung, die Adenauer in seinem Leben bis dahin wohl noch nie zu hören bekommen hatte: »Nach meiner Ansicht haben Sie Ihre Pflicht gegenüber der Bevölkerung Kölns nicht erfüllt.«

Ganz im Adenauer-Stil fiel 18 Jahre später die Schilderung dieser komödienreifen, damals für ihn allerdings wenig amüsanten Episode in den »Erinnerungen« aus: »Als ich in das Amtszimmer von Brigadier Barraclough, dem Militärgouverneur der Nord-Rheinprovinz, trat, waren einige britische Offiziere anwesend. Keiner der Herren erhob sich, als ich den Raum betrat. Nach einer kurzen, sehr förmlichen Begrüßung wurde mir kein Stuhl angeboten. Ich nahm mir selbst einen Stuhl und wollte mich setzen. Daraufhin sagte Brigadier Barraclough in ziemlich knappem Ton: ›Bleiben Sie stehen!‹ ... Ich wurde aufgefordert, den Empfang dieses Schreibens auf dem Original mit meiner Unterschrift zu bestätigen. Man fragte mich, ob ich eine Bemerkung zu machen habe. Ich erwiderte: ›Nein!‹ und verließ den Raum.«

Hübsch erzählt, aber in Wirklichkeit sah die Angelegenheit etwas anders aus. London hatte mit wachsendem Unmut zur Kenntnis genommen, daß der wieder eingesetzte Kölner Oberbürgermeister mit den Franzosen Gespräche über die Gründung eines von Paris abhängigen »Rheinstaates« führte. Adenauer kam 1945 auf seine alten Pläne von 1923 zurück, und in gewisser Weise sollten sie sich ja auch bald mit der Gründung des Bonner Weststaates erfüllen. Den Briten schmeckte aber das Techtelmechtel Adenauers mit einigen führenden Vertretern der französischen Besatzungsmacht ganz und gar nicht. Deshalb haben sie ihn gefeuert.

Der alte Herr, der sich so schäbig behandelt fühlte, schien nun endgültig ruhigen Pensionärsjahren entgegenzusehen. Zumal die Briten ihm auch noch jede politische Betätigung verboten hatten. Rausschmiß und Verbot allerdings sollten sich als Glücksfall für Adenauers Zukunft erweisen. Die Entlassung befreite ihn von der mühseligen, täglichen Arbeitslast, die dem Stadtoberhaupt des total zerstörten und hungernden Köln aufgebürdet wurde. Das Betätigungsverbot ließ ihn mit unverdächtiger Zurückhaltung die ersten Entwicklungen und Irrungen beobachten, die sich im Kölner Raum bei den Bemühungen um die Gründung einer christlich orientierten Partei ergaben. Von der »List der Geschichte« spricht denn auch mancher seiner Biographen, wenn er diesen kurzen Zeitabschnitt seines Lebens beschreibt. Die erzwungene Karrierehaltung schlug ihm zum Karriere-Glück aus.

Wäre sein Weg aber tatsächlich anders verlaufen, wenn der britische Brigadier im Auftrag seiner Londoner Vorgesetzten nicht eine so gründliche Fehlentscheidung getroffen hätte? Sehr wahrscheinlich ist das nicht.

Adenauer war längst über sein altes Betätigungsfeld, die Kommunalpolitik, hinausgewachsen. Deutschlands totale Niederlage hatte eine historische Situation geschaffen, die geradezu ideal für die Verwirklichung einer politischen Konzeption war, wie er sie schon in den frühen Jahren der Weimarer Republik entwickelt hatte. Es gab 1945 sicher viele Menschen, die mit festen Zukunftsplänen für das Nach-Hitler-Deutschland aus den Gefängnissen oder Lagern, dem Exil oder den inneren Widerstandskreisen in die aktive Politik zurückkehrten. Kaum einer von ihnen aber sah die sich schon bald verändernden weltpolitischen Entwicklungen so früh, so klar und so folgerichtig voraus wie der alte Mann in Rhöndorf. Nicht zuletzt deswegen, weil sie seinen über zwei Jahrzehnt gehegten Weststaatgedanken ganz offensichtlich entgegenkamen. Keiner war wohl auch so sehr bereit, völlig unberührt Abschied zu nehmen von der Einheit des Reiches, das Bismarck ganze 75 Jahre vorher geschaffen hatte und das Politiker wie Ebert und Stresemann in den zwanziger Jahren noch einmal für eine kurze Zeitspanne vor dem Zerfall bewahren konnten.

Adenauer mußte nicht umdenken. Deutschland als Rheinbund, seine lange gehegte Vision, besaß jetzt eine realpolitische Dimension. Die Zeitenläufe waren so, daß er nur zupacken mußte. Und das tat er dann auch bald, mit unglaublicher Energie, mit meisterhafter Improvisation, wenn sich neue Entwicklungen ergaben, und mit der Erfahrungen seines langen Politikerlebens.

Endgültig verfestigt hatten sich seine Rheinbundideen, die Vorstellungen von einem ganz nach Westen gerichteten Deutschland, in den Jahren der nationalsozialistischen Herrschaft. Adenauer fühlte sich durch die Machtpolitik Hitlers, durch die Wankelmütigkeit der großen Mehrheit seiner Landsleute, die dem Führer so hemmungslos folgten, bestätigt. Eine »Schaukelpolitik« des Reiches in der Mitte Europas, so deutete er die Lehren der Geschichte, mußte in einer neuerlichen Katastrophe enden. Angesichts zweier verlorener Weltkriege, angesichts Millionen Toter eine verständliche Reaktion. Aber war sie wirklich richtig?

Bismarcks Reichsgründung hat nicht den Ersten Weltkrieg ausgelöst. Kriege waren im Zeitalter des Imperialismus ein (fast) allseits akzeptierter Weg, die Politik mit anderen Mitteln fortzusetzen. Der entscheidende Anteil Deutschlands an dem Geschehen von 1914 lag weniger in der Außen- als in der Innenpolitik des Reiches von 1871. Da nahezu jede wirksame, das heißt auf allgemeinen, demokratischen Wahlen beruhende, parlamentarische Kontrolle fehlte, konnte sich eine kleine, chauvinistische Führungsschicht ungebremst einer nationalistischen Großmachtpolitik hingeben, die dann schließlich in den leichtfertig und unverantwortlich ausgelösten Krieg einmündete. Nicht Bismarcks Staatsgründung, sondern seine Innenpolitik hat für diese Entwicklung den Weg bereitet. Es sei denn, man sieht bereits in der bloßen Größe dieses Staates eine Machtzusammenballung, die zur Explosion führen muß. Das hieße aber, der Politik jede Möglichkeit des Handelns und Lenkens abzusprechen.

Auch Stresemanns Außenpolitik führte nicht auf geradem Weg zum 30. Januar 1933. Im Gegenteil: Der langjährige Außenminister Weimars hat in dramatischen Jahren durch seine »Schaukelpolitik« das Reich weitgehend zusammengehalten und die Nachbarn im Westen von der Friedenspolitik der Republik allmählich überzeugt. Stresemann wollte nicht Elsaß-Lothringen zurück, nicht den Anschluß Österreichs, nicht die Sudetendeutschen »heim ins Reich« holen, er ließ die Polenfrage offen, immer wieder betonend, daß es für sie nur eine friedliche Lösung geben könne. Hitlers Chance kam, als die Kraftlosigkeit der Weimarer Parteien ein Ausmaß erreicht hatte, das sie zu einer ernsthaften Gegenwehr nicht mehr befähigte, als die ökonomischen Folgen des Krieges (und teilweise auch des Versailler Vertrages) nach wenigen Jahren der wirtschaftlichen (Schein-)Konsolidierung Europa wieder einholten. Wenn Adenauer gegenüber Stresemann durch die Ereignisse, die zum 8. Mai 1945 führten, objektiv Recht behielt, bedeutet dies also nicht, daß er damit auch richtig dachte.

Aber kam es darauf in den Jahren des Hungers und der Besatzung überhaupt an? Was es auch immer für Gründe gewesen waren, die Hitler schließlich an die Macht gebracht hatten, das Reich lag buchstäblich in Trümmern, und die Moral der Deutschen erreichte angesichts der nun nicht mehr zu verbergenden Verbrechen, die sie begangen, geduldet oder erlitten hatten, einen Tiefpunkt. Jede Chance, die einen Weg aus Elend und politischer Bevormundung wies, jede noch so ferne Möglichkeit, die sie aus der Verachtung zurück in die Völkergemeinschaft zu führen versprach, griffen die Deutschen dankbar auf. Es war nicht die Zeit für komplizierte diplomatische Denkmodelle, die ohnehin nicht im Alleingang umzusetzen gewesen wären, da die Entscheidung über das Schicksal Deutschlands in Washington und London, Paris und Moskau lag.

Adenauer war sich vom ersten Tag seines politischen Neuanfangs dieser Tatsachen erheblich deutlicher bewußt als etwa Kurt Schumacher oder sein zeitweiliger innerparteilicher Konkurrent, der Berliner CDU-Chef Jakob Kaiser. Schumachers »nationale« Politik war der seines christdemokratischen Gegenspielers nicht einmal so diametral entgegengesetzt, wie der schon in den ersten Gemeinde- und Landtagswahlen heftig einsetzende Schlagabtausch der Parteien es den Wählern bald erscheinen ließ. Vor allem stand der Sozialdemokrat mit seiner betont anti-kommunistischen Haltung, die nach der Zwangsvereinigung von SPD und KPD in der Sowjetzone voll durchbrach, Adenauer in nichts nach. Aber Schumacher, von KZ-Haft und Krankheit schwer gezeichnet, fehlte jede Geschmeidigkeit, seine Politik mehrheitsfähig zu präsentieren. Die Alliierten brüskierte er mit verbalen Ausfällen, dem innenpolitischen Gegner boten seine leidenschaftlichen, vielfach mit unüberlegten, überspitzten Formulierungen durchzogenen Reden eine Fülle von Angriffsflächen. Adenauer wußte diese Schwächen des SPD-Chefs meisterhaft zu nutzen.

Jakob Kaisers Konzept des »Brückenschlages«, den das Nachkriegsdeutschland zwischen Ost und West vollbringen sollte, erwies sich sehr bald durch die immer offener und heftiger ausbrechende Konfrontation zwischen den Kriegsalliierten als unrealistisch. Die Ostzonen-CDU geriet in den Sog der Parteienunterdrückung, den die sowjetische Besatzungsmacht betrieb; der antifaschistische Block, in den auch die Berliner Christdemokraten »hineinbefohlen« wurden, schwächte ihre und ihres Vorsitzenden Stellung innerhalb der Gesamtunion ganz entscheidend. Auch hier setzte Adenauer sofort energisch nach, kämpfte mit allen taktischen Mitteln um die Vorherrschaft der rheinländischen und dann britischen Zonen-CDU. Mit Erfolg. Jakob Kaiser, aufgerieben zwischen sowjetischen Pressionen und Adenauers Machtanspruch, resignierte, und damit waren auch die »Brückenschlags«-Pläne endgültig aus der Diskussion.

Einsichtig für viele Menschen war nach drei Kriegen mit dem Nachbarn im Westen schließlich auch, daß Adenauer die Versöhnung mit Frankreich zu einem Eckpfeiler seiner Westpolitik machte. Das war ebenfalls ein Gedanke, der schon in den frühen zwanziger Jahren im Zentrum seiner außenpolitischen Konzeption stand. Als sich bald deutlich abzeichnete, daß die Kriegskoalition auseinanderbrechen würde, als Stalins Politik in Osteuropa immer unverhüllter imperialistische Züge annahm, die Berichte der Ostvertriebenen über den Einmarsch der Sowjetarmee, die Hitlers jahrelange Untermenschen-Propaganda zu bestätigen schienen, Entsetzen und Ängste auslösten, da hatte Adenauer seinen Landsleuten ja auch einen neuen »Erbfeind« zu bieten.

So klar Adenauers außenpolitische Konzeption von Anfang an war, seine innenpolitischen Pläne blieben vorerst undeutlich. Er wartete, die Lage genau beobachtend, zunächst ab, wohin die Entwicklung das geschlagene, zerstörte und besetzte Land führte. Natürlich hatte er auch auf diesem Feld seine festgefügten Urteile. Aber da sie in zahlreichen, vor allem wirtschaftspolitischen Fragen dem Denken der Mehrheit der Deutschen in der unmittelbaren Nachkriegszeit entgegenstanden, taktierte er hinhaltend, baute zunächst seine Machtposition im Parteiapparat der CDU aus, bis er seinen Einfluß auf Programme und Entscheidungen der Union aus einer starken, nicht mehr zu erschütternden Position nachdrücklich und schließlich erfolgreich geltend machen konnte.

Während der Zeit der nationalsozialistischen Terrorherrschaft wurden in den verschiedenen Widerstandskreisen zahlreiche Pläne für das von Hitler befreite Deutschland geschmiedet. Sie reichten von der Errichtung eines straffen, autoritär geführten Systems bis zur sozialistischen Republik. Adenauer hatte sich an diesen Diskussionen nicht beteiligt. Nach den unruhigen »Fluchtjahren«, in denen er zwar nicht um sein Leben fürchten, aber bis zu seinem finanziellen Arrangement mit den Nazibehörden um das materielle Überleben kämpfen mußte, zog er sich 1937 in sein neuerbautes Rhöndorfer Haus zurück. Er schwieg eisern, biß, wie Klaus Dreher schreibt, die Lippen fest zusammen, lehnte – wie schon erwähnt – jeden Kontakt mit dem Widerstand ab, der verschiedentlich an ihn herangetreten war.

Adenauer war nicht feige, aber vorsichtig. Mißtrauisch blickte er auf die weitverzweigten Kontakte der Widerständler aus den verschiedensten politischen und konfessionellen Lagern, fürchtete die Aufdeckung ihrer Pläne durch die Gestapo, wies Besucher ab, weil er durch solche Treffen um seine Sicherheit bangte. Er wurde, wie früher und später in seinem Leben, über verschiedene Kanäle, die bis in den Vatikan reichten, genauestens über die Lage informiert. Aber der politische Zwangspensionär hielt sich strikt an die politischen Auflagen, die das Regime ihm abverlangt hatte.

Ein Held zu werden, dafür war er nicht geschaffen. In den »Erinnerungen« schreibt er rückblickend auf diese Zeit, die so viele Menschen vor ein unlösbares persönliches Dilemma gestellt hatte: »Jeder, der einmal in einem Polizeistaat gelebt hat, wird verstehen, wieviel Mut es erforderte und welche Gefahr es für den einzelnen und seine Familie bedeutete, sich gegen den Staat aufzulehnen … Heroismus ist nicht alltäglich.«

Adenauer wollte, wie so viele seiner Mitbürger, im Dritten Reiche überleben, seine große Familie – zwei Söhne standen in den letzten Kriegsjahren an der Front – nicht gefährden. Er sah zudem vielleicht deutlicher als manche Männer und Frauen des Widerstands, daß Deutschland den Weg, den es eingeschlagen hatte, bis zum bitteren Ende gehen mußte, sollte ein wirklicher Neuanfang gelingen. Er wartete – materiell abgesichert und von den Nazibehörden bis zum Herbst 1944 unbelästigt – einsam und verschlossen auf die Stunde der Niederlage. Als sie dann gekommen war, wurde sie, wenn auch nicht gleich erkennbar, die Stunde Konrad Adenauers.

Blickt man auf die gesellschaftspolitischen Konsequenzen, so waren es vor allem zwei Lehren, die Adenauer aus dem Geschehen zog: »Das deutsche Volk krankte seit vielen Jahrzehnten in allen seinen Schichten an einer falschen Auffassung vom Staat, von der Macht, von der Stellung der Einzelperson gegenüber dem Staat. Es hatte den Staat zum Götzen gemacht und auf den Altar erhoben; die Einzelperson, ihre Würde und ihren Wert hatte es diesem Götzen geopfert.« So richtig diese Erkenntnis war, so falsch und folgenreich blieb die Deutung, die Adenauer für diese Entwicklung fand: »Die materialistische Weltauffassung des Marxismus hat zu dieser Entwicklung in sehr großem Umfang beigetragen ... Der Nationalsozialismus hatte den stärksten geistigen Widerstand gefunden in denjenigen katholischen und evangelischen Teilen Deutschlands, die am wenigsten der Lehre von Karl Marx, dem Sozialismus, verfallen waren.«

Mit solchen mehr als fragwürdigen Thesen verklammerte Adenauer sein innenpolitisches Vorgehen geschickt mit seiner außenpolitischen Konzeption. Wie schon so oft in der deutschen Geschichte stand der Feind wieder links. Die Gefahr, die vom bolschewistischen Gegner drohte, der an der Elbe aufmarschiert war, so sollten die Wähler schlußfolgern, wurde durch die zerstörerische Wirkung des Marxismus im Innern beängstigend verstärkt. Das Bürgertum strickte an einer neuen »Dolchstoßlegende«.

Denn wie schwach und unentschlossen die zerstrittene Linke in den Weimarer Jahren auch handelte, Hitlers Steigbügelhalter gehörten den rechten Parteigruppierungen an. In der Schlußphase der Republik traten das katholische Zentrum, dessen Mitglied Adenauer war, und das Großkapital unterstützend auf den Plan. Hitlers Wegbereiter Alfred Hugenberg und Franz von Papen, der Bankier Kurt von Schröder, ein Mann aus Adenauers Kölner Bekanntenkreis, und der Zentrum-Vorsitzende Prälat Kaas waren keine Marxisten, sondern Angehörige des deutschen Bürgertums, dessen Politik auch der Oberbürgermeister von Köln in den zwanziger Jahren tatkräftig unterstützt hatte.

Und daß der Nationalsozialismus seinen stärksten geistigen Widerstand in den nichtsozialistischen Kreisen gefunden haben soll, ist historisch schlicht falsch. Viele Katholiken und Protestanten haben sich mit Wort und Tat gegen den menschenverachtenden Terror erhoben, mit ihrem Leben für ihr politisches und moralisches Bekennertum bezahlen müssen. Aber auch Tausende aus den Reihen der Kommunisten und Sozialdemokraten gingen in diesen Jahren in den Untergrund, verschwanden in den Konzentrationslagern, wurden ermordet oder mußten das bittere Brot des Exils essen. Es ist billig, wie Adenauer es getan hat, hier Rechnungen aufzustellen. Es kennzeichnet aber die Ära, die bald seinen Namen trug, auf besondere Weise, daß in ihren Schulen und Geschichtsbüchern der linke Widerstand während der Hitler-Jahre totgeschwiegen wurde.

Adenauer hätte es bei den sehr genauen Informationen, die er im Gegensatz zu den meisten seiner Landsleute über die Hintergründe und Geschehnisse in der nationalsozialistischen Zeit besaß, besser wissen müssen. Aber um geschichtliche Wahrheit ging es ihm wohl gar nicht. Er brauchte zur Durchsetzung seiner Politik Feindbilder, denn in der harten Konfrontation war der Wahlkämpfer Adenauer fast allen seinen Gegnern überlegen. Weil er das wußte, suchte er sie in den kommenden Jahren, wo immer es sich ihm anbot.

Der Sozialismus als Feindbild, insoweit hatte der erfahrene Politiker die richtigen Schlüsse aus der jüngeren deutschen Geschichte gezogen, hatte in seinem Land noch stets irrationale Abwehrreaktionen geweckt. Das Bürgertum, von der schuldhaften Verstrickung in die Geschehnisse, die zu Verbrechen und Niederlage geführt hatten, tief verunsichert, empfand in der heraufziehenden Ost-West-Auseinandersetzung so etwas wie eine späte Rechtfertigung. In den achtziger Jahren wird der Historiker Ernst Nolte mit seiner These, Hitler sei im Grunde nur die Antwort auf die bolschewistische Revolution von 1917 gewesen, solche Geschichtsklitterungen unter dem Beifall im konservativen Lager wieder aufgreifen. Der Antikommunismus als innenpolitische Waffe wiederum trug nach 1945 nicht unwesentlich dazu bei, die faschistische Vergangenheit schnell zu verdrängen. Adenauer verstand es glänzend, den Westdeutschen sehr bald das Gefühl zu geben, nun endlich einmal auf der – auch moralisch – »richtigen« Seite zu stehen. Sie dankten es ihm in den kommenden Wahlen.

Es war eine Strategie, die sich natürlich nicht in erster Linie gegen die westdeutschen Kommunisten richtete. Deren politische Bedeutung in den drei Westzonen und dann im neugegründeten Staat sank mit jedem weiteren Schritt, den die Sowjets und ihre deutschen Helfershelfer in der Ostzone den 16 Millionen Bürgern ihres Machtbereiches in Richtung einer »sozialistischen Gesellschaft« aufzwangen. Der Gegner, den Adenauer mit seinem Feldzug gegen Marxismus und »Materialismus« treffen wollte, waren die Sozialdemokraten und ihre Versuche, die Westdeutschen außenpolitisch von einem »offenen« Kurs, der die Chancen für die deutsche Einheit bewahren sollte, und innenpolitisch von einer dem freiheitlichen Sozialismus verpflichteten Wirtschaftspolitik zu überzeugen.

Adenauer hat sich in dieser Auseinandersetzung schon sehr früh durchgesetzt. Als die Bundesrepublik 1949 Wirklichkeit wurde, waren die wichtigsten Grundsatzentscheidungen für die Zukunft der Republik bereits gefallen. Das Grundgesetz, am 23. Mai 1949 vom Präsidenten des Parlamentarischen Rates, Konrad Adenauer, verkündet, schrieb die Sozial- und Gesellschaftsordnung des neuen Staates fest, wofür maßgebliche Weichen schon vorher gestellt waren. Mit dem Marshall-Plan, den der amerikanische Außenminister George C. Marshall in seiner Rede am 5. Juni 1947 in der Harvard-Universität öffentlich vorstellte, und mit der Währungsreform vom 21. Juni 1948 wurde die Basis für den wirtschaftlichen Wiederaufbau des westdeutschen Staates geschaffen. Marshall-Plan und Währungsreform aber waren (von den Amerikanern) nur zu der Bedingung zu haben, daß die zweite deutsche Republik sich für die marktwirtschaftliche Ordnung entschied.

Auch außenpolitisch waren die Würfel schon vor der Gründung gefallen. Auf der Außenministerkonferenz in Moskau März/April 1947 scheiterte der Versuch der Alliierten endgültig, sich auf ein gemeinsames Deutschlandkonzept zu einigen. Washington und London reagierten mit der Bizonen-Proklamation, die eine Zusammenlegung von Wirtschaft und Verwaltung der britischen und amerikanischen Besatzungsgebiete ankündigte. Im März 1948 kam es im Alliierten Kontrollrat in Berlin, der formal die oberste Gewalt in Deutschland innehatte, aber seit seinem Bestehen nie seine Aufgaben erfüllen konnte, zum totalen Bruch. Die Berlin-Blockade durch die Sowjets wurde zur ersten harten, an den Rand einer militärischen Auseinandersetzung führenden Konfrontation zwischen West und Ost.

Die vielfältigen politischen Entwicklungen liefen also auf Adenauer zu. Er besaß die auf sie zugeschnittenen Konzepte und half dort entschieden und mit hohem taktischen Geschick nach, wo seine Pläne bei den Besatzern, den innenpolitischen Gegnern oder im eigenen Lager auf Widerstand stießen. Im Abstand der Jahre betrachtet, die seitdem vergangen sind, scheint in der »Blitzkarriere« (Rudolf Morsey) dieses Politikers eine fast unheimliche Logik zu liegen. Wer die Geschichte seines Erfolges studiert, dem muß es beinahe selbstverständlich erscheinen, daß es eigentlich nur diesen Weg für die Deutschen hatte geben können, um sich aus kaum vorstellbarer materieller Not und nationalem Zusammenbruch eine hoffnungsvolle Zukunft aufzubauen.

Es war aber nicht nur seine instinktive, konzeptionelle Sicherheit, mit der er der düsteren Wirklichkeit der ersten Nachkriegsjahre durch nahezu maßgeschneiderte Programme entgegentrat, die seinen Griff zur Macht im Land auf so kurzem Weg ermöglichte. Hinzu kam, daß es im Deutschland von 1945 nur noch wenige unbelastete Politiker gab, deren Erfahrung und politische Vergangenheit sie befähigte, in den ersten entscheidenden Jahren der sachlichen und personellen Weichenstellungen an die Spitze vorzurücken.

Adenauer war bestens vorbereitet. In den Weimarer Jahren hatte ihn die kommunalpolitische Karriere auch in Ämter geführt, die seinen politischen Blick weit über Kölns Stadtgrenzen hinaus schärften. Von 1921 bis zu seiner Auflösung im Februar 1933 war Adenauer Präsident des preußischen Staatsrates. Ein Amt, das zwar machtpolitisch nicht allzu hoch einzuschätzen war, dem Zentrumspolitiker aus dem Rheinland aber wichtige Einblicke in die »große« Berliner Politik bot und eine Fülle persönlicher Kontakte zur politischen und wirtschaftlichen Elite der Republik eröffnete. Der Politiker Adenauer hat als Oberbürgermeister, Parteivorsitzender und Kanzler gerade solchen persönlichen Verbindungen stets einen hohen Stellenwert beigemessen, sie im Vorfeld seiner Entscheidungen eingesetzt, viel Zeit darauf verwandt, sein taktisches Vorgehen auch daraufhin zu prüfen, mit Hilfe welcher Gruppierungen und Personen er seine Pläne durchsetzen konnte.

Die Absetzung durch die Nazis, die Zwangspensionierung in den Jahren des Faschismus und die kurzzeitige Verhaftung nach dem 20. Juli 1944 brachten seinen Namen zudem auf die »weiße Liste« der Amerikaner. Er war, wie nur wenige Politiker der Vor-Hitler-Zeit, die im Lande verharrt und überlebt hatten, unbescholten durch die dunklen Jahre gegangen, in denen menschliche Schwächen und politischer Opportunismus so viele besiegten. Die erzwungene Untätigkeit wurde für diesen so rastlosen Arbeiter auch eine Zeit der Bewährung. Er war davon überzeugt, daß er zu den Politikern zählte, auf die das Nachkriegsdeutschland nicht verzichten konnte. Für die Besatzungsmacht war er jedenfalls zunächst einer der wenigen, die unbedenklich herangezogen werden konnten, um sie im Kampf gegen das wachsende Chaos im eroberten Land zu unterstützen.

Schließlich war Adenauer auch unabhängiger als die meisten Politiker, die 1945 begannen, ihre Nachkriegskarriere aufzubauen. Er war fast siebzig Jahre alt, der Ehrgeiz durch eine glanzvolle kommunale Laufbahn befriedigt. Seine Oberbürgermeisterpension garantierte eine ausreichende finanzielle Basis, er mußte nicht den Lebensunterhalt für sich und seine Familie durch einen »bürgerlichen« Beruf sicherstellen. Er konnte, wie damals nur wenige, von der ersten Stunde an Berufspolitiker werden, sich voll auf jene Ziele konzentrieren, die er sich gesetzt hatte.

Am Beginn des politischen Aufstiegs von Konrad Adenauer stand ein Betätigungsfeld, dem er in seinen kommunalen Politikerjahren ein recht geringes Interesse zugemessen hatte: die Parteiarbeit. Als Zentrums-Mitglied saß er zwar bis zur Auflösung der Partei 1933 in verschiedenen Vorstandsgremien, aber der unangefochtene »König« von Köln blieb den internen Machtkämpfen gegenüber reserviert, hielt Distanz, fühlte sich in seinem Amt weitgehend unabhängig. Das sollte nun anders werden. Der Kanzlerschaft vier Jahre nach Kriegsende ging eine hart, rücksichtslos und taktisch glänzend erkämpfte Parteikarriere voraus, wobei er in recht kurzer Zeit alle denkbaren Konkurrenten ausschaltete. Ohne Adenauer wäre der Weg der CDU mit Sicherheit anders verlaufen, aber ohne den organisatorischen und politischen Erfolg der Union wiederum hätte Adenauer das Kanzleramt nicht erobert. Es wurde sehr bald eine Wechselbeziehung, in der der Parteivorsitzende allerdings den bestimmenden Part übernehmen sollte.

Adenauer gehörte nicht zu den Urgründern der Partei, die durch ihn zur beherrschenden politischen Kraft der ersten zwanzig Jahre bundesrepublikanischer Geschichte wurde. Der alte Mann in Rhöndorf verließ nach den letzten Kämpfen im Gebiet des Siebengebirges den Keller seines Hauses und blieb, wie in den abgelaufenen zwölf Jahren, zunächst stumm. Als sich aus dem nahen Köln die ersten aktiven Männer des alten Zentrum auf den Weg nach Rhöndorf machten, um den einst so prominenten Rheinlandpolitiker für eine neue, überkonfessionelle christliche Partei zu gewinnen, trafen sie auf einen verschlossenen, skeptischen Gesprächspartner, der jede Diskussion, geschweige denn aktive Mitarbeit, ziemlich schroff zurückwies.

Leo Schwering, vor dem Krieg Leiter des Volksvereins für das katholische Deutschland in Köln und Zentrumsabgeordneter im preußischen Landtag, kam schon Ostern 1945, also noch vor der Kapitulation. »Er ist kühl und gelassen wie immer«, notiert er nach seinem Gespräch mit Adenauer, »obwohl wir uns solange nicht gesehen und beide Not und Leiden hinter uns haben, bleibt die Unterredung sachlich ... Er kann meine Idee, eine nötige und mögliche Parteienreform, wobei man vor dem Zentrum nicht halt machen dürfe, nicht verstehen!« Der ehemalige KZ-Häftling und idealistische Moralist Schwering ist menschlich, aber auch politisch tief enttäuscht von dieser Begegnung.

Adenauers kühle Zurückhaltung, sein scheinbares Desinteresse an einer Parteineugründung schreckten die Kölner aber nicht ab. Nach dem endgültigen militärischen Zusammenbruch wandten sie sich erneut an ihn, natürlich genau so erfolglos wie wenige Wochen zuvor. Adenauer blieb abweisend, schob die Belastungen vor, die seine Aufgaben als wiedereingesetzter Oberbürgermeister ihm auferlegt hatten, erwähnte das Parteienverbot der Besatzungsmacht. Und so blieb es im Grunde bis zum Dezember 1945, als er – zur Überraschung vieler Teilnehmer – auf dem ersten »Reichstreffen« der CDU in

Bad Godesberg auftauchte, ohne jedoch mit einem Wort in die Debatte einzugreifen.

In den »Erinnerungen« wird diese Zeit des Abwartens rasch abgefertigt und auch ein klein wenig »verschönert« überliefert: »Ich habe nach dem Zusammenbruch von Anfang an für die CDU gearbeitet, mußte jedoch durch das Verbot jeglicher politischer Betätigung, das die englische Militärregierung für mich im Zusammenhang mit meiner Entlassung als Oberbürgermeister in Köln aussprach, meine Arbeit für die CDU unterbrechen.« Auch vorher schon, in den Kanzlerjahren, bezeichnete sich Adenauer gelegentlich als CDU-Mitbegründer, was nicht stimmte, aber angesichts seiner entscheidenden Rolle beim Aufbau der Partei vom Januar 1946 an auch recht belanglos ist.

Blickt man auf die kommenden Jahre, dann ist es kaum wahrscheinlich, daß Adenauer in den Monaten unmittelbar nach dem Krieg tatsächlich völlig uninteressiert an den ersten, zögernden Schritten war, die seine alten Zentrums-Mitstreiter unternahmen. Sein Mißtrauen galt den Personen und ihren Programmvorstellungen, nicht der Hauptfrage, um die es ging: die Gründung einer christlichen Partei. An das Altenteil dachte er in diesen Wochen jedenfalls keineswegs, wie ein Brief vom 5. Juli 1945 zeigt, wenn auch in der für ihn typischen Verschlüsselung seiner persönlichen Pläne: »Ich beabsichtige nichts anderes zu werden oder zu sein als Oberbürgermeister der Stadt Köln, und auch das nur für eine beschränkte Zeit, bis ich den Wiederaufbau der Stadt in seinen Anfängen wenigstens gesichert habe. Andererseits ist meine politische Vergangenheit ja einwandfrei, und ich glaube daher, wohl als guter Berater dienen zu können und angesehen zu werden.«

Adenauers besondere Stärke, nicht nur in diesen chaotischen Monaten, lag in seinem ausgeprägten politischen Zeitgefühl. Er konnte warten, sich in Geduld fassen, bis die Dinge gereift waren, um dann im genau richtigen Augenblick zuzupacken. Die Kölner Parteigründer aber waren in ihrer Mehrheit keine Machtpolitiker, sondern Idealisten, die von einer sozialen, humanen und christlichen Zukunftsgesellschaft träumten. Ihre ersten programmatischen Entwürfe klangen pathetisch, waren aus dem Willen heraus geboren, nicht nur einen in seinen konstitutionellen Formen neuen Staat zu errichten, sondern eine Republik zu schaffen, deren Bürger auch innerlich von christlichen Idealen geleitet wurden. Klaus Drehers 25 Jahre später aufgestellte These dürfte den damaligen Gedanken Adenauers recht nahekommen: »Wäre die erste Generation am Ruder geblieben, wäre aus der CDU mutmaßlich eine weltbeglückende, gutwillige, ... etwas frömmelnde Partei geworden, die sich später im politischen Kampf kaum die dominierende Rolle hätte erstreiten können, die sie unter Adenauer spielte.«

Hinzu kam, daß die Lage in Deutschland völlig unübersichtlich war, die Informationen aus den anderen Besatzungszonen spärlich blieben, die Konturen der künftigen Parteienlandschaft sich nur erahnen ließen. Das war nicht die Situation, in der Adenauer sich festzulegen pflegte. Während die traditionsreiche SPD immerhin auf alte Organisationsstrukturen, Mitgliedskarteien und Grundsätze aufbauen konnte, war der Anfang für die CDU zudem tatsächlich ein völliger Neubeginn.

So erfolgte die Gründung christlicher Parteien in den verschiedenen Regionen und Landschaften auch zunächst ohne einen die Grenzen übergreifenden einheitlichen Plan. In Norddeutschland waren es überwiegend konservative, protestantische Kreise um die ehemaligen Weimarer Politiker Theodor Steltzer und Hans Schlange-Schöningen, die eine überkonfessionelle, aber auf christlichen Grundsätzen beruhende Partei ins Leben riefen. In Hessen bildete sich um die Intellektuellen Walter Dirks, Eugen Kogon, Karl-Heinrich Knappstein und Bruno Döpinghaus eine Gruppierung, die mit ihren »Frankfurter Leitsätzen« weit links stand. In Bayern waren es der ehemalige Vorsitzende des Deutschen Gewerkschaftsbundes, Adam Stegerwald, und der später erste CSU-Chef Josef Müller (»Ochsensepp«), die den Zentrum-Ableger, die Bayerische Volkspartei, auf eine neue Grundlage stellen wollten.

Besonderes Gewicht besaß zunächst die Berliner CDU mit Andreas Hermes, Jakob Kaiser und Ernst Lemmer an der Spitze, die unter dem Namen Christlich Demokratische Union Deutschlands das Licht der politischen Welt erblickte. Sie strebte sofort eine Führungsrolle in der Union an, geriet aber schon bald – zu Adenauers Glück – in heftige Abwehrkämpfe gegen die wachsenden sowjetischen Pressionsversuche. Als Andreas Hermes sich weigerte, seine Unterschrift unter das Bodenreformpapier der Besatzer zu setzen, mußte er als Vorsitzender zurücktreten. Jakob Kaiser, sein Nachfolger im Parteiamt, kämpfte ebenso vergeblich darum, die Unabhängigkeit der ostzonalen CDU zu bewahren.

Als beide dann endgültig in den Westen ausweichen mußten, bootete der inzwischen schon starke Mann der rheinländischen Christdemokraten sie schnell und ohne zu zögern aus. Mit welch sicherem politischen Instinkt Adenauer die schwer zu überblickende Lage der Partei eingeschätzt hatte, das wird durch die Tatsache erhärtet, daß praktisch alle Führungsmitglieder der ersten Stunde sehr bald von der politischen Bühne verschwanden oder sich mit wenig einflußreichen Positionen in der Partei, in den Landes- und Bundeskabinetten oder im diplomatischen Dienst abspeisen ließen.

Sie wurden Opfer eines alten Mannes, der seine in einem langen, von Machtkämpfen durchsetzten Leben gewonnenen Erfahrungen bedenkenlos, aber auch mit unvergleichlichem taktischen Geschick einsetzte. So überspielte er sie schließlich alle. Erst die Gegner in den eigenen Reihen: Jakob Kaiser und Andreas Hermes, der bei der Entscheidung über den CDU-Vorsitz im britischen Zonenausschuß gegen ihn anzutreten versuchte, Karl Arnold, der aus der Position des Ministerpräsidenten von Nordrhein-Westfalen heraus für eine Große Koalition stritt, Johannes Albers und den linken Flügel. Dann, am Ende der ersten Etappe, als es nicht mehr nur um die Vorherrschaft in der Partei, sondern um die Führung im neuen Staat ging, auch den Sozialdemokraten Kurt Schumacher.

Die Mittel, die er beim Griff zur Macht einsetzte, waren wenig sympathisch, aber eben erfolgreich. Widersacher wurden ausgetrickst, wenn sie am Boden lagen, häufig noch gedemütigt oder mit Spott überzogen und dann, wenn sie nicht verbittert der Politik den Rücken gekehrt hatten, mit einem Posten »versöhnt«. Da Macht, mehr noch als bei den Massen, bei den Deutern und Beschreibern der Geschichte ihre Anbeter findet, hat Adenauer auch für diesen Abschnitt seiner Karriere unter ihnen fast nur Bewunderer gewonnen.

Das Jahr 1946 wurde zum wohl entscheidendsten in seiner politischen Laufbahn. In diesen zwölf Monaten legte er in einem atemberaubenden Tempo die Grundlagen für die spätere Eroberung der Macht in Bonn, riß er die Herrschaft der Union an sich. Monatelang hatte er geschwiegen, gezögert, war den vielfachen Angeboten der christdemokratischen Parteigründer mürrisch ausgewichen. Dann, im Januar 1946, nahm er das Heft in die Hand, das er 17 Jahre lang nicht mehr losließ.

Am 5. Januar 1946, seinem 70. Geburtstag, lud er nach Rhöndorf ein. Es war keine gewöhnliche Geburtstagsgesellschaft, sondern ein vom Gastgeber klug ausgewählter Kreis rheinischer CDU-Politiker. Zum ersten, aber nicht zum letzten Mal demonstrierte der alte Mann den doch recht naiven Parteifreunden, wie ein politischer Schachspieler seine Züge zu setzen pflegt, wenn er sich entschieden hat, am Spiel um die Macht teilzunehmen.

Adenauers sieben Geburtstagsgäste waren dem linken Flügel der CDU zuzuzählen, einer Gruppierung also, die seiner Person und seinen politischen Vorstellungen, soweit sie sich aus seiner Weimarer Tätigkeit deuten ließen, mit Zurückhaltung gegenüberstand. Sie und nicht die ohnehin überzeugte Gefolgschaft mußte er für sich gewinnen. Eine Taktik, die er auch in den nächsten Jahren immer wieder und äußerst erfolgreich einsetzte: Die Kritiker und nicht die Anhänger in der Partei bearbeitete er vor wichtigen Beschlüssen mit großem Charme, gespielter Vertrautheit und scheinbar unwiderlegbaren Argumenten in persönlichen Gesprächen. Und häufig stellten dann auch gerade seine innerparteilichen Widersacher auf Konferenzen oder Parteitagen die Weichen in jene Richtung, die Adenauer zuvor gewiesen hatte.

Auf der Geburtstagsfeier enthüllt er seine Pläne, die Parteiführung im Rheinland und in der gesamten britischen Zone, im sog. Zonenausschuß, zu übernehmen, natürlich nicht. Er eröffnete seinen erfreuten Gästen im Grunde lediglich, daß er nunmehr bereit sei, aktiv für die CDU tätig zu werden. Einen Tag später dann schickte er einen Brief an die Mitglieder des Landesvorstandes, dessen taktische Raffinesse und Kaltschnäuzigkeit beispiellos ist. Ohne von irgend jemand dazu aufgefordert zu sein, erklärt er zunächst, warum er, der ein Führungsamt im Zonenausschuß der Union beanspruchte, für den Vorsitz in der CDU-Rheinland, der zwei Tage später zur Wahl stehen sollte und für den der bisherige »provisorische« Vorsitzende Leo Schwering deutliches Interesse angemeldet hatte, nicht in Frage käme: »1.) Der Gedanke, dem Vorsitzenden des Zonenausschusses auch eine einflußreiche Stellung in der Landesparteiorganisation seiner Heimatprovinz zu geben, ist richtig. 2.) Die Verbindung der Stellung des Vorsitzes des Zonenausschusses mit dem Vorsitz der Partei der Provinz übersteigt höchstwahrscheinlich die Kräfte auch eines in den besten Jahren stehenden Mannes. [Als Adenauer dann beide Ämter erobert hatte, war das natürlich vergessen.] 3.) In der Parteiorganisation der Nordrheinprovinz ist sehr viel Arbeit rückständig. 4.) Ich verstehe wenig vom Aufbau der Organisation. 5.) Ich bin siebzig Jahre alt. Mit siebzig Jahren muß man, auch wenn man rüstig ist, mit seinen Kräften haushalten ... 7.) Ich komme daher auf meinen Vorschlag zurück: (Vorsitz im) Zonenausschuß und Vorsitz in dem Gremium, das als Ausschuß des großen Vorstandes zur engen Mitarbeit mit dem engeren Vorstand geschaffen wird.«

Nach diesem Vorspiel, in dessen Mittelpunkt Adenauer in wohl nur noch ironisch zu deutender Bescheidenheit erst einmal die eigene Person stellt, läßt er die Katze aus dem Sack: »8.) Wenn dieser Vorschlag keine Zustimmung findet und wenn man darauf besteht (!), daß ich auch den Vorsitz in der Landespartei übernehmen soll, so kann ich das n u r dann tun, wenn ich für die großen und entscheidenden Fragen sowohl des Zonenausschusses wie der Landespartei w i r k l i c h f r e i bin. Das setzt voraus, daß unter mir in der Landespartei ein Mann arbeitet, der ... mein volles Vertrauen besitzt und der seine g a n z e Kraft zur Verfügung stellt.«

Die Bedingungen wurden also gleich mitgeliefert: völlige Unabhängigkeit und einen hauptamtlichen Parteisekretär unter seiner Regie. Für diese Position schlägt Adenauer in seinem Brief ausgerechnet den Bruder eines innerparteilichen Konkurrenten, Ernst Schwering, vor. Der lehnt empört ab. Zynismus war schon immer ein hervorstechender Charakterzug Adenauers.

Auch wenn die Entscheidung zunächst vertagt wurde, so war doch bald ein wichtiges Etappenziel erreicht. Auf der Sitzung des Zonenausschusses am 22. und 23. Januar 1946 in Herford übernahm Adenauer ungewählt und ohne Auftrag wie selbstverständlich die Tagungsleitung. Ein Teilnehmer berichtet später über die Szene: »Er setzte sich auf den Stuhl des Versammlungsleiters, erklärte sich selbst zum Alterspräsident und hatte die Zügel in der Hand, ehe der Einberufer der Versammlung, Dr. Holzapfel, sich von seiner Verblüffung erholt hatte. Ich muß gestehen, daß mich Adenauers Vorgehen etwas schokkierte, und als wir in der Mittagspause auf der Freitreppe des Rathauses standen, sagte ich zu einem Bekannten: ›Dieser Dr. Adenauer ist ein begabter, aber unverschämter Mensch.‹« Der Mann stand mit dieser Meinung wohl nicht allein.

Adenauer dagegen charakterisierte diese Episode in seinen »Erinnerungen« mit dem wunderschönen ironischen Satz: »Ich eröffnete die Tagung als Alterspräsident und leitete sie dann auf allgemeinen Wunsch (!) weiter.«

Andreas Hermes, aus Berlin vertrieben, strebte ebenfalls die Führung der CDU in der britischen Zone an. Ihn bootete Adenauer in Herford mit einem Geschäftsordnungstrick kalt aus. Als Tagungspräsident wies er darauf hin, daß Gäste aufgrund einer (für diesen Fall sehr weit hergeholten) britischen Anordnung nicht an dem Treffen teilnehmen dürften. Hermes aber gehörte der rheinischen bzw. britischen CDU noch nicht an. Er reiste, von Adenauers Verhalten tief getroffen, sofort ab und spielte fortan in der Partei keine Rolle mehr.

Natürlich setzte dieser »unverschämte Mensch« in Herford seine Wahl zum vorläufigen Vorsitzenden des Zonenausschusses durch. Auf der zweiten Sitzung, am 1. März 1946 in Neheim-Hüsten, wurde sein politischer Coup endgültig demokratisch legitimiert.

Seine Wahl zum Vorsitzenden der rheinischen CDU erreichte Adenauer bereits am 5. Februar in Krefeld-Uerdingen. Auch hier ging ein tagelanges persönliches Intrigenspiel, von ihm inszeniert und beherrscht, der Entscheidung voraus. Wieder verbündete er sich geschickt mit der Minderheit unter den Delegierten, dem protestantischen Flügel, der diesmal den Ausschlag geben mußte. Sein Gegner war der in taktischen Fragen wenig glücklich operierende bisherige Vorsitzende Leo Schwering. Auf der entscheidenden Sitzung wurde er von Adenauer in einer gut vorbereiteten Kampfabstimmung schlichtweg überrumpelt. Wie Hermes verschwand auch Schwering damit aus der Geschichte der CDU, deren Frühzeit er als Historiker später dargestellt hat.

Nach den für die CDU so erfolgreichen Landtagswahlen in Nordrhein-Westfalen wurde Adenauer im April 1947 Landtagsabgeordneter und führte die Fraktion der CDU in Düsseldorf. Das Amt des Ministerpräsidenten oder einen Ministersitz im Kabinett lehnte er ab. Er blickte schon damals über die Grenzen des neu entstandenen Landes hinaus, hielt sich alle Optionen offen.

Ende 1946 hatte er also die Führung in der CDU der britischen Zone errungen. Damit besaß er eine Schlüsselposition in der Union, denn sehr bald wurde deutlich, daß in Nordrhein-Westfalen die politisch mächtige Kernlandschaft des westlichen Deutschland liegen würde. Mit dem Ruhrgebiet besaß diese Region das wirtschaftliche Zentrum der Westzonen, und als Adenauer dann Bonn zur Hauptstadt gemacht hatte, lag die politische Metropole ebenfalls in seinem Machtbereich. Deutschland als »Rheinbund«, eine Vision näherte sich der Wirklichkeit, und der Politiker, der sie so lange erträumt hatte, stand an ihrer Spitze.

Die Wege, die Adenauer einschlug, die Mittel mit denen er die Macht in der Partei an sich gerissen hatte, waren vielfach dem Lehrbuch des Niccolò Machiavelli entnommen. Aber das ist nur die eine, wenn auch von seinen Bewunderern häufig vergessene Seite dieses Aufstiegs. Die andere findet sich in viel positiveren Schichtungen seiner Persönlichkeit.

So hat er in den Jahren bis zur ersten Bundestagswahl nahezu im Alleingang die dahinsiechende Organisation der rheinländischen und später gesamten Zonen-CDU aus dem Nichts in ein schlagkräftiges politisches Instrument umgewandelt. Die umfangreiche Korrespondenz aus diesen Jahren, die inzwischen weitgehend veröffentlicht ist, widerlegt die These, er habe die Parteiarbeit sozusagen mit »der linken Hand« erledigt. Das Gegenteil traf zu. Er kümmerte sich nahezu um jedes Detail, bombardierte die Geschäftsstellen und Kreisverbände mit Vorschlägen und Anweisungen, protestierte bei der Besatzungsmacht, wenn er bei der Papierverteilung die CDU-Presse vernachlässigt wähnte, warb bei den Verbänden für die Politik der Union, kämpfte verbissen um jede Position, für die er beim allmählichen Aufbau der Zonenverwaltung eine Chance für Parteimitglieder oder CDU-Sympathisanten witterte, trat, wo immer man ihn anforderte, als Redner auf.

Rastlos war er in Parteiangelegenheiten unterwegs, saß in einem kleinen Büro in Köln, von nur wenigen Mitarbeitern unterstützt, oder schrieb zumindest anfangs im Rhöndorfer Haus die stetig wachsende Korrespondenz eigenhändig in die Maschine. Auch physisch für den über Siebzigjährigen eine enorme Leistung: Die Verkehrsverbindungen waren schlecht, die Hotels ungeheizt, die Ernährung katastrophal.

Sein so rascher Erfolg beruhte aber auch auf der unübersehbaren Autorität, die der neue Parteivorsitzende ausstrahlte. Wie unterschiedlich die Zeitgenossen Charakter und Politik des bedeutendsten deutschen Parteiführers in den ersten zwanzig Jahren nach dem Zusammenbruch des Hitler-Reiches auch beurteilten, der Persönlichkeit Adenauers konnte sich kaum einer entziehen. Selbst eingeschworene Gegner räumten dies ein. Thomas Dehler, FDP-Justizminister in seinem Kabinett und später völlig überworfen mit dem Kanzler, sagte einmal: »Wo er erschien, wuchs ihm die Führung zu.« Rudolf Augstein, intellektuell in Adenauers Kanzlerjahren fast immer auf Gegenkurs zu dessen Politik, spricht von einer »angeborenen Führerschaft«.

Wo immer Adenauer auftauchte – kerzengerade in der Haltung, tadellos gekleidet, überzeugend im Gespräch, im kleinen Kreis ein guter Zuhörer, den Blick ruhig auf den Partner gerichtet, bei größeren öffentlichen Ereignissen die Rolle des ersten politischen Mannes souverän einnehmend –, stand er im Mittelpunkt. Er war nicht verkrampft, kein polternder Volkstribun, kein Emporkömmling, sondern ein Herr, der selbstbewußte, aber nicht von den Niederungen des Machtkampfes gezeichnete Repräsentant des Staates. Zumindest gilt dies, bis die Jahre seines politischen Abstiegs heraufdämmerten.

Schon in seinen Kölner Oberbürgermeisterjahren bestach Adenauer seine Umgebung durch die Selbstsicherheit, mit der er führte und entschied, durch die gelassene Energie, mit der er im oft grauen Alltag der Politik seine Pläne verwirklichte, den Stürmen des Parteienhaders Widerstand entgegensetzte. Jetzt im Alter wurde dieses Bild mehr und mehr auch durch die äußeren Veränderungen, mit denen die Jahre seine Gesichtszüge bedachten, unterstützt. Sie nahmen ihnen die Härte.

Das allerdings täuschte. Denn er blieb bis in die letzten Lebensstunden ein Mann des Kampfes. So sehr er Stil und Formen respektierte und erwartete, daß man ihn mit Respekt behandelte und ihm die seinen Ämtern gebührende Achtung entgegenbrachte, er selbst konnte gegenüber Menschen jeden Stil, jede Fairneß verlieren. Auch das blieb so, bis in die späten Tage dieses langen Lebens.

Zu Lebzeiten Adenauers ist sein Einfluß auf die innerparteiliche Entwicklung der CDU weitgehend unterschätzt worden. Für die Deutschen wuchs er in den fünfziger Jahren allmählich, von einer gezielten Propaganda unterstützt, in die Rolle des großen Staatsmannes, sahen die Wähler, wenn sie ihre Entscheidung denn überhaupt »politisch« überdachten, im Kanzler vor allem den Außenpolitiker. Aber nach der Veröffentlichung zahlreicher Partei-Protokolle und seiner umfangreichen Korrespondenz wurde sichtbar, daß dieses Bild so nicht stimmte. Die Wissenschaft hat es nach seinem Tod zu Recht korrigiert.

Die »Erinnerungen« und die Briefe, die er in den Jahren vor der Gründung der Bundesrepublik schrieb, aber auch manche öffentliche Rede aus dieser Zeit zeigen, daß Adenauer nicht nur sehr früh eine festgefügte außenpolitische Konzeption besaß, sondern auch gesellschafts- und wirtschaftspolitische Grundsätze entwickelt hatte, die sein politisches Handeln ganz entscheidend prägten. Er war kein Theoretiker oder etwa besonders origineller politischer Denker. Sein gesellschaftspolitisches Weltbild blieb von äußerster Schlichtheit, weitgehend von den bürgerlichen Idealen des 19. Jahrhunderts, den päpstlichen Enzykliken und den persönlichen Schlußfolgerungen beeinflußt, die er aus dem Geschehen im Dritten Reich gezogen hatte.

Eine der Kernthesen Adenauers findet sich auch in den »Erinnerungen« wieder: »Die Auffassung von der Vormacht, von der Allmacht des Staates, von seinem Vorrang vor der Würde und der Freiheit des einzelnen widerspricht dem christlichen Naturrecht. Nach meiner Auffassung muß die Person dem Dasein und dem Rang nach vor dem Staate stehen. An ihrer Würde, Freiheit und Selbständigkeit findet die Macht des Staates sowohl ihre Grenze wie ihre Orientierung.«

Mit solchen Formulierungen meldete sich Adenauer vor allem in der Frühzeit der CDU immer wieder zu Wort. Aber es ging ihm dabei weniger um staatsphilosophische Betrachtungen als um handfeste Politik. Denn die »Allmacht des Staates«, die hatten die Deutschen gerade in kaum noch zu überbietender Konsequenz im totalitären Hitler-System am eigenen Leib verspürt. Adenauer traf also mit seinen »Bekenntnissen« genau ins Schwarze. Weil er diese Stimmung sehr klar erkannte, baute er über diese Brücke sein innenpolitisches Feindbild auf. Nicht nur die Bolschewisten, sondern auch die Sozialdemokraten mit ihren Verstaatlichungsforderungen und ihrer »kirchenfeindlichen« Kulturpolitik, so suggerierte er den Wählern, waren die neuen Anbeter des Götzen Staat. Die Entscheidung der Mehrheit der Westdeutschen für die Partei Konrad Adenauers, oder richtiger, für die bürgerliche Parteienkoalition, die er anführte, wurde nicht zum geringsten Teil durch diese vom CDU-Vorsitzenden forcierte weltanschauliche Auseinandersetzung bestimmt.

Die gesellschaftspolitische Wirklichkeit des Staates allerdings, der dann entstand, war weit entfernt von Adenauers damaligen Grundsätzen: Es wurde zwar ein demokratisch legitimiertes, politisch freiheitliches System geschaffen, aber die Bundesrepublik trug in der »Adenauer-Ära« auch deutliche Züge eines Obrigkeitsstaates, dessen Macht häufig nur durch die verfassungsrechtlichen Grundsätze, auf denen er ruhte, in erträglichen Grenzen gehalten werden konnte. »Freiheit und Würde« des Menschen, die gab es für Millionen Arbeitnehmer an ihren Arbeitsplätzen nur in sehr beschränktem Maße, für die westdeutschen Kommunisten, die wegen ihrer Überzeugung in den fünfziger Jahren ins Gefängnis gehen mußten, obwohl sie politisch längst ungefährlich geworden waren, zeitweise gar nicht. Sollte der Politiker Adenauer wirklich an das geglaubt haben, was er den Deutschen in den ersten Nachkriegsjahren so eindringlich verkündete, dann hatte er, ganz im bürgerlichen Verständnis des Jahrhunderts, aus dem er stammte, wohl nur die »Freiheit« der Wenigen, die »Würde« der staatstreuen, nicht der kritischen oder sich möglicherweise sogar gegen politische Entscheidungen empörenden Bürger im Blick.

Als zwei Jahre nach Adenauers Tod der erste sozialdemokratische Kanzler in der Geschichte der Bundesrepublik, Willy Brandt, seine innenpolitischen Regierungspläne unter das Motto »Mehr Demokratie wagen« stellte, empörte dies die Union zutiefst. Aber für viele Bürger im Land, vor allem die jüngeren Menschen, sprach Brandt damit einen Mißstand an, der sie bewegte: Die Bundesrepublik war auf zahlreichen Gebieten zu einer formalen, autoritär gelenkten Demokratie erstarrt. Der Wähler durfte zwar alle vier Jahre über die Sitzverteilung im Bundestag entscheiden, aber damit hatte es sich auch schon. Die republikanischen Defizite der »Adenauer-Ära« warfen schon in den fünfziger Jahren ihre tiefen Schatten.

Adenauers früher und fast nahtlos durchgehaltener Konfrontationskurs, den er gegen die sozialistischen Parteien einschlug, traf in der CDU jedoch keineswegs auf einhellige Zustimmung. Eine starke Minderheit, vielleicht war es sogar zeitweise eine knappe Mehrheit, die sich in erster Linie aus dem linken, sozialen Flügel im Rheinland sowie starken Kräften in der Berliner und in der hessischen CDU zusammensetzte, wollte eine Zusammenarbeit mit den Sozialdemokraten. Sie sah angesichts der bevorstehenden, schweren Aufgaben, vor die die Politik im zerstörten und besetzten Land gestellt war, keinen Platz für Parteienstreit und weltanschauliche Scheingefechte. Dieser Teil der CDU fühlte sich aber vor allem auch in programmatischen Fragen – etwa in der Wirtschaftspolitik – der SPD erheblich näher als den rechtsbürgerlichen Gruppierungen, die sich in der FDP oder der Deutschen Partei, beide später Koalitionspartner Adenauers, gesammelt hatten.

Jakob Kaiser hoffte beispielsweise – wie erwähnt – auf einen ideologischen »Brückenschlag« zwischen den Systemen, in deren Kreuzpunkt er (irrtümlich) Berlin liegen sah. Er forderte eine »christlich-sozialistische Demokratie«, um den Graben, der sich zwischen den Westzonen und dem sowjetischen Machtbereich auftat, nicht noch mehr zu verbreitern. Im »Frankfurter Kreis« um Dirks und Kogon hieß das »Sozialismus aus christlicher Verantwortung«.

Adenauer kämpfte von Anfang an gegen diese innerparteilichen Strömungen. Zunächst mit dem Florett, denn die einzelnen CDU-Landesverbände waren autonom, ließen sich vom Vorsitzenden der britischen Zonen-CDU nicht so ohne weiteres in ihr Geschäft hineinreden. Als die Christdemokraten in Hessen und in Berlin bei den ersten Wahlen Niederlagen hinnehmen mußten, kamen aus der rheinländischen Parteizentrale aber bereits recht barsche und massive Vorwürfe. Adenauer führte das schlechte Abschneiden der Parteifreunde fast ausschließlich auf ihre mangelhafte Kampfbereitschaft zurück. Der Wähler, so kritisierte er die Frankfurter und die Berliner, habe im Wahlkampf der CDU keine klare Alternative zur Sozialdemokratie entdecken können. Wolle die Union Erfolg haben, müsse sie sich ganz entschieden von den Verstaatlichungsplänen und den sozialistischen Gesellschaftsvorstellungen der SPD absetzen.

Mit dem nordrhein-westfälischen Ministerpräsidenten Karl Arnold kam es bald zu harten Konflikten, weil der CDU-Fraktionsvorsitzende im Düsseldorfer Landtag dem Kabinettschef eine zu nachgiebige Haltung gegenüber dem sozialdemokratischen Koalitionspartner vorwarf. Selbst nach den ersten Bundestagswahlen waren sehr viele Christdemokraten noch davon überzeugt, daß es in Bonn zu einer Großen Koalition kommen würde. Nur mit einem Handstreich, bei dem die Gesamtpartei überhaupt nicht gefragt wurde, gelang es Adenauer im Herbst 1949, seine Wunschkoalition durchzusetzen.

Es kann in einer knappen Studie, die sich mit dem Politiker Adenauer beschäftigt, nicht die Position der Sozialdemokraten in diesen Auseinandersetzungen dargestellt werden. Darum sei nur angemerkt, daß die SPD nicht weniger kompromißlos um die Durchsetzung ihrer Politik kämpfte als der rheinländische CDU-Vorsitzende. Kurt Schumacher war tief davon überzeugt, daß allein die Sozialdemokratie vor der Geschichte das Recht besaß, das nach-faschistische Deutschland zu führen. Nicht nur Adenauer gegenüber hat er diesen Führungsanspruch seiner Partei geäußert. Eine solche Haltung aber verstärkte bei der SPD nicht gerade die Bereitschaft, ihre Politik flexibler zu gestalten. Die Fronten waren also sehr früh verhärtet. Hinzu kam, daß der sozialdemokratische Parteiführer, der die SPD sehr straff, ja fast diktatorisch lenkte, in den wichtigen Monaten, in denen über die verfassungsrechtlichen und ordnungspolitischen Grundlagen des neuen Staates entschieden wurde, schwer erkrankt war und für die politische Arbeit völlig ausfiel. Adenauer konnte in Bonn (Parlamentarischer Rat) und in Frankfurt (Wirtschaftsrat) ohne seinen großen Gegenspieler agieren.

Der entscheidende Schlag gegen die »linken« Strömungen innerhalb der Union aber gelang ihm im programmatischen Streit. Auch das ist lange übersehen und erst in den siebziger Jahren von der Adenauer-Forschung aufgearbeitet worden. Der rheinländische Parteivorsitzende, der häufig so abfällig oder ironisch über Parteiprogramme lästerte, sich bei seinen Entscheidungen ohne jeden Skrupel über sie hinwegsetzte, hat die gesellschafts- und wirtschaftspolitische Position der CDU zielstrebig und mit bei ihm bis dahin unvermuteten Talenten entscheidend geformt.

Er fand auf diesem Weg eigentlich nur einen wirklichen Helfer: Ludwig Erhard. Denn die ökonomischen Ordnungsvorstellungen, die der Wirtschaftsprofessor aus dem bayerischen Fürth mit so griffigen und optimistischen Formulierungen verkündete, sie waren genau das, was Adenauer brauchte, um dem Sozialismus, der auch zunächst die eigene Partei so kräftig umtrieb, mit einem attraktiven Gegenmodell konfrontieren zu können.

Die Marktwirtschaft, die sehr bald das wählerwirksame Etikett »sozial« erhielt, wurde zum politischen Renner für die Union. Adenauer, kein Ökonom, aber die Psyche der Massen sehr genau erfassend, erkannte in Erhards Konzept nach einigem Zögern die ungeheure Chance, die es ihm und seiner Partei bot. Der Mensch lebt zwar nicht vom Brot allein, aber wenn etwa noch die Wohnungseinrichtung, der Kühlschrank, das Auto und die Urlaubsreise hinzukommen, dann wird er es der politischen Gruppierung, der er dies zu verdanken glaubt, nicht gerade durch massiven Stimmenentzug vergelten. Und die Konsumbedürfnisse, das ist geradezu ein marktwirtschaftliches Prinzip, lassen sich ins Unendliche steigern.

Das Wirtschaftsprogramm der CDU, über das die Wähler dann bei den Bundestagswahlen im August 1949 mitentscheiden sollten, bot nicht nur eine attraktive Alternative zu den Sozialismusmodellen der SPD, sondern – und das war für Adenauer ein besonders wichtiger Punkt – es entsprach voll den Forderungen und Interessen der westlichen Führungsmacht. Natürlich auch denen des CDU-Parteiführers.

Denn Adenauer war ein Mann der Wirtschaft. Nicht in dem primitiven Sinn, daß er »vom Großkapital gekauft« gewesen wäre. Dazu blieb er Zeit seines Lebens ein viel zu unabhängiger Kopf, war er viel zu überzeugt vom eigenen Selbstwert. Aber seine Welt war nicht die des Arbeiters oder kleinen Angestellten, sondern die der Wirtschaftsführer und Bankiers. Das zeigte sich schon in seinen Kölner Jahren, und es wurde in Bonn nicht anders. Der Einfluß des »Bundesverbandes der Deutschen Industrie« auf die Entscheidungen des Kanzlers war beachtlich, sein langjähriger Präsident, Fritz Berg, gehörte zu Adenauers bevorzugten Gesprächspartnern. Dieser harte Interessenvertreter besaß in Bonn eine Machtposition, die weit über das hinausging, was einem Lobbyisten legitimerweise in einer parlamentarischen Demokratie zuzugestehen ist.

In den achtziger Jahren machte die berüchtigte Flick-Affäre einer breiten Öffentlichkeit schlaglichtartig bewußt, wie eng sich in der Bundesrepublik die finanziellen Verbindungen zwischen Politik und Wirtschaft gestaltet hatten. Das »System« Kohl bestätigte dann in den neunziger Jahren, daß die CDU-Führung auch vor Gesetzesbruch und Korruption nicht zurückschreckte, wenn sie an der Macht war. Angelegt war diese illegitime Interessenpartnerschaft bereits in den frühen Jahren der Republik, und der Kanzler Konrad Adenauer hat sie für nichts Ungewöhnliches gehalten.

Ludwig Erhard sah die sich abzeichnenden Fehlentwicklungen der von ihm propagierten Wirtschaftsordnung im Gegensatz zu seinem Kabinettschef dagegen sehr deutlich. Eine Marktwirtschaft, erst recht natürlich eine mit dem Beiwort »sozial«, ohne freien, vor der Übermacht wirtschaftlicher Monopole oder Oligopole geschützten Wettbewerb, war wildwuchernder Manchester-Kapitalismus. Erhards achtjähriger Kampf um das »Gesetz gegen Wettbewerbsbeschränkungen« endete im Juli 1957 praktisch mit einer Niederlage. Das Kartellverbot war in diesem Gesetz so durchlöchert, daß sich Großindustrie und Banken in ihren monopolistischen Machtbestrebungen kaum irritiert fühlen mußten. Vom »machtverteilenden Prinzip ... für Unternehmungen, die eine bestimmte Größe überschritten« (Ahlener CDU-Programm von 1947), war in der Bundesrepublik jedenfalls bald nicht mehr die Rede.

Adenauer blieb in diesem Streit Industrie gegen Politik ein treuer Verbündeter der Wirtschaft. Schon im November 1949 hatte Erhard dem Kanzler beschwörend geschrieben, daß es bei der Kartell- und Wettbewerbsproblematik um »die historische Frage« der Wahl zwischen Sozialer Marktwirtschaft oder »kapitalistischer Restauration« gehe. Adenauer entschied sich für das letztere.

Insofern verwundert es nicht, daß er in den Jahren von 1946 bis 1949 ganz energisch in die Programmdiskussion der CDU eingriff. So pragmatisch er dabei in vielen Bereichen – zum Beispiel in der Frage der Bekenntnisschule – handelte, die sozialistischen Tendenzen, die in der Frühzeit der Union so deutlich hervortraten, bekämpfte er bedingungslos.

Fünf Programme waren es, welche die britische Zonen-CDU bis zur Gründung der Bundesrepublik vorlegte. Die drei letzten tragen die Handschrift Adenauers, sind von ihm entworfen worden.

Das erste Programm entstand im Juni 1945 im Dominikanerkloster Walberberg. Adenauer war nicht dabei und ohne jeden Einfluß auf die Thesen, die eine Kommission des Kölner Gründerkreises in der klösterlichen Abgeschiedenheit erarbeitete.

Es war ein Programm, das sich auf das christliche Naturrecht berief, die Sozialfrage in den Mittelpunkt stellte. Schon in der Präambel zeigte sich allerdings, daß die in Walberberg versammelten Christdemokraten über sehr allgemeine, von pathetischen Bekenntnissen durchzogene Formulierungen nicht hinausgekommen waren. So heißt es: »Soziale Gerechtigkeit und soziale Liebe sollen eine neue Volksgemeinschaft beschirmen, die die gottgegebene Freiheit des einzelnen und die Ansprüche der Gemeinschaft mit den Forderungen des Allgemeinwohls zu verbinden weiß. So vertreten wir einen wahren christlichen Sozialismus ...«

Im Punkt 10 wird »das Recht auf Eigentum ›gewährleistet‹«, aber »Post und Eisenbahn, Kohlenbergbau und Energieerzeugung sind grundsätzlich Angelegenheiten des öffentlichen Dienstes. Das Bank- und Versicherungswesen unterliegt der staatlichen Kontrolle«. Und Punkt 11 fordert: »Die Vorherrschaft des Großkapitals, der privaten Monopole und Konzerne wird gebrochen.«

Bereits in den »Leitsätzen der CDU im Rheinland und in Westfalen«, die im September 1945 – wieder ohne Beteiligung Adenauers – entstehen, fehlt der Begriff »christlicher Sozialismus«. Ansonsten werden die Kernaussagen des Walberberger Papiers übernommen.

Im März 1946 fallen dann auf der Tagung des Zonenausschusses in Neheim-Hüsten programmatische Entscheidungen, die bereits eine »Schöpfung Adenauers« (Leo Schwering) sind. Knapp in den Formulierungen, verständlich in der Sprache, vom Schwulst bekennerischer Aufrufe gereinigt, war – ganz im Stil Adenauers – nicht mehr die Rede von »Gott« oder »Christus«, aber dafür von der »Sicherung der wirtschaftlichen und politischen Freiheit des einzelnen« und der »Anerkennung des Privateigentums«.

Die Vergesellschaftungsfrage löste Adenauer in Neheim-Hüsten mit der ihm eigenen taktischen Raffinesse und, wie sich zeigen sollte, für immer. Um den massiven Forderungen des linken Flügels ihre Schwungkraft zu nehmen und ein nicht mehr auszuschließendes Auseinanderbrechen der Partei zu verhindern, vertagte er diesen Punkt mit einer umwerfend schlichten Programmformulierung auf eine unbestimmte Zukunft: »Die sich aufdrängende Frage der Vergesellschaftung von Teilen der Wirtschaft ist zur Zeit nicht praktisch, da die deutsche Wirtschaft nicht frei ist.«

Das später berühmt gewordene Ahlener Programm vom Februar 1947 enthält zwar in keiner Passage mehr den Begriff »Sozialismus«, aber immerhin wird noch gefordert, daß die »neue Struktur der deutschen Wirtschaft ... davon ausgehen (muß), daß die Zeit der unumschränkten Herrschaft des privaten Kapitalismus vorbei ist«. Aber so »sozialistisch« viele Punkte im Vergleich zur späteren Realpolitik der Union heute auch anmuten mögen, Adenauer hat die Grenzen schon in Ahlen sehr deutlich gezogen. Der »Staatskapitalismus«, so heißt es, ist »noch gefährlicher für die politische und wirtschaftliche Freiheit des einzelnen« als der »Privatkapitalismus«.

Die Ahlener Programmtagung stand unter der Überschrift: »CDU überwindet Kapitalismus und Marxismus«. Eine Position also, die ganz der in diesen Jahren von Adenauer nach außen hin eingenommenen Haltung entsprach und zweifellos dem Denken weiter Bevölkerungskreise entgegenkam. Eine Wirtschaft, so die Kernthesen der Ahlener Erklärung, dürfe nicht durch die Macht weniger Großkonzerne beherrscht werden, nicht das Profitdenken, sondern »die Bedarfsdeckung des Volkes« sei das »Ziel aller Wirtschaft«. Das innerbetriebliche Verhältnis müsse neu gestaltet werden, »in den Betrieben ... ist ein Mitbestimmungsrecht der Arbeitnehmer an den grundlegenden Fragen der wirtschaftlichen Planung und sozialen Gestaltung sicherzustellen«.

Schon im Vorfeld der Ahlener Beratungen hatte Adenauer allerdings deutlich gemacht, um was es ihm politisch wirklich ging: Die eigenen Anhänger durften nicht daran gewöhnt werden, im Sozialismus »etwas Tragbares« zu sehen. Das Programm der CDU müsse sich von den Ideen des linken Parteienspektrums absetzen, forderte der CDU-Vorsitzende. Für ihn war die Entwicklung neuer wirtschaftspolitischer Grundsätze natürlich auch eine Machtfrage: »Mit dem Wort Sozialismus gewinnen wir fünf Menschen, und zwanzig laufen weg.«

Aber erst die vielfältigen Beratungen, die dann schließlich in die »Düsseldorfer Leitsätze« vom Juli 1949 einmündeten, brachten Adenauer den vollständigen Sieg. Zwischen Ahlen und Düsseldorf lagen die Gründung der Bizonenverwaltung und die Währungsreform, beides Entwicklungen, die vorrangig von den Amerikanern gefördert wurden und die in ihrer politischen Konsequenz eine Vorentscheidung für die künftige Wirtschaftsordnung bedeuteten. Vor Düsseldorf aber stand vor allem die »Entdeckung« Ludwig Erhards durch den CDU-Vorsitzenden in der britischen Zone. Der Frankfurter Wirtschaftsdirektor, kein Mitglied der CDU und zunächst der FDP zuneigend, hielt auf dem CDU-Zonenparteitag im August 1948, einem dringenden Wunsch Adenauers folgend, ein Referat, in dem er »die frohe Botschaft der Sozialen Marktwirtschaft« verkündete. Seine Thesen wurden praktisch zum Parteiprogramm der Union, zur Vorlage für die »Düsseldorfer Leitsätze«.

Auch wenn es dort – Kontinuität vorspiegelnd – hieß, die CDU strebe »aufbauend auf dem Ahlener Programm« die Soziale Marktwirtschaft an, so spielte die Frage der Sozialisierung nur noch eine untergeordnete Rolle. Von der Mitbestimmung der Arbeitnehmer, vom »machtverteilenden Prinzip« war nicht mehr die Rede. Adenauer besaß endlich das Aktionsprogramm, um das er so lange und zäh gerungen hatte: Soziale Marktwirtschaft gegen Bürokratische Planwirtschaft. Der Wahlkampf um die Macht in Bonn hatte sein entscheidendes Thema.

Der Widerstand der linken Christdemokraten gegen den anti-sozialistischen Kurs des Gespanns Erhard – Adenauer schwächte sich bald ab und wurde vom Parteichef mit rein taktisch gemeinten, verbalen Zugeständnissen immer wieder geschickt in Grenzen gehalten, bis dann die offene Schlacht ihn ungefährdet zum Erfolg führte. Als Johannes Albers, ein Wortführer des sozialen Flügels, erklärte, Erhards liberale Wirtschaftsordnung hebe »das Ahlener Programm in seinem Grundgefüge« auf, konterte Adenauer kalt und mit einer für ihn bezeichnenden Haltung: »Nun wollen wir mal die Dinge gut auseinanderhalten. Ich habe eben schon gesagt, Herr Albers, alle solchen Programme und programmatischen Sätze haben keinen Ewigkeitswert, sondern sollen sich mit den Dingen beschäftigen, die jetzt akut sind. Akut ist beim kommenden Wahlkampf die Frage: Planwirtschaft oder Marktwirtschaft ... Das hat, Herr Albers, mit dem Ahlener Programm, zu dem ich restlos stehe (!), nichts zu tun.«

Mit der bald darauf erfolgten Machtübernahme in Bonn war aber auch die Wirtschaftsordnung der neuen Republik endgültig festgelegt. Sie wurde, unterstützt durch die politischen und weltwirtschaftlichen Entwicklungen in und vor allem nach der Koreakrise, zur Triebkraft für die größte Erfolgsstory des Adenauer-Staates. Ihre Schattenseiten verdeckte ein wachsender, allerdings auch sehr einseitiger Wohlstand, den die Bürger nach den Jahren bitterer Not tiefer empfanden als die fehlende Mündigkeit am Arbeitsplatz. Die Propagandisten der Regierung, darunter auch die Wirtschaftspresse, die ganz auf den Marktwirtschaftskurs eingestellt war, feierte das »Wirtschaftswunder« als Sieg »der freiheitlichen Ordnung des Westens über die Zwangswirtschaft des Ostens«.

Eine ab 1952 allmählich einsetzende, lange ununterbrochen wirkende Hochkonjunktur, unterstützt durch massive Staatsprogramme zugunsten der Investitionswirtschaft, schien solche Thesen zu bestätigen. Daß bereits 1950 rund 25 Prozent aller Industrieinvestitionen vom Staat und damit vom Steuerzahler finanziert wurden, fand bei den konsumbeglückten Wählern fast keine Beachtung. Auch die sich früh und entgegen allen Entflechtungsplänen abzeichnenden Konzentrationsprozesse in der bundesdeutschen Wirtschaft blieben ebenso wie das Entstehen mächtiger Banken- und Industriekonzerne, die bald die Politik der Republik nachdrücklich beeinflußten, für die Masse der Menschen kaum erkennbar. Hermann Josef Abs, der mächtigste Banker der Republik und enge Adenauer-Berater, durfte aber schon bald selbstbewußt verkünden: »Was gut ist für die Deutsche Bank, ist auch gut für die Deutsche Bundesrepublik.«

Versucht man Adenauers Entscheidungen aus der Zeit zu verstehen, in der sie fielen, dann ist ihm sicher zuzugestehen, daß sein Instinkt für das Notwendige – die schnelle Verbesserung der katastrophalen Ernährungslage, der rasche Bau von neuen Wohnungen, die Schaffung von Arbeitsplätzen – sich sehr folgerichtig mit seinen außenpolitischen und wirtschaftsideologischen Plänen verband. Das von ihm angestrebte Westbündnis erforderte auch eine ordnungspolitische Anbindung der westdeutschen Wirtschaft an das Dollar-Imperium. Die Restauration oder – historisch treffender – Beibehaltung eines kapitalistischen Wirtschaftssystems, abgefedert durch eine ebenfalls in der Tradition des Bismarck-Reiches stehende Sozialpolitik, entsprach wiederum ganz dem politischen Weltbild des Parteipolitikers Adenauer.

Adenauer war bis zu seiner Wahl zum Chef der ersten Bundesregierung im August 1949 keineswegs ein besonders populärer westdeutscher Politiker. Der Führer der Sozialdemokraten, Kurt Schumacher, beispielsweise besaß einen erheblich höheren Bekanntheitsgrad als der britische Zonenvorsitzende der CDU. Prominent, allerdings nicht unumstritten, blieb er in der Region, in der er seit 1906 politisch wirkte. Für die Deutschen außerhalb des Rheinlands dagegen war er zunächst nur einer unter vielen.

In der Adenauer-Literatur wird gelegentlich darüber gerätselt, zu welchem Zeitpunkt er denn den Entschluß gefaßt habe, Kanzler der Deutschen zu werden. Betrachtet man Adenauers Weg, seine politischen Äußerungen nach der Kapitulation von 1945, dann dürfte ziemlich gewiß sein, daß er im Grunde schon seit dem ersten Tag seiner Rückkehr in die Politik ein hohes, wenn nicht das höchste Amt im Staat anstrebte. Seine politischen Gedanken waren bereits 1945 auf das Ganze gerichtet, beschäftigten sich weniger mit Fragen des Wiederaufbaus der zerstörten Stadt, die er wieder unter der Schirmherrschaft der Besatzungsmacht kurzzeitig regierte, als vielmehr mit der Außenpolitik von morgen, den staatspolitischen Fundamenten, auf die das Nach-Hitler-Deutschland aus seiner Sicht gestellt werden sollte.

Brigadier Barraclough, der ihm wegen »Unfähigkeit« die Entlassung überreichte, lag mit seiner Einschätzung so falsch nicht: »Der Bursche schwätzt Politisches. Der höchstbezahlte Verwaltungsbeamte hat den Kopf in den Wolken.«

Die Eroberung der CDU sollte für Adenauer zum Sprungbrett werden, das ihn auf die Bühne brachte, auf der bald über die wirkliche Machtverteilung entschieden wurde. Wiederum früher als viele Weggefährten und Kontrahenten ging er davon aus, daß angesichts der immer weiter auseinanderdriftenden Deutschlandpolitik der einstigen Alliierten der Druck auf die Westmächte wachsen mußte, das »politische und wirtschaftliche Leben der Deutschen« westlich der Elbe auf einen »einigermaßen befriedigenden Stand« zu bringen. Im Gegensatz zu Schumacher etwa, der in jeder Separatlösung eine Vertiefung der Spaltung des alten Reichs sah, trat Adenauer konsequent für eine Westgründung ein.

Auch diesmal sollte er Recht behalten. In London und Washington sahen die Regierungen immer deutlicher, daß die Zersplitterung der Westzonen jeden wirksamen Schritt im Kampf gegen das wachsende Chaos in den von ihnen besetzten Gebieten verhinderte. Vor allem für die Briten überstiegen die Besatzungskosten jedes erträgliche Maß.

Nach mehreren gescheiterten Außenministerkonferenzen der vier Siegermächte signalisierten die Amerikaner am 6. September 1946 mit der Stuttgarter Rede von Außenminister James Byrnes den Westdeutschen eine Wende in ihrer Politik. Schon Monate vorher hatte die Truman-Administration entsprechende Beschlüsse gefaßt. Byrnes, der die sowjetische und französische Deutschlandpolitik scharf kritisierte, vollzog endgültig den Abschied Amerikas vom »Morgenthauplan«, wonach das besiegte Land in eine Agrargesellschaft mit scharf überwachter, begrenzter industrieller Produktion umgewandelt werden sollte. Und er kündigte den Deutschen eine hoffnungsvollere Zukunft an: »Die Vereinigten Staaten treten für die baldige Bildung einer vorläufigen deutschen Regierung ein. Fortschritte in der Entwicklung der öffentlichen Selbstverwaltung und der Landesselbstverwaltungen sind in der amerikanischen Zone erzielt worden, und die amerikanische Regierung glaubt, daß ein ähnlicher Fortschritt in allen Zonen möglich ist.«

Byrnes' Rede war nichts anderes als die Anwendung der im März 1946 verkündeten Truman-Doktrin auf Deutschland. Der Roosevelt-Nachfolger hatte mit dieser Ankündigung einen langanhaltenden Streit innerhalb der amerikanischen Regierung beendet und den Befürwortern einer Eindämmungspolitik (containment policy) gegenüber weiteren sowjetischen Machtansprüchen zum Sieg verholfen. Washington verstärkte jetzt – unter Einbeziehung der deutschen Verwaltungen – den wirtschaftlichen Aufbau in jenen besetzten Gebieten, über die es bestimmen konnte.

Am 25. Juni 1947 trat in Frankfurt der »Wirtschaftsrat«, das oberste deutsche Organ für den wirtschaftlichen Wiederaufbau, zusammen, dem Vertreter aus den acht Länderparlamenten der Bizone angehörten. Ludwig Erhards Wahl zum Direktor der Verwaltung für Wirtschaft am 2. März 1948 – sein Vorgänger war auf Verlangen der Amerikaner zurückgetreten – zeigte bereits an, daß die wirtschaftspolitische Richtung vorgegeben war. Am 1. September 1948 versammelte sich dann in Bonn der Parlamentarische Rat und nahm die Diskussion über das Grundgesetz auf, die Verfassung für den neuen und

»provisorischen« Weststaat. Der Präsident des Parlamentarischen Rates aber hieß Konrad Adenauer.

Es war der entscheidende Schritt, der ihn über die Parteiebene hinaus ins Zentrum der westdeutschen Politik stellte. Adenauer wurde, auch wenn dies formal natürlich noch nicht stimmte, mit dieser Wahl zum Bundespolitiker. Die Grundlagen dafür hatte die Union bei den ersten Landtagswahlen gelegt, die in der amerikanischen Zone am 30. Juni 1946 und im britisch besetzten Teil Deutschlands am 20. April 1947 stattgefunden hatten. Adenauer trieb die Christdemokraten mit großem persönlichen Einsatz an, sich durch erste Wahlerfolge eine günstige Startposition für den Kampf um die Macht im Weststaat zu verschaffen. So unterschiedlich die Ergebnisse im einzelnen auch waren, sie reichten insgesamt aus, die Union gleichwertig, das heißt als ebenbürtige politische Kraft neben die Sozialdemokraten zu stellen. Ohne den Wahlsieg in Nordrhein-Westfalen (CDU: 37,6; SPD: 32,0) allerdings wäre die späte Karriere Adenauers wohl bereits vor der Gründung der Bundesrepublik beendet gewesen.

Obwohl er der Arbeit des »Wirtschaftsrates« mit gewisser Distanz gegenüberstand, da er ihn lediglich als eine kurzfristige und eigentlich überflüssige Zwischenlösung empfand, mischte er, vor allem in der Personalpolitik, kräftig mit. Er erschien häufig in Frankfurt, hielt die dortige Koalition zwischen CDU/CSU, FDP und DP eisern zusammen, setzte seinen Favoriten für das Amt des »Oberdirektors« der Frankfurter Zweizonenverwaltung, Hermann Pünder, durch und bekämpfte einen Konkurrenten, den hessischen CDU-Fraktionsvorsitzenden Erich Köhler, der nicht nur für eine Zusammenarbeit mit der SPD eintrat, sondern auch – und das störte Adenauer zweifellos erheblich stärker – ganz offensichtlich Ambitionen hatte, der erste westdeutsche Regierungschef zu werden.

Adenauer griff, wie immer, wenn es einen Gegner zu verjagen galt, sofort mit maßlosen Beschuldigungen und auch nicht vor persönlichen Diffamierungen zurückschreckend an. In einem Schreiben vom 21. August 1947 heißt es: »Ein sehr gefährlicher Mann ist Herr Köhler, Hessen. Er ist politisch farblos, sehr ehrgeizig, sucht seine Stellung als Präsident des Wirtschaftsrates zu einer übertriebenen Ausweitung seiner Position in der Fraktion zu nutzen. Er betet (!) die Sozialdemokraten an und ist ein Fanatiker (!) der Verständigung mit ihnen. Man wird sehr auf ihn aufpassen müssen.« Später, die Eitelkeit Köhlers nutzend, schob er ihn auf den Sessel des Parlamentspräsidenten im neuen Bundestag ab.

Adenauer war in seinem Element, er ließ auch in dem jetzt erweiterten Tätigkeitsgebiet die Fäden nicht aus der Hand. Dem Zonenausschußvorstitzenden der CDU im »Wirtschaftsrat«, Friedrich Holzapfel, schrieb er bereits am 16. August in der für ihn typischen Weise: »Ich möchte ... Ihnen nochmals sagen, wie sehr ich es begrüße, daß Sie die 5 Direktoren zu einer gemeinsamen Besprechung schon so bald eingeladen haben. Es liegt wohl in der Natur der Sache, daß diese 5 mehr oder weniger unpolitischen Herren einer starken politischen Führung bedürfen.« Woran es Adenauer denn wohl auch nicht fehlen ließ.

Das zweite, überparteiliche politische Feld, auf dem er dann aktiv wurde, der Parlamentarische Rat, rückte nach der Londoner Sechs-Mächte-Konferenz von 1948 in den Mittelpunkt seiner Arbeit. Die Vertreter der Alliierten überreichten den Länderministerpräsidenten die »Frankfurter Dokumente«, in denen die Westdeutschen – jetzt waren auch die Politiker aus den französisch-besetzten Gebieten einbezogen – aufgefordert wurden, eine Verfassung auszuarbeiten. »Die verfassunggebende Versammlung«, so hieß es dort, »wird eine demokratische Verfassung ausarbeiten, die für die beteiligten Länder

1 Jugend im Kaiserreich: Adenauer (sitzend, dritter von rechts) 1894 mit seiner Abiturklasse.

2 Der Oberbürgermeister: Adenauer empfängt Reichspräsident Paul von Hindenburg 1926 nach dem Abzug der Engländer in Köln.

3, 4 Der Privatmann: Adenauer 1902 mit seiner ersten Ehefau Emma Weyer (oben) und mit Gusie Zinsser, die er nach Emmas Tod 1919 heiratete (unten).

5 Der Stadtmanager: Adenauer und Henry Ford 1930 bei der Grundsteinlegung der Kölner Fordwerke.

6 Der Kaltgestellte: Adenauer in der Zeit des Dritten Reiches im Garten seines Rhöndorfer Hauses.

7 Der Industriefreund: Adenauer mit dem Präsidenten des Bundesverbandes der Deutschen Industrie Fritz Berg und dem Bankier Robert Pferdmenges (rechts) in den fünfziger Jahren.

8 Der Entlassene: Adenauer mit Brigadier John Barraclough (im weißen Regenmantel) 1945 nach seiner Amtsenthebung durch die britischen Besatzungsbehörden.

9 Der Selbstbewußte: Adenauer 1949 bei der Hohen Kommission auf dem Petersberg. Den Schritt auf den Teppichrand empfanden die Alliierten als mangelnde Achtung gegenüber ihrer Rolle als Vertreter der westlichen Siegermächte.

10 Der Präsident: Adenauer 1949 mit Kurt Schumacher (links) und Carlo Schmid am Rande einer Sitzung des Parlamentarischen Rates.

11 Der Kabinettschef: Adenauer und seine erste Regierungsmannschaft. Zweiter von links: Ludwig Erhard

12 Der Kanzler: Erster Besuch eines ausländischen Regierungsmitgliedes in Bonn. Adenauer empfängt US-Außenminister Dean Acheson im November 1949.
Zweiter von rechts: US-Hochkommissar John McCloy, ganz rechts: Bundespräsident Theodor Heuss.

13 Der Europäer: Adenauer und Frankreichs Außenminister Robert Schumann im Januar 1959 in Bonn.

14 Die »Aussöhner«: Staatspräsident Charles de Gaulle und Bundeskanzler Adenauer 1963.

15 Die Konkurrenten: Ludwig Erhard und Konrad Adenauer 1959 in Bonn.

16 Der Herausforderer: Der Regierende Bürgermeister von Berlin und Sozialdemokrat Willy Brandt, hier 1960 mit Adenauer im Schöneberger Rathaus, konnte bei den Wahlen von 1961 zwar Stimmen für seine Partei hinzugewinnen, aber den Bonner Patriarchen nicht aus dem Kanzleramt vertreiben.

17 Der Gefeierte: Adenauer und der CDU/CSU-Fraktionsvorsitzende und spätere Außenminister Heinrich von Brentano auf dem CDU-Parteitag 1953.

18 Der Außenpolitiker: Adenauer im September 1955 in Moskau. Die Gespräche mit Malenkow, Bulganin und Chruschtschow waren turbulent und endeten in der Deutschlandfrage erfolglos.

19 Zwei Generationen: Der greise Kanzler der Westdeutschen begrüßt den jungen amerikanischen Präsidenten John F. Kennedy zu seinem Deutschlandbesuch im Juni 1963.
Links von Adenauer US-Außenminister Dean Rusk, rechts Bundesaußenminister Gerhard Schröder.

20 Zwei Patriarchen: Adenauer und Israels Gründungspräsident David Ben Gurion 1960.

21 Der Urlauber: Adenauer mit seiner Tochter Libeth im Sommer 1958 in Griante am Comer See.

22 Der Abschied: Adenauer am 15. Oktober 1963 am Rednerpult des Bundestages. Auf der Regierungsbank sein Nachfolger Ludwig Erhard.

23 Im unruhigen Ruhestand: Adenauer als Memoirenschreiber und querulanter Pensionär.

eine Regierungsform des föderalistischen Typs schafft ...« Ferner hielten die Militärgouverneure eine Länderneugliederung für wünschenswert und kündigten ein Besatzungsstatut an, das die in Aussicht gestellte deutsche Souveränität stark einschränkte.

Die Londoner Empfehlungen stießen bei den Länderchefs und den Parteiführern, die jetzt immer stärker in den Vordergrund rückten, zunächst auf heftigen Widerstand. Es gab in den nächsten Wochen pausenlose Verhandlungen der Parteigremien und der Ministerpräsidenten, in denen die Union unter Adenauers Führung flexibel und geschmeidig versuchte, die Besatzungsmächte zu Kompromissen zu bewegen, während die Sozialdemokraten ihre Ablehnung sehr viel härter formulierten.

Die Befürchtungen der Deutschen bezogen sich vor allem auf zwei Punkte: das Besatzungsstatut, dessen Einzelheiten erst nach der Vorlage des Verfassungsentwurfs bekanntgegeben werden sollten, und die Frage, wie nach der Verabschiedung der Verfassung und der anschließenden Gründung des Weststaates der Charakter eines Provisoriums erhalten bleiben konnte, damit die Deutschen ihren Anspruch auf Einheit nicht aufgeben mußten.

Adenauer versuchte eine gemeinsame Erklärung der Parteien zustandezubringen, stieß aber mit seinem Vorhaben bei Erich Ollenhauer, der in diesen Monaten den schwer erkrankten SPD-Vorsitzenden Kurt Schumacher vertrat, auf Ablehnung. Doch in der politischen Beurteilung dieser Fragen lagen Union und Sozialdemokraten auf einer Linie. Adenauers Briefe aus dieser Zeit zeigen, daß ihn düstere Ahnungen im Hinblick auf das Besatzungsstatut befallen hatten. Er fühle sich, so schrieb er in maßloser, panischer Übertreibung der Lage, an den Versailler Friedensvertrag von 1919 erinnert. Am Ende kam es dann doch zum Kompromiß. Sowohl die Ministerpräsidenten als auch die Parteien wollten die Chance der Staatsgründung und damit zumindest das Erreichen einer Teilsouveränität nicht durch zu hohe Forderungen ungenutzt verstreichen lassen. Der massive Druck der drei westlichen Siegermächte tat ein Übriges. Aus der »Verfassung« wurde ein provisorisches, aber dann auch die Wiedervereinigung von 1990 überlebendes »Grundgesetz« und aus einer »verfassunggebenden Versammlung« der »Parlamentarische Rat«. Beim Besatzungsstatut blieb vorerst nur das Prinzip Hoffnung.

Der Parlamentarische Rat trat am 1. September 1948 in Bonn zusammen. Auch wenn Adenauer zunächst andere Tagungsorte im Auge hatte, so wußte er die Entscheidung der Ministerpräsidenten für die kleine Residenzstadt am Rhein bald für seine Hauptstadtpläne zu nutzen.

Den Parlamentariern – 27 Unions- und 27 SPD-Abgeordnete, fünf Liberale, sowie je zwei Vertreter der DP, der KPD und des Zentrum – lagen mehrere Verfassungsvorschläge vor, aber nur einer davon besaß bei den kommenden Verhandlungen wirklich Gewicht: der im bayerischen Herrenchiemsee von einem Sachverständigenausschuß erarbeitete Entwurf.

Die Wahl Adenauers zum Präsidenten des Parlamentarischen Rates war auf längere Sicht die personell wichtigste Entscheidung, die am 1. September in Bonn fiel. Er wurde mit den Stimmen der SPD gewählt. Es mag verwundern, daß die Sozialdemokraten offensichtlich immer noch nicht erkannt hatten, welcher Gegner ihnen in diesem zähen, alten Mann gegenüberstand. Aber einmal unterschätzten sie wie in den Jahren zuvor manche Christdemokraten, was Adenauer aus Vorstandsämtern für sich herauszuholen verstand, auch wenn sie scheinbar von mehr repräsentativer Art waren, und zum anderen glaubte die SPD, mit dem Vorsitz im Hauptausschuß, wo die eigentliche Arbeit stattfinden sollte, hielte sie die besseren politischen Karten in der Hand. Was für die Detaildebatte um einzelne Grundgesetzfragen oder

-formulierungen gestimmt haben mag, aber machtpolitisch, wie die Zukunft dann zeigen sollte, ein fataler Irrtum war.

Adenauer spielte in den Wochen der Grundgesetz-Beratungen seine langen Erfahrungen als Sitzungsleiter glänzend aus, vermittelte geschickt, führte straff und nutzte seine Position für die eigene Sache. Als Präsident war er der einzige führende deutsche Politiker ohne Regierungsamt, der nun einen unmittelbaren Zugang zu den drei Militärgouverneuren besaß. Er wäre nicht der gewiefte Politiker gewesen, für den man ihn hielt, wenn er diese Chance nicht gesehen hätte. Theodor Heuss meinte denn auch, auf ganz natürliche Weise sei er der Sprecher der werdenden Bundesrepublik gegenüber den westlichen Mächten geworden. Durch keinen Wahlakt der Bürger dazu legitimiert, stand Adenauer plötzlich für alle sichtbar an einem herausragenden, machtpolitisch hochwertigen Platz. Erst jetzt wurde sein Name weit über die Grenzen des Rheinlandes hinaus allmählich ein Begriff für die Deutschen.

Adenauer war kein Staatstheoretiker und kein Wirtschaftsexperte. Er hielt sich bei den Bonner Beratungen weitgehend zurück, wenn es um Einzelformulierungen des Verfassungstextes ging. Die Bemerkung des Ratsmitgliedes Theodor Heuss jedoch, kein Komma des Grundgesetzes stamme vom späteren Bundeskanzler, gibt einen falschen Eindruck wieder. Adenauer war äußerst aktiv bei der Suche nach Kompromissen, er drängte die Fraktionen, zügig zu beraten, meinte, eine »schlechte Verfassung« sei »unendlich viel besser« als die Situation eines besetzten Deutschland ohne eigene Regierung.

Natürlich war das Grundgesetz für ihn keine Glaubensfrage, sondern er sah darin vor allem ein Instrument, auf dem es in der politischen Praxis so gut und trickreich wie möglich zu spielen galt. Was er denn bald sehr eigenwillig tat.

Weil Adenauer die Verfassung so nüchtern und pragmatisch verstand, kämpfte er in der eigenen Fraktion, aber auch in den Auseinandersetzungen mit der katholischen Amtshierarchie um die Annahme des Verfassungstextes, selbst wenn sich beispielsweise eine zentrale Forderung dieser Gruppierungen – das Elternrecht bei der Schulwahl – nicht hatte durchsetzen lassen. Am 7. Februar 1949 schrieb er in dieser Frage einen seiner beschwörenden Briefe an Kardinal Frings, der seine politische Auffassung in diesen Wochen sehr anschaulich widerspiegelt: »So intolerant ich die Stellungnahme der SPD und FDP finde, glaube ich doch, daß niemand es würde verantworten können, gegen das Grundgesetz ... in der vereinbarten Fassung ... zu stimmen. Eine politische Konsolidierung Westdeutschlands ist innen- und außenpolitisch sowohl vom deutschen als auch vom westeuropäischen Standpunkt aus gesehen, eine absolute Notwendigkeit. Diese Konsolidierung ist nicht möglich ohne Annahme dieses Grundgesetzes ...«

Adenauer war als Präsident des Parlamentarischen Rates keineswegs unumstritten. Mehrfach kam es zu heftigen Auseinandersetzungen mit den Sozialdemokraten – von den ständigen Attacken der während der Beratungen völlig destruktiven KPD-Delegierten einmal abgesehen –, die sogar in einem offiziellen Mißtrauensantrag gegen seine Amtsführung gipfelten. Berühmt wurde die »Frankfurter Affäre« vom Dezember 1948. SPD und FDP warfen Adenauer vor, bei einem Treffen mit den Militärgouverneuren als Verhandlungsführer des Rates seine Kompetenzen überschritten und für Auffassungen der Union geworben zu haben. Adenauer kümmerten solche Anschuldigungen – was immer daran gewesen sein mag – wenig. Er sprach von »Perfidie«, legte sein Verhalten vor dem Hauptausschuß dar, überstand ungefährdet einen von der KPD eingebrachten Antrag auf Abberufung und machte so weiter, wie er es für richtig hielt.

Die schwerste Krise des Parlamentarischen Rates brach in der Schlußphase aus. Die Besatzungsmächte wiesen den fertigen Grundgesetz-Entwurf zurück und verlangten eine stärkere Berücksichtigung des föderalistischen Prinzips in den Artikeln, die das Finanzwesen regelten. Während Adenauer geschmeidig nach einer Kompromißlösung suchte, wies die SPD jedes Einlenken auf die Wünsche der Militärgouverneure zurück und drohte mit der Ablehnung des Gesamtentwurfs. Als die Westmächte schließlich nachgaben, bedeutete dies für Adenauer eine schwere politische Schlappe. Die Sozialdemokraten hatten sich der Öffentlichkeit als die »besseren Deutschen« darstellen können.

Im Bundestagswahlkampf dann schlug Adenauer zurück. Die SPD, so behauptete er ohne irgendeinen Beweis dafür in der Hand zu haben, sei von der britischen Labour-Regierung über die kompromißbereite Haltung der Alliierten bereits vor deren Entscheidung informiert worden. Der Wahlkämpfer Adenauer, das sollten die kommenden Jahre noch sehr viel drastischer zeigen, hielt es in der Regel mit der »lauteren« Wahrheit, wenn es galt, den Gegner ins Zwielicht zu setzen.

Eine der letzten Entscheidungen des Parlamentarischen Rates zeigte ihn dann noch einmal als Meister des politischen Intrigenspiels. Die Wahl Bonns zur »provisorischen« Hauptstadt der neuen Republik wurde von Adenauer mit ziemlich unschönen Tricks, vielen Scheinargumenten und auch handfesten Unwahrheiten in die Wege geleitet und durchgesetzt. Frankfurt, die traditionsreiche, liberale Metropole am Main, war bis zum Wahltag am 10. Mai in der Favoritenrolle. Mit Recht, denn hier waren nicht nur bereits die Zonenverwaltungen zusammengezogen worden, sondern auch ihre Größe und zentrale Verkehrslage sprachen für die Stadt. Neben Frankfurt waren noch Stuttgart und Kassel im Gespräch.

Adenauer nutzte seine vielfältigen persönlichen Kontakte und seine starke innerparteiliche Position, um Frankfurt aus dem Feld zu schlagen. Belgischen Stellen schrieb er, der Plan, Truppen nach Bonn zu verlegen, vermindere die Hauptstadtchancen der Stadt, den Briten unterbreitete er seine außenpolitischen Westpläne, die mit der Hauptstadt Bonn gestärkt würden, und dem US-Botschafter in Berlin, Robert Murphy, deutete er geheimnisvolle französische Annexionspläne an, die zu diesem Zeitpunkt jenseits jeder politischen Realität lagen. In seinen Aufzeichnungen über dieses Gespräch heißt es: »Ganz vertraulich: in gewissen Kreisen Frankreichs denke man noch immer an eine besondere Regelung für das linke Rheinufer. Derartige Bestrebungen seien zur Aussichtslosigkeit verurteilt, wenn eine linksrheinische Stadt Sitz der Bundesregierung werde.«

Am Tag der Entscheidung war trotzdem ein Sieg Frankfurts ziemlich sicher, da nicht nur die SPD, sondern auch mehrere hessische CDU-Abgeordnete für die Stadt am Main votieren wollten. Da erschien Adenauer bei den Parteifreunden mit einer angeblich gerade verbreiteten Agenturmeldung, in der es hieß, die SPD feiere schon ihren Abstimmungssieg und denke darüber nach, wie er sich politisch gegen die Union ausschlachten lasse. Die Frankfurt-Befürworter in der CDU fühlten sich daraufhin zur Parteiloyalität verpflichtet und stimmten für Bonn. Im Vorfeld der Entscheidung hatten die Hessen ohnehin fahrlässigerweise kaum Lobbyisten-Arbeit für ihre Stadt betrieben, während die nordrhein-westfälische Regierung gemeinsam mit Adenauer monatelang hinter den Kulissen energisch und unter Einsatz hoher Geldmittel für Bonn Stimmung machte. Die Agenturmeldung aber, die schließlich über Frankfurts Niederlage entschied, hatte außer Adenauer sonst niemanden erreicht. Ein erfolgreicher, als Demokrat auch häufig sehr schäbig handelnder Politiker sollte da bald erster Mann im neuen Staat werden.

Im Zusammenhang mit der Hauptstadtdiskussion sei zudem daran erinnert, daß Adenauers Westkonzeption, entgegen allen öffentlichen Bekundungen über das »Provisorium« Bonn, aus seiner Sicht eine Rückkehr Berlins als Regierungsmetropole eines geeinten Deutschland ausschließen sollte. Schon am 8. April 1946 teilte er Parteifreunden kategorisch mit: »Ich habe Herrn Kaiser ausdrücklich erklärt, daß es für den Westen wie für den Süden Deutschlands ganz ausgeschlossen sei, daß nach einer Wiedererrichtung Deutschlands die politische Zentrale des neuen Deutschlands in Berlin ihren Sitz finde. Dabei sei es ganz gleichgültig, ob und von wem Berlin und der Osten besetzt sei.« Es waren nicht nur antipreußische Effekte, die ihn zu solchen Formulierungen hinrissen, sondern dahinter stand die Landkarte seines Deutschlands, und das endete für ihn realpolitisch an den Ufern der Elbe. Ob sich der Bundestag in der Hauptstadtfrage unter einem Kanzler Konrad Adenauer im Juni 1991 (da stimmten 337 Abgeordnete für Berlin und 320 für Bonn) mehrheitlich für die Stadt an der Spree entschieden hätte, ist nur schwer vorstellbar.

Am 23. Mai 1948, nachdem auch die strittigsten Probleme – die Stellung der Länderkammer, das Finanzwesen, das Elternrecht – geklärt waren, verkündete Konrad Adenauer in seiner Eigenschaft als Präsident das Grundgesetz. Alle Länderparlamente mit Ausnahme des bayerischen stimmten dem Gesetzeswerk zu. Der entscheidende Schritt zur Gründung des Weststaates war getan. Was jetzt noch blieb, war die Frage, wem die Macht im neuen Staat zufiel: dem konservativ-bürgerlichen Lager, in dem die Union mit Abstand die stärkste Kraft darstellte, oder der antikommunistischen, aber sich zu den Lehren des Marxismus bekennenden Partei des »Freiheitlichen Sozialismus«, den Sozialdemokraten.

Es blieben noch drei Monate. Während die Zonenverwaltungen in Frankfurt sich auf die Auflösung oder den

Umzug nach Bonn vorbereiteten, begann in den drei Westzonen die Wahlschlacht. Es wurde eine bittere, weitgehend polemische Auseinandersetzung zwischen der Union und den Sozialdemokraten. Adenauer hatte im Grunde das entscheidende Thema vorgegeben: die zukünftige Wirtschaftsordnung des neuen Staates. Hinzu kam ein von der CDU geschickt genutztes, durch Kurt Schumachers überzogene Formulierungen bald voll gegen die SPD schlagendes Kulturkampf-Thema: das Verhältnis von Kirche und Staat.

Die Westdeutschen lernten jetzt den Wahlkämpfer Adenauer kennen. Und auch hier gab es mehr Schatten als Licht. Sieht man seine Wahlauftritte allein unter dem Blickwinkel der Macht, dann war er auf diesem Feld ein recht begnadeter Politiker. Er wußte schon 1949 die Ängste der Menschen mit griffigen Formulierungen zu schüren (über die Sowjetunion: »Diese Macht ist ein Feind des Christentums, ein Feind Gottes; sie will das Christentum und den Gottesbegriff in den Menschen ertöten«), den Gegner mit rücksichtsloser Unterstellung zu diffamieren (über die SPD: »Als die SED gegründet wurde, sind von dem obersten sozialdemokratischen Parteigremium in Berlin, das aus 14 Leuten bestand, 12 zur SED übergegangen«), die eigene Rolle mit Halbwahrheiten darzustellen (über die Einheit: »Wir werden uns ... niemals damit abfinden können und abfinden dürfen, daß diese Zweiteilung Deutschlands besteht oder geduldet wird«). Er schreckte – und das unterschied ihn doch erheblich von den meisten anderen Wahlkämpfern der großen Parteien – auch vor den persönlichsten, auf die Psyche seiner Zuhörer genau abgestimmten Herabsetzungen des Gegners nicht zurück. Die berüchtigte Anspielung im Wahlkampf 1961 auf Willy Brandts uneheliche Geburt – »Herr Brandt alias Herr Frahm« – war kein Ausnahmefall. Adenauer hat die politische Kultur der Bundesrepublik von einer entscheidenden Position aus mitgeformt.

Zur Wahl für den ersten Bundestag standen 402 Mandate, um die sich sechzehn Parteien und 70 parteilose Kandidaten bewarben. Der Sieg der CDU war knapp, kam aber nicht so überraschend, wie es die bitter enttäuschte SPD empfand. Die sozialdemokratischen Hochburgen lagen einst im Osten Deutschlands, dessen Bürger nicht mitwählen durften; das alte Zentrum dagegen hatte 70 Prozent seiner Vorkriegswähler in Bayern und in den Rheinstaaten gehabt. Hinter der Union standen die katholische Amtskirche und die Industrie. Die schweren taktischen Fehler der Sozialdemokraten – sie verloren die Wahl an Rhein und Ruhr, wo die Auseinandersetzungen mit der Kirche für sie verheerende Folgen hatte –, das Fehlen eines klaren Programms und die sowjetische Berlin-Blockade, den Westdeutschen frisch in Erinnerung, trugen zur Niederlage bei.

Am Abend des 14. August 1949 lag die Union mit 424 109 Stimmen (31,0 Prozent) vor der SPD (29,1 Prozent). Die Wählerschaft hatte sich in drei große Blöcke aufgespaltet. Einer votierte für die Union, der zweite für die Sozialdemokraten und der dritte für die kleineren Parteien. Es gab nur zwei realistische Möglichkeiten für die Regierungsbildung: eine große Koalition zwischen CDU/CSU und SPD oder einen bürgerlichen Block aus Unions-Parteien, FDP und DP. Für Adenauer war die Entscheidung schon lange vor dem Wahlabend gefallen. Denn bereits in den Wochen vor der Wahl hatte er die Kontakte zu den Bündnispartnern im Parlamentarischen Rat intensiv gepflegt, vor allem die persönlichen Beziehungen zu dem blassen späteren FDP-Vorsitzenden und Vizekanzler Franz Blücher verstärkt. Adenauer wollte auch im Bundestag die Polarisierung der Parteienblöcke, eine bürgerliche Regierung und eine linke Opposition. Eine Koalition der Union mit den Freien Demokraten und der Deutschen Partei, die ganz in der Tradition der norddeutschen »Welfenpartei« stand und unter anderem neben der Bundesflagge auch das Schwarz-Weiß-Rot des Kaiserreichs als deutsche Farben forderte, reichte für eine Regierungsmehrheit in Bonn aus, da sie 208 der insgesamt 402 Sitze einnahm.

Adenauers Entscheidung für einen Bürgerblock sollte für die Bundesrepublik einschneidende Folgen haben. FDP und DP waren nationalliberale beziehungsweise rechtsbürgerliche Parteien. Die Union mußte ihren Partnern in den fünfziger Jahren in innenpolitischen Fragen starke Konzessionen machen, um Adenauers außenpolitischen Vorhaben im Bundestag eine Mehrheit zu sichern. Die »Ära Adenauer« erhielt durch diese Koalitionspolitik des Kanzlers trotz einer liberal-freiheitlichen Verfassung stark konservative, in vielen Bereichen »restaurative« Züge. Geistige Enge und eine weitgehend auf die linken Gruppierungen gezielte »innere Wehrhaftigkeit der Demokratie« schufen ein politisches Klima, dessen Anti-Kommunismus und Intellektuellen-Feindlichkeit gelegentlich hysterische Züge annahmen. Adenauer, der innerhalb des Bürgerblocks eine deutlich integrierende Position einnahm, trug dazu mit seinem scharfen Polarisierungskurs kräftig bei. Sein Abstieg nach dem triumphalen Wahlsieg von 1957 wurde nicht nur durch die ersten, allerdings noch sehr harmlosen wirtschaftlichen Krisenerscheinungen und die sich verändernde außenpolitische Situation beschleunigt, sondern auch durch die geistig-politische Erstarrung, die immer mehr, vor allem jüngere Bürger zu spüren begannen. Der Adenauer-Staat war ein demokratisches System geworden, in dem die großzügige Selbstsicherheit republikanischen Denkens keinen Platz hatte.

Es gehört sicher zu den großen Leistungen des Kanzlers, daß die rechten Splittergruppen in den Wahlen von 1953 und 1957, gefördert durch eine Änderung des Wahlrechts, von der Union aufgesogen wurden. Nur die FDP konnte, von heftigen Spaltungstendenzen begleitet, als eigenständige Kraft überleben. Aber der Preis, den CDU und CSU dafür zahlen mußten, ist unübersehbar. Die Partei der Mitte geriet unter wachsenden Einfluß neokonservativer Kräfte, rückte entschieden nach rechts.

Adenauers Ablehnung eines Bündnisses mit den Sozialdemokraten war taktisch und emotional begründet. Ein fast gleichwertiger Partner in der Regierung, gelenkt vom starken Führungswillen eines Kurt Schumacher, hätte seine Stellung als Kabinettschef entschieden geschwächt, seine Außen- und Wirtschaftspolitik wäre ohne Kompromisse nicht durchzusetzen gewesen. Schumacher ließ nach der Wahl aber keine Zweifel daran, daß eine Große Koalition von der SPD nicht bedingungslos zu haben war: »Die Haltung der Sozialdemokraten wäre in diesem Fall von der Annahme ihrer programmatischen Forderungen abhängig. Ohne die Erfüllung einer Reihe sozialökonomischer und sozialpolitischer Wünsche der Sozialdemokratie ist an eine Regierungsbeteiligung der SPD nicht zu denken.«

Hinzu kam, daß Adenauer ein ausgewiesener Gegner des Sozialismus war. Ideologische Sperren und anti-preußische Affekte überschnitten sich in dieser Frage bei ihm. »Von Bebel bis Schumacher hatte die deutsche Sozialdemokratie für viele Außenstehende das Gesicht einer ›preußischen‹ Partei, die dem Kölner Oberbürgermeister zudem noch im Preußen der Weimarer Republik als vorherrschende politische Kraft entgegentrat« (Hans-Peter Schwarz).

Adenauer mußte allerdings zunächst heftige Widerstände in der eigenen Partei überwinden, denn die »gewichtigsten Leute« (Franz Josef Strauß) in der Union traten für eine Große Koalition ein. Zumindest war die Meinung in der Partei gespalten. Adenauer setzte sich, wie so oft in seinem Leben, mit taktischen Schachzügen durch, die seine Kontrahenten nahezu hilflos erscheinen ließen.

Zwei Tage nach der Bundestagswahl erhielten die Landesverbände ein Schreiben, in dem sie angewiesen wurden, »nicht der kommenden Entscheidung der Fraktion von CDU/CSU irgendwo« vorzugreifen. Die allerdings hatte dann auch nichts zu melden, Ihr blieb vielmehr nach einem handstreichartigen Manöver Adenauers nur noch ein Vollzugsbeschluß.

Dem 73jährigen gelang der entscheidende Zug am 21. August bei einem von ihm glänzend inszenierten Treffen in seinem Rhöndorfer Haus. 25 Gäste, mit taktischem Hintersinn klug ausgesucht, waren zu einem Essen geladen. Der ansonsten sparsame Gastgeber ließ edle Weine reichen und ein ansehnliches Mahl auftragen, um in gelockerter Atmosphäre eine Stimmung zu schaffen, die sein geplantes politisches Überrumpelungsmanöver absichern sollte. Denn er lud wiederum Leute ein, die er ›umdrehen‹ mußte, aber nicht den harten Kern seiner Gegenspieler, sondern Unionspolitiker, von denen er wußte, daß es ihm leicht gelingen würde, sie auf seine Linie zu bringen, nach dem Motto: »Viele, aber schwache Gegner.« (Klaus Dreher)

Bei der Diskussion übernahm er dann, auch dies ganz im Stil, der für sein Vorgehen in solchen Situationen typisch war, als Gastgeber die Verhandlungsführung. Wohl nur zwei oder drei seiner Gäste wußten, daß Adenauer in diesen Stunden plante, das Kanzleramt zu erobern.

Nachdem er seine Argumente gegen eine Große Koalition vorgetragen hatte, erhob sich zaghafter Widerspruch, der vor allem vom engagiertesten Verbündeten des Gastgebers in der Koalitionsfrage, von Ludwig Erhard, zurückgewiesen wurde. Der Wähler habe für die Soziale Marktwirtschaft gestimmt, erklärte der spätere Wirtschaftsminister, und die könne mit der SPD nicht verwirklicht werden. Auch wenn es zum Teil sehr unterschiedliche Darstellungen des Gesprächsverlaufs beim Rhöndorfer Treffen gibt – Adenauer setzte sich schon beim ersten Teil der Debatte, bei der Koalitionsfrage, ganz offensichtlich voll durch.

Der zweite Teil dann geriet zur Komödie. Ihr Regisseur hat sie in seinen »Erinnerungen« mit unnachahmlicher Ironie geschildert, den Triumph von damals noch sichtlich genießend: »Ich schnitt dann die Frage der Besetzung der Ämter des Bundespräsidenten und des Bundeskanzlers an. Ich war überrascht, als einer der Anwesenden meine Ausführungen unterbrach und sagte, daß er mich als Bundeskanzler vorschlage. Ich sah mir die Gesichter an und meinte dann: ›Wenn die Anwesenden alle dieser Meinung sind, nehme ich an. Ich habe mit Professor Martini, meinem Arzt, gesprochen, ob ich in meinem Alter dieses Amt wenigstens noch für ein Jahr übernehmen könne. Professor Martini hat keine Bedenken. Er meint, auch für zwei Jahre könne ich das Amt ausführen.‹ Keiner erhob Widerspruch. Damit war die Sache besprochen.«

Adenauer schlug dann als Bundespräsidenten den FDP-Vorsitzenden Theodor Heuss vor. In seinen »Erinnerungen« überzieht er auch hier seine damaligen Gäste mit beißendem Spott: »Jemand brachte als Argument gegen Professor Heuss vor, es sei bekannt, daß er nicht gerade kirchenfreundlich sei. Ich erwiderte diesem Herrn: ›Er hat eine sehr christliche Frau, das genügt.‹«

Ein Drittel der Wähler hatte sich am 14. August für die Union entschieden, 25 Politiker waren in Rhöndorf anwesend: Für Adenauer reichte diese Mehrheit zur Eroberung der Macht in Bonn. Denn wie immer er sich selbst dazu öffentlich geäußert hat (»Und mich hat man auch dazu bekommen, daß ich Kanzler werde«), es war ein genau kalkuliertes politisches Unternehmen, meisterhaft geplant und verwirklicht. Adenauer wollte die Kanzlerschaft, und er hat systematisch auf dieses Ziel hingearbeitet. Einen ernstzunehmenden Konkurrenten in der Union besaß er zu diesem Zeitpunkt ohnehin nicht mehr. Er war inzwischen der mächtigste Mann seiner Partei, neben dem es keine vergleichbare Persönlichkeit zu entdecken gab. Raum zur Entfaltung ließ er neben sich ohnehin keinem seiner Parteifreunde. Am 15. September 1949 wählte der Bundestag den ersten Bundeskanzler der neuen Republik. Auf den Kandidaten des Bürgerblocks entfielen 202 Stimmen. Mit einer Stimme hatte er die erforderliche Mehrheit der Abgeordneten erreicht. Es war seine eigene. »Später fragte man mich«, heißt es in den »Erinnerungen«, »ob ich mich selbst gewählt hätte. Ich antwortete: ›Selbstverständlich, etwas anderes wäre mir doch als Heuchelei vorgekommen.‹«

Kapitel 4
Innenansichten einer Republik

Als am 7. und 8. Mai 1945 in Reims und in Berlin-Karlshorst die militärisch-politische Führung des Dritten Reiches kapitulierte, waren zwar das Heer geschlagen, das Land besetzt und die Deutschen politisch entmündigt, aber es gab weder die so viel zitierte »Stunde Null«, noch tauchte aus den Trümmerlandschaften der Städte und aus den Lagern der Alliierten etwa der »neue Mensch« auf. Die fanatischen Anhänger Hitlers, die riesige Zahl der Mitläufer und Opportunisten, die die nationalsozialistische Herrschaft und ihre Kriegspolitik – zumindest in den Tagen der »Blitzkrieg«-Siege – umjubelt und damit überhaupt erst ermöglicht hatten, waren nicht über Nacht zu aktiven Bilderbuchdemokraten geworden. Wenn sie an die politische Zukunft dachten, dann geschah dies vor allem in Formen des Abwendens von einem Staat, der nahezu alle Lebensäußerungen totalitär erfaßte. Die »Ohne-mich«-Haltung wurde zur politischen Grundstimmung derer, die davongekommen waren, das Streben nach privatem Glück zu einem herausstechenden Charakteristikum der Gesellschaft in der Bonner Republik.

Die Verfassung, die sie sich vor der Gründung des neuen Staates geschaffen hatte, war die freiheitlichste politische Grundordnung in der Geschichte der Deutschen. Ihre fundamentalen Prinzipien entstanden aus einer doppelten Abwehrhaltung. In den Grundrechten werden radikale Konsequenzen aus der Schutz- und Rechtlosigkeit gezogen, von der das Individuum in Hitlers totalitärem System heimgesucht worden war. Die Ordnung für die Staatsorgane und die Verwaltung, die Rechtsprechung und das Finanzwesen knüpft zwar an die Weimarer Verfassung an, betont aber auch deutlich den Willen, jene konstitutionellen Schwächen zu korrigieren, die mit zum Untergang der ersten Republik beigetragen hatten. Die Anerkennung liberaler, demokratischer Grundsätze westlicher Verfassungs- und Staatstheorien »als verbindlicher Maßstab für Verfassung und politisches Leben war und wurde zum Signum der Bundesrepublik« (Anselm Doering-Manteuffel).

Es gab in den fünfziger Jahren nicht nur das von der Welt so bestaunte ökonomische Wunder im deutschen Weststaat, sondern auch ein politisches. Die Gesellschaft in der Bundesrepublik bewies nämlich sehr bald eine demokratische Stabilität, die ihr angesichts der letzten hundert Jahre deutscher Geschichte mancher Nachbar und zumindest auch die Skeptiker im eigenen Land kaum zugetraut hatten. Allen unübersehbaren Kontinuitäten, allen Restaurations-Tendenzen zum Trotz, widerstanden die Westdeutschen den radikalen Verlockungen, die die Unbelehrbaren am rechten und linken Rand des Parteienspektrums unter Nutzung des wohlbekannten Vokabulars der Vergangenheit wieder in Umlauf zu bringen versuchten. Entscheidend in diesem Zusammenhang ist sicher, daß die alte preußische Oberschicht – die Junker und Militärs – nach der Niederlage materiell und politisch entmachtet war. Bonn wurde nicht Weimar, das junge politische System nicht wie einst zum Spielball der für Parlamentsentscheidungen ausschlaggebenden Splittergruppierungen an den Rändern der Parteienlandschaft. Die Herrschaft der großen »Volksparteien« wurde zum politischen Markenzeichen des Bonner Staates.

Aus den verlorenen Gebieten im Osten strömten, häufig unter schrecklichen Bedingungen, Millionen Menschen in den Westen. Die Heimatvertriebenen waren zunächst eine ungeheure Belastung für das westliche Nachkriegsdeutschland. Aber sie hatten bald auch erheblichen Anteil an sichtbaren Veränderungen in der Gesellschaft. In zahlreichen ländlichen Gebieten sorgten die Neubürger dafür, die oft seit Generationen erstarrten konfessionell und sippenmäßig geschlossenen Verbände aufzubrechen. Da sie in der Regel ihren gesamten Besitz verloren hatten, wurden die Heimatvertriebenen, unabhängig von ihrem früheren gesellschaftlichen und sozialen Status, zur »klassenlosen« Gruppe, was ebenfalls nicht ohne Einfluß auf die gesellschaftliche Struktur der neuen Republik blieb. Als in den fünfziger Jahren dann die prosperierende Wirtschaft auf einen enger werdenden Arbeitsmarkt stieß, war das Millionenheer der Flüchtlinge eine hochwillkommene Arbeitsreserve, die nun genutzt werden konnte. Da sie »heimatlos« geworden waren, trugen sie auch zu einem besonderen Merkmal der Bundesrepublik bei, zur schnellen Herausbildung einer mobilen Gesellschaft.

Der Weg der Deutschen von Bismarck bis Hitler verlief innerhalb nationaler, sehr bald nationalistischer Begrenzungen. Die »verspätete Nation« litt unter Komplexen, die schließlich in übersteigerte, gewalttätige Ausbrüche einmündeten. Die deutschen Eliten, die das Reich in die Katastrophe von 1914 geführt hatten, verachteten die erste Republik, bekämpften sie mit tödlichem Haß. Mit »Dolchstoß«-Lügen verleugneten sie die eigene Verantwortung, die demokratischen Kräfte diffamierten sie als »Vaterlandsverräter« oder »Verzichtspolitiker«. Am Ende des zweiten Kriegsinfernos, das sie angezettelt hatten, war das Reich untergegangen, das Land zerstückelt. Der Nationalismus, so lange mißbraucht und zur Erhaltung überkommener Herrschaftsstrukturen ausgebeutet, geriet in Verruf. Die Westdeutschen, angesichts der unfaßbaren Verbrechen, die sich nun vor aller Welt offenbarten, ohnehin in eine moralisch-politische Identitätskrise gestürzt, suchten Halt in einer neuen Vision: Das Europa ohne nationale Grenzen sollte sie vom Makel des Außenseitertums befreien, sie zurückkehren lassen in die Gemeinschaft der Völker, die Deutschen westlich und östlich der Elbe wieder zusammenführen. Die Europa-Idee wurde zu einer politischen Klammer der westdeutschen Gesellschaft.

Als die Deutschen 1949 ihren Teilstaat am Rhein gründeten, lagen nicht nur vier Jahre der bitteren Not hinter ihnen, zu diesem Zeitpunkt war vielmehr auch bereits der Versuch gescheitert, eine innere Reinigung zu erreichen. Der »Entnazifizierungs-Kampagne« der Alliierten und dann der deutschen Spruchkammern mußte der Erfolg weitgehend versagt bleiben. Mit Millionen Fragebögen ließen sich die politischen Verstrickungen des einzelnen in einem totalitären Staat allenfalls in Ansätzen sichtbar machen. Wer überhaupt außer den Emigranten und den Lagerinsassen, die überlebten, konnte sich nach 1945 vom Zwang zum permanenten »strukturellen Opportunismus« (Hans Buchheim) in den Nazijahren freisprechen? »Wir sind alle schmutzig geworden«, sagte Theodor Heuss 1946. Ganz zu schweigen von jenen, die dem Terror aktiv die Hand gereicht, die am millionenfachen Mord in den Gaskammern, auf den Richtplätzen der Konzentrationslager oder in den Fabriken, in denen Zwangsarbeiter eingesetzt wurden, mitgewirkt und verdient hatten.

Die Wendigen hatten schon bald ihre »Persilscheine« in den Akten, überschlugen sich in demokratischen Bekundungen, stammelten etwas von heimlichem Widerstand und innerer Emigration. Es waren nicht sehr oft die kleinen Mitläufer, sondern die »größeren Fische«, die im

Strom der Entnazifizierungs-Verfahren durchschlüpften, um schon sehr bald wieder an ihren angestammten Arbeitsplatz zurückzukehren. Aber mit wem sonst sollten die Gerichte und Verwaltungen, die Lehrerstellen und Lehrstühle, die Polizeiführungen und Generalstäbe, die Zeitungsredaktionen und Managerpositionen besetzt werden? Es waren zu viele schuldig geworden, es gab zu wenige Entlastete, um den neuen Staat allein mit ihnen aufbauen zu können.

Die gutgemeinte, bürokratisch mangelhaft organisierte Durchleuchtung von Millionen Lebenswegen kam zu früh, und dann war es zu spät. In den allerersten Nachkriegsjahren waren selbst viele Ernüchterte noch nicht bereit, sich die ganze fürchterliche Konsequenz der Hitler-Herrschaft einzugestehen, sich vom verführerischen Gift der »Volksgemeinschaft« zu befreien, dem verhängnisvollen Irrtum abzuschwören, das »alles habe der Führer und die Mehrheit der Deutschen nicht gewußt und gewollt«.

Die westdeutsche Gesellschaft wurde bald geprägt von einer Solidarität des Schweigens. Sie breitete sich aus in den Elternhäusern und Schulen, in den Hörsälen und auf mancher Kirchenkanzel, auf Parteitagen und Vertriebenenversammlungen, auf Veteranentreffen und in der Bundeswehr. Alexander und Margarete Mitscherlich nannten es in den sechziger Jahren die »Unfähigkeit zu trauern«.

Die demokratische Verfassung und der neue Teilstaat sind nicht durch einen freien politischen Akt der Deutschen entstanden. Die Bundesrepublik wurde nicht auf den Barrikaden erkämpft wie die Paulskirchenversammlung von 1848, nicht durch siegreiche Kriege und eine »Revolution von oben« geformt wie das Reich von 1871, nicht durch eine vom Volk gewählte Nationalversammlung gegründet wie die Republik von Weimar. Der Weststaat und seine politische Ordnung waren die Folge einer Niederlage und wurden geschaffen auf Befehl der Sieger. Die Westdeutschen haben das demokratische System sehr bald akzeptiert und angenommen, aber ein staatliches Selbstbewußtsein, eine innere Identifikation mit dem, was sich jetzt »Bundesrepublik Deutschland« nannte, ließ noch geraume Weile auf sich warten.

Auch wohl deshalb, weil am Anfang der Geschichte der zweiten Republik eine große, von der neuen Führung massiv geförderte Illusion stand. Denn es sollte, so schworen (fast) alle, nur ein »Provisorium« sein, was da als neuer Staat entstanden war. Die Hauptstadt ebenso wie das Grundgesetz, das – wie es ausdrücklich in seiner Präambel heißt – »dem staatlichen Leben für eine Übergangszeit eine neue Ordnung« gab. Das »Reich in den Grenzen von 1937« – also den »guten« Hitler noch miteinbeziehend –, es war im Mai 1945 nach dem Willen der Mehrheit in den deutschen Parlamenten nicht untergegangen, sollte durch einen »Friedensvertrag« der Siegermächte wieder, möglicherweise mit kleineren Korrekturen, zusammengefügt werden. Nicht nur die sowjetisch besetzte Zone, sondern auch Pommern, Schlesien und Ostpreußen gehörten den Westdeutschen. So ließ man es sie jedenfalls lange glauben.

Diese Illusion, vielleicht noch in den allerersten Jahren von denen, die sie erzeugten, wirklich ernst genommen, sollte Politik und Denken in der Bundesrepublik bis über die »Adenauer-Ära« hinaus tiefgreifend formen. Erst in der zweiten Hälfte der sechziger Jahre dämmerte es mehr und mehr Westdeutschen, daß die politische Wirklichkeit längst über die juristische Formelakrobatik in den Bonner Regierungsstuben hinausgeschritten war, sammelte sich eine Wählermehrheit für eine Koalition, die den Mut besaß, neue Wege in der »Ostpolitik« einzuschlagen. Wie tief sich aber das »Deutsche Reich in den Grenzen von 1937« in den Gehirnen der Adenauer-

Anhänger eingebrannt hatte, zeigten dann noch einmal die leidenschaftlichen Debatten über die Ostverträge der Regierung Brandt/Scheel, die die Union vehement ablehnte.

Neben den deutschlandpolitischen Illusionen hat auch das Nebeneinander zweier ideologisch verfeindeter deutscher Staaten die westdeutsche Gesellschaft in den fünfziger Jahren weit über das normale Maß politischen Streits hinaus bestimmt. Die Westdeutschen, die bereit waren, Frankreichs Sicherheitsängste zu akzeptieren und in ihrer Politik zu berücksichtigen, verweigerten der Sowjetunion und Polen lange eine solche Haltung. Diesen Ländern gegenüber lehnten sie es ab, die ungeheuren Opfer anzuerkennen, die der von Hitler ausgelöste Krieg von ihnen gefordert hatte, und verdrängten damit erfolgreich auch einen Teil ihrer eigenen Vergangenheit.

Der Antikommunismus wurde so zur alles andere überdeckenden Ideologie des Adenauer-Staates. Sie griff von der Deutschland- auf die Außenpolitik über, diente der Bundesregierung und den Unternehmerverbänden als Waffe bei ihren Auseinandersetzungen mit der parlamentarischen Opposition und den Gewerkschaften.

Wer in der Bundesrepublik die Regierung kritisierte, war rasch als Kommunist abgestempelt. Das galt für die Warner einer Wiederbewaffnung in der von Adenauer geplanten Form ebenso wie für diejenigen, die die Weigerung jeder ernsthaften Prüfung sowjetischer Vorschläge zur Deutschlandpolitik als folgereichen Fehler brandmarkten. Auch wer das Beharren auf der Nichtanerkennung der Oder-Neiße-Linie als polnischer Westgrenze kritisierte, rückte rasch in die Nähe des Vaterlandsverräters. Alle diese Stimmen sahen durch die Bonner Politik die angeblich angestrebte Einheit in immer größere Ferne rücken, und genau das irritierte den Kanzler. Nur fünf Jahre nach der Befreiung der wenigen Überlebenden von Auschwitz formulierte er auf dem CDU-Parteitag in

Goslar die unglaublichen Sätze: »Ich wollte, die Bewohner der Ostzonen-Republik könnten einmal offen schildern, wie es bei ihnen aussieht. Unsere Leute würden hören, daß der Druck, den der Nationalsozialismus durch Gestapo, durch Konzentrationslager, durch Verurteilung ausgeübt hat, mäßig war gegenüber dem, was jetzt in der Ostzone geschieht.« So wurden es denn auch die Jahre, in denen die Westdeutschen es versäumten, sich mit dem furchtbarsten Kapitel ihrer Geschichte auseinanderzusetzen.

Der neue Staat blieb 14 Jahre lang so etwas wie eine Republik in Wartestellung. Auf stabile verfassungsrechtliche Fundamente gestellt, fehlte ihm in vielen Entscheidungen und politischen Reaktionen der republikanische Geist dieses Grundgesetzes. Regiert wurde er von einer Generation, deren politisches Weltbild sich häufig bereits im wilhelminischen Obrigkeitsstaat und in den »grauen« Weimarer Jahren entscheidend geformt hatte, die schon dem Hitler-Staat vielfach als Richter und Staatsanwälte, als Verwaltungsfachleute und Industriemanager, als Lehrer und Offiziere so brav und zuverlässig gedient hatte, wie sie es eben jetzt für die Demokratie und ihre »freiheitliche Grundordnung« tat.

Die Stimme der engagierten Vertreter der christlichen Soziallehre wurde im Laufe der Jahre immer leiser; die Gewerkschaften zogen sich nach den schweren Niederlagen in den Sozialisierungs- und Mitbestimmungsdebatten fast vollständig auf die Lohn- und Tarifpolitik zurück; die oppositionelle SPD verfiel – bis zum endgültigen innerparteilichen Aufstieg Herbert Wehners – nach Schumachers Tod zu einer Partei des Apparates, ohne Macht- und Reformwillen; die jüngeren Intellektuellen gingen zu einem Staat, dessen Außenminister die Aufführung der Stücke von Bert Brecht öffentlich kritisierte, auf Distanz. Es waren eben die großen Jahre der Konjunkturritter und Konzernherren, der Verbandspräsidenten und sonstigen Lobbyisten, die in Bonn auf so offene Türen stießen. Ein bißchen sehr neureich gelegentlich und nicht immer mit Stil.

Überragt wurde die erste Phase der zweiten deutschen Republik von dem wirtschaftlichen Erfolg, der sie vielleicht vor schlimmen politischen Zerreißproben bewahrt hat. Obwohl auch hier die Verklärung später manche Legende schuf. So erhielt ein westdeutscher Industriearbeiter im Jahr 1960 einen monatlichen Bruttolohn von durchschnittlich 529 DM. Aber die Westdeutschen hatten wieder Arbeit, ein Dach über dem Kopf, und bei vielen stand bereits das Auto vor der Haustür. Und sieben Millionen Flüchtlinge waren sozial und politisch in die Gesellschaft eingegliedert. Besonders dies zählte zu den ganz großen Leistungen der Adenauer-Jahre. Die »goldenen Fünfziger« fanden jedoch nicht in den Familien der Arbeiter oder der kleinen und mittleren Angestellten statt.

Bewahrt vor dem Abgleiten in vordemokratische Strukturen hat die Republik mancher Spruch der Karlsruher Verfassungsrichter, das engagierte Eintreten von Parlamentariern für die Einhaltung der rechtsstaatlichen Grundsätze der Verfassung, die Unabhängigkeit von Journalisten und Verlegern, die die Regierungspolitik häufig mit beißender, aber sich zum neuen Staat bekennender Kritik begleiteten.

Die Bundesrepublik entwickelte sich in den ersten vierzehn Jahren ihrer Geschichte zu einer »Kanzlerdemokratie«. Der erste Regierungschef errang in dem neuen Staat eine für den Parlamentarismus deprimierende Machtposition. Die Gründe dafür sind vielfältig. Da gab es zunächst die einmalige Situation, die Adenauer bei seinem Regierungsantritt vorfand. Denn in der Gründungsphase konnte der Kanzler, von keiner Tradition eingeengt, die

Grenzen der Machtfülle der verschiedenen Verfassungsorgane im Staat extensiv erproben. Aber nicht weniger bedeutend für seine bald herausragende Stellung waren zweifellos Adenauers Persönlichkeit, sein politischer Stil, sein unbedingter Machtwille, der ihn auch viele menschliche und politisch-moralische Hindernisse beiseite schieben ließ, vor denen skrupelhaftere Zeitgenossen zurückschreckten.

Adenauers übermächtige Rolle – und nicht nur die sichtbaren Erfolge seiner Wirtschafts- und Außenpolitik – erstickte allmählich die Zweifel und brach die Widerstände gegen seine »Alleinherrschaft«. Die eigene Fraktion, die Parteigremien in der Union und schließlich sogar zeitweise die parlamentarische Opposition kapitulierten vor dem Durchsetzungswillen, der taktischen Cleverness dieses Mannes. Sie ließen bald vieles laufen, pochten immer weniger auf Mitsprache und Information, die ihnen die Parteistatuten oder das Grundgesetz einräumten. Da spielte sicher menschliche Schwäche eine Rolle, denn wie in der Zeit des Parteiaufbaus fand Adenauer auch als Kanzler lange keinen gleichwertigen Gegenspieler. Als er ihm dann erwuchs, Herbert Wehner ins Zentrum des politischen Kräftefeldes der Bonner Machtszene rückte, sollte sich zeigen, daß das »politische Urgestein« (Wehner) keineswegs unüberwindbar war. Erst der neue starke Mann der SPD, nicht weniger hart und skrupellos, nicht weniger pragmatisch und taktisch begabt, erwies sich als der mächtige Gegner, der entscheidende Beiträge zum Ende der »Ära Adenauer« und zum Zusammenbruch des Regierungsmonopols der Union beitragen konnte.

Für die junge westdeutsche Demokratie wurde jedoch die autoritäre Führung der Staatsgeschäfte zu einer Hypothek, die erst in den siebziger Jahren – mit manchen Übertreibungen – allmählich abgetragen werden konnte. Die großen politischen Entscheidungen, die den Weg der

Bundesrepublik für Jahrzehnte zementierten, wurden zwar alle vier Jahre von den Wählern sozusagen pauschal beurteilt – zunächst eindeutig zu Adenauers Gunsten –, aber daß sie aus einer breiten, demokratischen Diskussion emporgewachsen wären, läßt sich wohl nur schwer belegen. Die Entscheidungen des Kanzlers waren in der Regel längst gefallen, wenn die Vertreter des Volkes ihre Beratungen aufnahmen. Nicht nur viele Bürger wurden in diesen Jahren in ihrer apolitischen Haltung bestätigt, auch im Parlament wuchs nicht gerade eine Fülle von politischen Talenten heran.

Der Ausbruch der jungen Generation Ende der sechziger Jahre hatte zweifellos auch etwas mit den verkrusteten, autoritären Strukturen zu tun, die die Institutionen des Staates – ihre Schulen und Hochschulen, ihre Behörden und Ämter – mehr und mehr kennzeichneten. »Keine Experimente«, dieser erfolgreiche Wahlspruch der Union sagte sehr viel über die Sehnsucht der Bürger nach Sicherheit und Geborgenheit aus, aber auch über die Erstarrungen eines gesellschaftlichen Systems, in dem praktizierte Demokratie zu formalen Ritualen heruntergekommen war. Aber genau das entsprach dem demokratischen Selbstverständnis des Kanzlers dieser Republik.

So präzise vorbereitet und zielstrebig, wie Adenauer den Weg zur Macht gegangen war, begann er sie nun auszufüllen und zu festigen. Er war, manche Briefstelle deutet dies an, in den Wochen vor der Bundestagswahl bereits von einem Sieg der Union und damit von seiner Chance, die Regierungsgeschäfte in Bonn zu leiten, überzeugt. Entsprechend bereitete er sich auf die Übernahme des Kanzleramtes schon recht früh vor. Er verhinderte manche Stellenbesetzung, die bereits vor der Wahl erfolgen sollte, um später völlig freie Hand zu haben. Er legte die von den Länderchefs ausgearbeiteten organisatorischen und personellen Vorschläge für die künftige Regierungsarbeit ungelesen zur Seite, ließ keine Zweifel aufkommen, wer künftig die »Richtlinien« der Politik bestimmen würde. Zudem kannte er natürlich die Mechanismen des politischen Machtspiels zu gut, um nicht zu wissen, daß Personalfragen auch immer Machtfragen sind.

Der Kanzler brauchte keine originellen politischen Denker oder eigenwilligen, ausgeprägten Persönlichkeiten in seiner engeren Umgebung. Er suchte sich »Gehilfen«, Menschen, deren Begabung im Organisatorischen lagen, die das Geschäft des Verwaltens perfekt beherrschten, die ihm absolut loyal ergeben waren, ohne Loyalität von ihm zu fordern. Er suchte und fand Mitarbeiter, deren persönliche Ambitionen im stillen und internen Bereich der Politik befriedigt wurden, im Gefühl, durch ihre Stellung der Macht nahe zu sein, aber ohne den Ehrgeiz, sie für sich selbst erobern zu wollen.

In Hans Globke, später Staatssekretär im Kanzleramt, fand er einen solchen, für ihn idealen »Gehilfen«. Als glänzender Jurist und begabter Verwaltungsmann dirigierte er 14 Jahre lang die Machtzentrale im Palais Schaumburg, wurde schließlich zum unentbehrlichen, fast täglichen Gesprächspartner des Kanzlers. Globke baute für Adenauer in den Ministerien und in den Nachrichtendiensten, in manchen Zeitungsredaktionen und Verbänden ein weitmaschiges Informationsnetz auf, das dem Kanzler bald einen genauen Überblick über die politischen Kräfteverhältnisse und Strömungen gab, ihn zum wohl bestinformierten Mann in Bonn machte. Da er durch diesen Nachrichtenstrom häufig früher und genauer Kenntnis über Vorgänge in den verschiedenen Ministerien besaß, gelang es ihm, immer wieder bis in Details hinein Einfluß auf die Entscheidungen der einzelnen Ressorts zu nehmen, ihnen in strittigen Fragen mit geschickten Schachzügen zuvorzukommen, die Gegner der eigenen Pläne schon im Vorfeld von Kabinettsbeschlüssen ins Visier zu nehmen.

Es störte Adenauer offensichtlich nicht, daß sein engster Mitarbeiter im Dritten Reich einer der juristischen Kommentatoren der Nürnberger Rassengesetze gewesen war. Er hielt an ihm fest, obwohl die Angriffe auf Globkes Haltung im Hitler-Staat immer wieder aufflammten, seine Stellung im inneren Zirkel des Bonner Machtzentrums im In- und Ausland vielfach auf Empörung und Unverständnis stieß. Adenauer, auch in Personalfragen meist ein bedenkenloser Pragmatiker, berührte es nicht, welche Wirkung die herausragende Position Globkes im Staat auf Menschen haben mußte, die nicht so schnell wie er über die Ereignisse der Vergangenheit hinweggehen konnten. Der Hinweis der Adenauer-Biographen, Globke sei doch im Dritten Reich »ein Mann des inneren Widerstandes« gewesen, entlastet den Kanzler in dieser Frage ebensowenig, wie die zum Teil mit gefälschtem Material arbeitende Diffamierungskampagne Ostberlins. Es bleibt ein Skandal der bundesrepublikanischen Frühgeschichte, daß einer der theoretischen Erfüllungsgehilfen des Nazi-Rassismus eine führende Position in Bonn einnehmen konnte. Die dunklen Punkte in seinem politischen Leben machen Hans Globke allerdings nur noch abhängiger vom Wohlwollen seines Dienstherrn.

In der Außenpolitik war es Herbert Blankenhorn, der zum wichtigsten Zuarbeiter und Erfüllungsgehilfen Adenauers wurde. Die Jahre im Kanzleramt zeigten ihn als willfährigen, sich den Launen und Eigenarten seines Chefs anpassenden Mitarbeiter. Seine privaten Aufzeichnungen berichten von den psychischen Leiden eines Mannes, der den Dunstkreis der Macht nicht missen kann. Blankenhorn wurde später Botschafter in Paris und bei der Nato in Brüssel.

Otto Lenz blieb bis zu seinem »Sturz« 1953 Adenauers erfolgreicher Chefpropagandist im Kanzleramt. An den Wahlsiegen der CDU und ihres Vorsitzenden trug er einen hohen Anteil. Ein selbstständig denkender und auch zum Widerspruch neigender Mann. Adenauer ließ ihn 1953 schnöde fallen, als er zu erkennnen glaubte, sein Untergebener habe sich in einer Entscheidung gegen ihn gestellt. Dankbarkeit war Adenauers Sache selten gewesen.

Der Aufbau und die Organisation des Kanzleramtes gaben Adenauer ein entscheidendes Instrument in die Hand, mit dem er die Bonner Politik beherrschen konnte. Die Referenten im Palais Schaumburg regierten nach den Weisungen des Chefs massiv in die einzelnen Ministerien hinein, das Kanzleramt wurde zum eigentlichen politischen Entscheidungszentrum der Republik. »Tatsächlich funktionierte die Regierung Adenauers, der keine Rivalen im Kabinett duldete, im wesentlichen durch den Vorrang des ihm unterstellten Bundeskanzleramts vor der Kollegialentscheidung des Kabinetts.« (Karl-Dietrich Bracher)

Erheblich verstärkt wurde die Position Adenauers zusätzlich durch das Besatzungsstatut, das am 21. September 1949 in Kraft getreten war. Die Bundesregierung durfte danach keine eigenständige Außenpolitik betreiben, die unter der Regie der Hohen Kommissare blieb. Die auswärtigen Angelegenheiten wurden deshalb nicht einem eigenen Ressort zugeordnet, sondern an das Kanzleramt angegliedert. Wieder war Adenauer in den kommenden Jahren der entscheidende Ansprechpartner der ehemaligen Besatzungsmächte. 1951 übernahm er dann, machtpolitisch sehr folgerichtig, das damals gebildete Außenressort in Personalunion mit dem Kanzleramt. So blieb es, bis Heinrich von Brentano von 1955 an die Außenpolitik offiziell leitete. Allerdings ließ sich Adenauer auch dann nicht die Federführung im diplomatischen Poker mit der Welt aus der Hand nehmen.

Als der Kanzler die Wiederbewaffnung ins Auge faßte – das war bereits unmittelbar nach der ersten Bundestagswahl –, wurde das »Kontaktbüro Schwerin« ebenfalls im Palais Schaumburg untergebracht. Der ehemalige Panzergeneral in Hitlers Armee, Graf Schwerin, sollte die Aufbaupläne für eine neue deutsche Wehrmacht ausarbeiten. Natürlich in aller Heimlichkeit. Die Aufrüstung erfolgte dann über in das Amt Blank, das zunächst als Dienststelle dem Kanzleramt unterstand.

Adenauer war also in den ersten wichtigen Jahren der Bundesrepublik nicht nur Kanzler, sondern praktisch auch Außen- und Verteidigungsminister. Allein durch diese Dreifachfunktion nahm er im Kabinett automatisch eine überragende Stellung ein, konnte in den Grundfragen der Westintegration und der Wiederbewaffnung im Alleingang planen, verhandeln und bestimmen.

Gestützt wurde er schließlich auch durch die neue Verfassung, die die Position des Kanzlers – im Gegensatz zu den Weimarer Bestimmungen – gegenüber dem Präsidenten und dem Parlament außerordentlich gestärkt hat. Der Regierungschef bestimmt nicht nur die »Richtlinien der Politik« (Artikel 65), sondern er schlägt auch die Minister vor (Artikel 64), und er kann nur gestürzt werden, wenn das Parlament ihm durch die Wahl eines Nachfolgers das Mißtrauen ausspricht (Artikel 67). Schwebte der Weimarer Reichskanzler mehr oder weniger hilflos zwischen der Gunst des Staatsoberhauptes, das ihn entlassen konnte, und instabilen Parlamentsmehrheiten, die seinen Sturz ohne Neuwahl seines Nachfolgers durchsetzen konnten, so sitzt der bundesrepublikanische Regierungschef auf einem sehr viel stabileren Stuhl.

Entsprechend der Stärke seiner Position behandelte Adenauer auch das Kabinett. Die Minister hielt er für schnell austauschbar, weswegen er die Beziehungen zu ihren Staatssekretären häufig sehr viel intensiver pflegte. Die Kabinettskollegen waren Schachfiguren in des Kanzlers Koalitions- und Proporzgeschäften, sie wurden geopfert oder abgeschoben, und beides hatte selten etwas mit ihrer Leistung zu tun. So wenig wie das Parlament oder die eigene Partei informierte er seine Minister über viele wichtige Vorhaben und Entscheidungen. Wenn sie Auskunft erbaten, blieb er meist im Allgemeinen, sagte nur Halbwahrheiten oder verwies auf die Notwendigkeit der Geheimhaltung. Zumindest gegenüber Regierungsmitgliedern eine recht merkwürdige Begründung.

Adenauer ließ die Ressortchefs solange frei arbeiten, wie sie sich an die vorgegebenen Grundlinien hielten, die Außenpolitik blieb ohnehin seine Domäne. Er versprach in Kabinettsitzungen vieles (und nicht nur dort), um es dann häufig schnell wieder zu vergessen. Das galt sowohl für personelle Zusagen als auch in Sachfragen.

Gewehrt hat sich in der Kabinettsrunde gegen diesen autoritären, »herrischen« und vordemokratischen Führungsstil der eine oder andere Minister, häufig aber kam das nicht vor. Innenminister Gustav Heinemann trat während der Diskussion um die Wiederbewaffnung zurück, weil er in der Sache anderer Meinung als der Kanzler war, aber auch weil ihn die Informationspolitik Adenauers gegenüber der Ministerrunde tief empörte. Später schrieb er über die Art und Weise, wie der Kanzler Regierung und Parlament in der Wiederbewaffnungsfrage vor vollendete Tatsachen gestellt hatte: »Ich erwähne das nur, weil mir die späteren Klagen über die autokratischen Methoden des Kanzlers wenig imponieren können; als es galt, den Anfängen zu wehren, hat man sich allseitig geduckt.«

Adenauer scheute sich im übrigen nicht, Minister oder Parteifreunde von den Nachrichtendiensten beobachten zu lassen. Er interessierte sich für privaten Klatsch, nutzte ihn als politisches Druckmittel. Oft genügten kleine Andeutungen auf sehr menschliche Irrungen und Wirrungen, und der Kanzler hatte seinen Gesprächspartner in der ihm genehmen »Verfassung«. Arnulf Baring zeichnet in seinen Betrachtungen über die »Außenpolitik in Adenauers Kanzlerdemokratie« ein Bild aus der Bonner Provinz dieser Jahre, das weniger der Schule der Romantiker zuzuordnen ist als vielmehr dem zeitlosen Stil der Machiavellisten: »Mit Behagen ließ der Bundeskanzler gelegentlich Partei- oder Koalitionsfreunde merken, daß er etwas über sie in Erfahrung gebracht hatte. Genügte nicht eine Anspielung auf intime Angriffsflächen, um ihren politischen Selbständigkeitsdrang zu dämpfen? Der eine lebte von seiner Frau getrennt mit einer Freundin, dieser hatte wechselnde Mädchen, jener gar junge Männer, andere waren an diskreten Orten gesehen worden, hatten sich dort sogar im Bett photographieren lassen. Mit der Unmoral wuchs die Abhängigkeit. Wenige besaßen die finanzielle Unabhängigkeit und Zivilcourage von Otto Lenz, der dem Regierungschef auf Vorhaltungen wegen seines Lebenswandels erwiderte, er sei schließlich nicht als Kaplan, sondern als Staatssekretär angestellt worden.«

Der erste Bundespräsident der Republik, Theodor Heuss, ist der Kandidat Adenauers gewesen. Er war ein Koalitionspräsent für die FDP, sollte sich aber auch für ihn als politischer Glücksgriff erweisen. Denn Heuss schätzte ihn, bewunderte – vielleicht, weil ihm selbst dieser Zug so fehlte – seine Tatkraft, seine unkomplizierte Beziehung zur Macht. Allerdings weist Karl Dietrich Bracher zu Recht darauf hin, »daß ihm ... die selbstauferlegte Disziplin tagespolitischer Enthaltung zuweilen auch schwerfallen mußte«. Aber Heuss hat sich daran gehalten, die Kontroversen mit dem starken Kanzler in Briefen und persönlichen Gesprächen, nicht aber öffentlich geführt, seine Politik unterstützt. Es schmerzte ihn, Adenauer in der Frage der Nationalhymne (Heuss wollte das Deutschland-Lied durch Verse von Rudolf Alexander Schröder ersetzen) nachgeben zu müssen. Aber der Kanzler hat es ihm nicht gedankt, kannte Heuss gegenüber kein Loyalitätsgefühl. Als es 1959 um die Nachfolgefrage ging und Adenauer auch mit dem höchsten Staatsamt öffentlich sein eigensüchtiges Machtspiel betrieb, traf er den Bundespräsidenten mit der kalten Bemerkung, »er habe sein Amt nicht voll ausgenützt«, hart. Hätte Heuss während seiner Amtszeit das getan, was Adenauer ihm jetzt in schonungslosem Egoismus vorwarf, der Kanzler wäre sein erbitterter Gegner geworden.

Für die Westdeutschen wurde Adenauer bald zum Synonym für den Kanzler ihrer Republik. Weniger registrierten die Bürger dagegen, daß er seit 1950 – erst dann schloß sich die CDU organisatorisch zu einer Bundespartei zusammen – auch Parteivorsitzender war. Geschickt verstand er es, diese Doppelfunktion für die Wähler nicht zu stark ineinander verschmelzen zu lassen. Er stand über der Partei, deren Spitzenkandidat er in den Wahlkämpfen war, und das machte ihn auch unabhängig von der Partei.

Adenauer trat natürlich als Hauptredner auf den großen CDU-Parteitagen auf, mischte kräftig bei innerparteilichen Personalentscheidungen mit, aber er ließ sich nicht an die Zügel der Union legen. Programme bastelten die Christdemokraten zwar fleißig zusammen, der Vorsitzende aber scherte sich herzlich wenig um ihren Inhalt. So wurde schließlich der Kanzler zum Programm der Partei. Überspitzt formuliert: Adenauer machte *seine* Politik und nicht die der Union. Es genügte ihm, wenn die CDU an der Macht blieb, denn dies garantierte ihm die Kanzlerschaft.

Klaus Bölling schreibt am Ende der Adenauer-Ära: »So wird zwar nicht mit einer gängigen, sich als ›links‹ ausgebenden Kritik in der Bundesrepublik behauptet werden dürfen, daß das Programm der CDU ihre Programmlosigkeit sei. An durchdachten Vorstellungen ist sie im Grunde nicht ärmer als die Sozialdemokratie. Nur bleiben diese Vorstellungen das private Eigentum einzelner Persönlichkeiten oder Kreise, und es ist der Union nicht möglich und kann ihr auch nicht möglich sein, die verschiedenen Denkrichtungen zu einem geschlossenen Programm zu verbinden. Sie kann sie allenfalls ›harmonisieren‹. Das ist dann keine politisch-geistige Leistung mehr, sondern eine taktische Verhaltensweise. Adenauer ist das genug gewesen.«

Die CDU resignierte bald, ließ es geschehen, daß der Kanzler Parteibeschlüsse nicht zur Kenntnis nahm, wenn sie seinen politischen Vorhaben widersprachen, und er weder ihre Bundestagsfraktion noch etwa ihre aktiven Mitglieder über seine politischen Schachzüge informierte. »Auf den Kanzler kommt es an«, das galt nicht nur für viele Bürger, sondern Adenauer ließ es auch bald die Partei deutlich spüren. Natürlich gab es in der Union eine beträchtliche Anzahl von »gestandenen« Politikern – beispielsweise Jakob Kaiser, Eugen Gerstenmaier oder Heinrich Krone –, die erkannten, welche Gefahren für die CDU entstehen mußten, wenn sie sich mehr und mehr auf den Status einer Kanzler-Partei reduzierte. Aber in einer seltsamen Mischung von Bewunderung und Schwäche traten sie in Augenblicken des Aufbegehrens dem autoritären Parteichef entgegen, ließen dann ab vom Versuch, dem Willen der Partei beim Kanzler Respekt zu verschaffen.

Das blieb für die CDU nicht folgenlos. Sie sonnte sich zwar im Glanz der Adenauerschen Siege, die auch ihr die Macht und viele Posten und Pöstchen im Staat bescherten, aber sie wurde – wie es bald hieß – zum Kanzler-Wahlverein. Neue Impulse, die die Politik der Regierung dort zu korrigieren versuchten, wo Fehlentwicklungen der Gesellschaft unübersehbar geworden waren, gingen von der Union kaum noch aus. Sie erstarrte und wurde zur »Staatspartei«. Die Bundesrepublik, so empfanden es viele Anhänger und Mitglieder, gehörte der Union. Das blieb über Jahrzehnte so. Unter Helmut Kohl wurde eine solche Geisteshaltung geradezu zum System.

Zu Beginn der sechziger Jahre, als es dann langsam bergab ging, der Kanzler seinem politischen Herbst entgegenschritt, Ostpolitik und Nachfolgefrage die Wähler verunsicherten, eine gewandelte Opposition erstmals wieder zum ernsthaften Wahlgegner wurde, war die Union dem Ansturm organisatorisch und programmatisch schon längst nicht mehr gewachsen. Als dann die Wähler 1969 mit knapper Mehrheit für eine sozial-liberale Koalition stimmten, da empfanden das viele Christdemokraten wie einen Staatsstreich des Volkes gegen »ihre« Republik.

Eine »Kanzler-Demokratie« wurde die Bundesrepublik aber auch, weil sich die Opposition in den fünfziger Jahren angesichts der scheinbar durch nichts aufzuhaltenden Erfolge Adenauers innerlich von dem Staat zurückzog, den sie mitgeschaffen hatte. Die Sozialdemokraten waren zwar keineswegs die »Neinsager«, wie es der Kanzler den Wählern immer wieder einredete, aber über eine »Ja-aber«-Haltung kamen sie bis zur berühmten Bundestagsrede von Herbert Wehner im Sommer 1960 nur selten hinaus. Die SPD hatte entscheidenden Anteil an der Formulierung des Grundgesetzes, zu dem sie nach seiner Verkündigung durch den Präsidenten des Parlamentarischen Rates voll stand. Die Sozialgesetzgebung der ersten Adenauer-Regierung wurde unter Beteiligung der Bundestagsopposition erarbeitet und verabschiedet. Auch Kurt Schumacher wollte eine Westpolitik, eine westdeutsche Armee und eine Wirtschaftsordnung, die nichts mit der Planwirtschaft östlicher Prägung zu tun hatte.

Aber der SPD-Vorsitzende verweigerte den Preis, den Adenauers Politik forderte: die Einheit der Deutschen und ein Wirtschaftssystem, dessen soziale Komponente immer stärker in den Hintergrund zu geraten drohte. Schumacher überschätzte die Möglichkeiten einer von den weltpolitischen Entwicklungen unabhängigen Politik des deutschen Weststaates, und er unterschätzte die wirtschaftlichen Kräfte, die Marshall-Plan und Währungsreform freigemacht hatten. Er erkannte die Schwächen der Politik Adenauers sehr genau, die Stärken des Politikers im Kanzleramt dagegen übersah er. Adenauer war eben kein »klerikaler Provinzler«, wie Schumacher abschätzig meinte, sondern ein gewiefter Stratege, mit variablen, aber im Grundsatz klaren Zielen und einem starken Willen, sie zu verwirklichen.

Die Sozialdemokraten standen zudem vor einem doppelten Dilemma: Die Entwicklungen im Osten ließen alle Träume einer Vereinigung der sozialistischen Parteien in Deutschland rasch zerplatzen. Der Zwangszusammenschluß von SPD und KPD in der Sowjetzone forderte eine scharfe Trennungspolitik der westlichen Sozialdemokraten gegenüber den Kommunisten. Schumacher kämpfte an zwei Fronten: gegen die bürgerlichen Parteien und gegen die moskauhörigen Kommunisten. Jeder Hinweis auf Lösungsmodelle, die auf den Ideen eines freiheitlichen Sozialismus beruhten, erforderte sofort mühselige und viele Wähler überfordernde Abgrenzungsinterpretationen gegenüber der kommunistischen Planwirtschafts-Wirklichkeit. Aus dem Osten tönte der alte Vorwurf vom »Sozialfaschismus« herüber, und Adenauer wiederholte immer wieder und, wie sich zeigte, mit Erfolg, daß »alle Wege des Marxismus nach Moskau« führen. Die »nationalen« Töne wiederum, die Schumacher in seinen Reden so häufig anschlug, die »patriotisch-nationale Option für ein souveränes Gesamtdeutschland« (Helga Grebing), die er Adenauers Weststaat-Lösung entgegensetzte, wurden durch ein Weimarer Trauma der SPD verstärkt. Die Sozialdemokraten, so beschwor der Vorsitzende der Partei, müßten sich vom Makel der »vaterlandslosen Gesellen« befreien, um zu neuen Wählerschichten vorzudringen. Adenauers Antwort ließ nicht auf sich warten: Er diffamierte Schumacher als »nationalistischen Marxisten«.

In der »Kanzler-Demokratie« verkrustete die Union in der Macht, und die SPD erstarrte nach Schumachers Tod in der Ohnmacht. Die Reformer in der Sozialdemokratie, die sich nach der schweren Niederlage bei den Wahlen von 1953 um Männer wie Fritz Erler, Willy Brandt, Helmut Schmidt, Karl Schiller und Herbert Wehner, aber auch um Radikaldemokraten vom Schlage eines Otto Brenner oder Peter von Oertzen sammelten, stießen beim »Apparat« lange auf heftigen Widerstand. Hier behielt man trotzig die roten Fahnen in der Hand, und es war vielen in der Partei schwer begreiflich zu machen, »daß eine Partei zwar mit der Tradition, nicht aber von der Tradition leben kann« (Klaus Bölling).

In der Bonner SPD-Zentrale war der Wille zur Macht erloschen, zog man sich auf die »reine Lehre« zurück, ins 30-Prozent-Ghetto der Arbeiterpartei. Erich Ollenhauer, ein ehrlicher und biederer Parteiführer ohne politische Fortune und ohne Charisma, war nicht der Mann, der die SPD nach vorn reißen konnte, und erst recht kein Gegner, der Konrad Adenauer schlaflose Nächte bereitete.

Der Weg für den innerparteilichen Marsch nach Godesberg, zur linken Volkspartei, wurde erst frei, als der Kanzler 1957 seinen größten Wahltriumph erlebte und die absolute Mehrheit eroberte. Es gab für die Sozialdemokraten keine Alternative mehr zu einer durchgreifenden Parteireform. Mit dem Godesberger Programm aber nahm die SPD Abschied von allen weltanschaulichen und politischen Ausschließlichkeitsansprüchen: »Der demokratische Sozialismus ... will keine letzten Wahrheiten verkünden ... aus der Achtung vor den Glaubensentscheidungen des Menschen, über deren Inhalt weder eine politische Partei noch der Staat zu bestimmen haben.« Die Opposition hatte zur großen »Umarmung« angesetzt, die ein Jahrzehnt später für die Union ein politisches Debakel bringen sollte.

Adenauer hat in den Sozialdemokraten seit dem Wiederaufleben der deutschen Parteien den entscheidenden innenpolitischen Gegner gesehen. Mit Recht, denn in den fünfziger Jahren stabilisierte sich das Parteiensystem mit jeder Bundestagswahl, lief alles auf eine Zwei-Parteien-Konstellation hin. Gelangten 1949 zehn Parteien in den Bundestag, waren es 1953 noch sechs und 1957 schließlich nur noch vier. Der Wählertrend in Richtung Union und SPD war ungebrochen. Für diese politischen Gruppierungen stimmten 1949 lediglich 60 Prozent der Wähler, 1953 waren es bereits 74 Prozent und 1957 schließlich 82 Prozent. Nur die FDP konnte sich dem Sog der Großen entziehen.

So suchte Adenauer bis Ende der fünfziger Jahre gegenüber den Sozialdemokraten praktisch nie den Konsens, sondern wählte bewußt die Konfrontation. Zwischen dem »roten« Preußen Schumacher und dem katholischen Rheinländer Adenauer – der Sozialdemokrat ein sich zumindest verbal bis zum Fanatismus steigernder »Überzeugungstäter«, der Christdemokrat ein »grundsatzloser« Pragmatiker – konnte es keine gemeinsame Ebene geben.

Der Kanzler respektierte Erich Ollenhauer mit der herablassenden Geste des Überlegenen. Der Berliner Regierende Bürgermeister Willy Brandt, der Gegner aus einer anderen Generation, war 1961 dann der erste ernstzunehmende »Kanzlerkandidat«, den die Sozialdemokraten gegen den 85jährigen Adenauer ins Rennen schickten.

Es war ein Duell, das schon in der Abstiegsphase des Kanzlers stattfand. Der Mauerbau von Berlin warf seine tiefen Schatten, die Freien Demokraten forderten ein bürgerliches Koalitionskabinett ohne Konrad Adenauer. Der Kanzler hatte in diesem Wahlkampf viel von seiner Souveränität verloren. Polemisch war er in Wahlauseinandersetzungen immer gewesen (wie viele Sozialdemokraten auch), und die gerade Linie, die er von Moskau über Ostberlin bis in die SPD-Zentrale zeichnete, vergaß er seinen Zuhörern nur selten in düstersten Farben auszumalen. Aber am 14. August 1961, bei einer Großkundgebung in Regensburg, verließ ihn nicht nur jedes Anstandsgefühl, was so selten bei ihm nicht geschah, er zeigte auch mangelnde Nervenstärke, was in der Vergangenheit fast nie an ihm zu beobachten war: »Wenn einer mit der größten Rücksicht behandelt worden ist von seinen politischen Gegnern, dann ist das der Herr Brandt alias Frahm.« Dieser Tiefschlag des christlichen Kanzlers spielte auf die uneheliche Geburt seines Kontrahenten an und mobilisierte gleichzeitig tiefsitzende Vorurteile gegenüber jenen, die 1933 wie Herbert Frahm, der sich den Namen Willy Brandt zulegte, vor den Nazis ins Exil geflohen waren. Das Protokoll verzeichnet an dieser Stelle: »Starker Beifall«. Der Kanzler hatte seinen Anhängern nicht ohne Erfolg nahegebracht, was politische Kultur auch sein kann.

Im Wahlkampf von 1957 fand er bei seiner Rede in Nürnberg Formulierungen, die nicht nur seine wohlberechnete Strategie gegenüber der SPD verdeutlichen, sondern auch ein Stimmungsbild von der antikommunistischen Hysterie dieser Jahre bieten, ohne deren Vorhandensein solche Sätze nicht denkbar wären: »Wir sind fest entschlossen, daß die SPD niemals an die Macht kommt. Warum sind wir so fest dazu entschlossen? Nicht etwa – glauben Sie mir das – aus parteipolitischem Haß. Das ist nicht der Grund, sondern wir sind dazu so fest und zutiefst entschlossen, weil wir glauben, daß mit einem Sieg der Sozialdemokratischen Partei der Untergang Deutschlands verknüpft ist.«

Auch wenn Wahlkämpfe oder Parlamentsdebatten in Demokratien sich allerorts häufig durch überscharfe Verurteilungen des gegnerischen Standpunktes oder leidenschaftliche Redeschlachten auszeichnen, Adenauers Stil hat die Formen der politischen Auseinandersetzung in der Bundesrepublik auf besondere Weise geprägt. Der Aufbau von Feindbildern, der schon den politischen Alltag Weimars vergiftet hatte, ist seit den fünfziger Jahren auch zu einer schlechten Tradition in der zweiten Republik geworden. Sie hat viel Haß gesät, die Gesellschaft in wichtigen Fragen noch tiefer gespalten. Demokratische Politik reduzierte sich wieder oftmals auf Glaubensbekenntnisse. Auch die westdeutsche Linke zeigte in den siebziger Jahren, daß sie von der Intoleranz und den Feindbildklischees der Adenauer-Jahre nicht unberührt geblieben war.

Die Macht am Rhein lag in den Händen des Kanzlers – und bei den Verbänden. Millionen Menschen hatten sie bald hinter sich versammelt, deren Wahlstimmen sie so teuer wie möglich verkauften. Die Republik wurde in den fünfziger Jahren eine Verbandsdemokratie. Es gab im Weststaat nicht nur ein Wirtschafts-, sondern auch ein Subventionswunder. Was angesichts der katastrophalen Ernährungs-, Wohnungs- und Arbeitsmarktlage in den ersten Nachkriegsjahren sinnvoll und dringend notwendig gewesen war, die staatliche Förderung und Unterstützung von Landwirtschaft, Wohnungsbau und Industrie, wurde dann zur unausrottbaren Gewohnheit. Unter Adenauer begann sich die schlechte Sitte breitzumachen, vor den Wahlen die Staatskassen zu öffnen und Steuergelder in Milliardenhöhe zum Zwecke des »Stimmenkaufs« an die Klientel der mächtigen Lobbyisten, etwa aus den Reihen der Bauern und der Industrie, zu verteilen. Der Wohlstandsstaat, den manche erhofften und anstrebten, wurde sehr bald zum Gefälligkeitsstaat.

Männer wie Fritz Berg, der Präsident des Bundesverbands der deutschen Industrie, oder Edmund Rehwinkel, der langjährige Bauernverbandspräsident, gingen im Kanzleramt aus und ein, forderten und drohten, setzten sich, vor allem natürlich in Wahljahren, beim Kanzler nicht selten durch. Die Vertriebenenfunktionäre gewannen auf die Außenpolitik gelegentlich einen unverhältnismäßig großen Einfluß, schlugen bei ihren landsmannschaftlichen Treffen, auf denen keineswegs nur die kulturelle Tradition der Pommern oder Schlesier, der Sudetendeutschen oder Ostpreußen gepflegt, sondern auch handfeste Politik betrieben wurde, Töne an, die im Ausland nicht ohne Berechtigung »revanchistisch« genannt wurden.

Der Kanzler sah in den Verbänden ein entscheidendes Wählerpotential für die Union. Mit Recht, wie sich zeigen sollte. Bauernschaft und Vertriebene, Großindustrie und Mittelstand bildeten bei den Wahlen von 1953 und 1957 die Basis für die großen Erfolge der Union. Auch wenn die schwarzen Fahnen auf den Protestversammlungen der Landwirte immer wieder einmal aufgerollt wurden, die Vertriebenen die Bundesregierung mit drohendem Unterton an das »unveräußerliche Recht auf Heimat« erinnerten, der Arbeitgeberverband den »Herr-im-Haus«-Standpunkt oder die unabwendbaren Arbeitsplatzverluste bei Überlegungen der Regierung zur Mitbestimmungsfrage oder zur Steuer- und Sozialpolitik in die Debatte warf – Adenauer konnte sich am Wahltag auf sie verlassen, und er ließ es den Steuerzahler etwas kosten.

Möglich war dieser großzügige, häufig sehr einseitige Umgang mit den öffentlichen Geldern durch die unerwartet günstige Konjunkturentwicklung, die Mitte 1952 einsetzte. Zwischen 1950 und 1960 stieg das Bruttosozialprodukt von 79 auf 303 Milliarden Mark an, die Arbeitslosenquote sank im gleichen Zeitraum von 11 auf 1,3 Prozent. Exportwirtschaft und die wachsende Binnennachfrage nach den alltäglichen Konsumgütern brachten der Marktwirtschaft den Sieg und sicherten Adenauer die Regierungsmacht.

Als dann allerdings 1955 die ersten Überhitzungserscheinungen einsetzten, wurde Ludwig Erhard zum einsamen Rufer in der Bonner Wüste. Kanzler und Wirtschaft hielten nun sehr viel weniger von marktwirtschaftlichen Rezepten einer Gegensteuerung als in den vergangenen Jahren. Die »Maßhalteappelle«, die der Wirtschaftsminister in diesen Monaten zum erstenmal öffentlich aussprach, hatten allenfalls für die Lohndisziplin der Gewerkschaften zu gelten, aber nicht für die Ausgabenpolitik des Staates oder die Preiskalkulationen der Finanzchefs in den Konzernen. Die Steuergelder jedenfalls flossen weiterhin kräftig in die unterschiedlichsten Subventionstöpfe. Schließlich stand schon bald die nächste Bundestagswahl vor der Tür.

Gefördert wurde die Macht der Verbände durch die Vielzahl »ihrer« Abgeordneten im Bundestag. Landwirtschaft und Industrie hatten in den Gesetzgebungsverfahren, die in den Ministerien und Parlamentsausschüssen vorbereitet und beraten wurden, stets eine ausreichende Anzahl einflußreicher Lobbyisten sitzen, die mit einem Mandat des Wählers ausgestattet waren. »Im Staatssekretär Theodor Sonnemann, der von 1950 bis 1961 im Bundesministerium für Landwirtschaft amtierte, besaß der konservative Flügel des Bauernverbandes einen zuverlässigen Verbündeten ... Gleich ihm verstanden sich auch viele Beamte des BML überwiegend als Sachverwalter einer Landwirtschaftspolitik, deren Grundlinien mit der des Bauernverbandes übereinstimmten.« (Hans-Peter Schwarz) In den anderen Ministerien sah es vielleicht nicht ganz so kraß aus, aber die Verbände wußten auch dort ihre Interessen wirksam umzusetzen. Stahl-, Energie- und Chemieindustrie, Einzelhandel und Handwerk – sie alle mischten kräftig mit, wenn die Adenauer-Regierung an die Gesetzesarbeit ging. Das galt auch für die Gewerkschaften, aber deren Lobbyisten saßen überwiegend auf den Oppositionsbänken.

Sicher, Verbandspolitik ist in einer demokratischen Gesellschaft nicht nur legitim, sondern auch notwendig. Aber in den Adenauer-Jahren fielen durch die Übermacht der Verbände eine Fülle von innenpolitischen Entscheidungen, die nicht mehr am Allgemeinwohl, sondern allein an materiellen Einzelinteressen orientiert waren. Die Schäden einer solchen Politik ließen sich verstecken oder doch abfedern, solange die Konjunktur lief. Und das tat sie, von weltwirtschaftlichen Entwicklungen begünstigt, mit leichten Schwankungen über die gesamte Regierungszeit Adenauers hinweg. Auch dies war ein kaum zu überschätzender Glücksfall für den ersten Kanzler. Seine Nachfolger jedoch sahen sich schon sehr bald mit den Fehlentwicklungen dieser volkswirtschaftlich sehr kurzsichtigen, machtpolitisch sehr wirksamen Subventionspolitik konfrontiert. Sie mußten die Strukturkrisen im Stahl- und Kohlebereich oder in der Landwirtschaft, die durch den Bonner Geldsegen lange verdeckt worden waren, in Konjunkturphasen bekämpfen, in denen der Arbeitsmarkt nicht mehr beliebig aufnahmefähig für die »Rationalisierungsopfer« war.

Der Kampf der Interessenverbände um Geld und Macht war nicht etwa von dem Kanzler allein zu verantworten. In liberalen Wirtschaftsgesellschaften gehört er zum politischen Alltag. Aber Adenauer hat diese Tendenzen zweifellos gefördert. Selbst Ludwig Erhard mahnte den Kanzler gelegentlich, den Pressionen der Großorganisationen zu widerstehen: »Die Demokratie geht vor die Hunde, wenn die lautesten und mächtigsten Schreier obsiegen.« Aber da deutete Erhard die Beweggründe des Regierungschefs wohl doch etwas naiv. Adenauer sah in den Verbänden einzig und allein nützliche Verbündete für seine Politik. Der Kanzler erschien und sprach auf den Bauernverbandsversammlungen, Vertriebenentreffen und Arbeitgebertagungen. Auf Gewerkschaftskongressen dagegen traf man ihn nur höchst selten an. Die großen Organisationen der Adenauer-Ära – Landwirtschaft, Industrie, Kirchen, Vertriebene, Groß- und Einzelhandel, Banken – standen denn auch mehr oder weniger geschlossen hinter der West- und Militärpolitik des Kanzlers. Insofern ging seine Rechnung voll auf.

Die Union war damals – im Gegensatz zur SPD – noch keine Mitgliederpartei. Sie konnte sich nicht durch Beiträge finanzieren, sondern war auf Parteispenden dringend angewiesen. Ihr Vorsitzender wußte das. Adenauer brauchte also auch aus ganz vordergründigen Motiven das Wohlwollen der Industrie. Es soll hier nicht die »Verschwörungstheorie« vom großen Kapital, das die Politik kauft, nachgebetet werden. So schlicht, wie mancher Vulgärmarxist die Welt interpretiert, liegen die Dinge in der Regel nicht. Aber Banken- und Konzernmanager wußten schon sehr genau, bei welchen Parteien in den fünfziger Jahren eine Investition keine Verlustanlage war.

Bei den Auseinandersetzungen um die Kartellgesetzgebung, die die Industrie massiv bekämpfte, schrieb Wirtschaftsminister Ludwig Erhard im Dezember 1955 an seinen Kabinettschef, es seien ihm Informationen zugegangen, wonach »Aktionen in Vorbereitung wären, die Sie unter dem Druck der Entziehung von Wahlgeldern dazu bewegen sollen, gegen Maßnahmen der Wirtschaftspolitik Stellung zu nehmen oder diese zu vereiteln«. So ganz aus der Luft gegriffen werden diese Informationen wohl nicht gewesen sein.

Der starke Einfluß der Verbände auf die Entwicklung der Bonner Politik besaß aber auch noch eine ganz andere Bedeutung. Adenauers Bündnis mit den Spitzen der großen gesellschaftlichen Organisationen verstärkte nach der Staatsgründung den Konservatismus im Land, der in Justiz und Behörden, Schulen und Universitäten ohnehin starke Bastionen besetzt oder, richtiger gesagt, gehalten hatte. Der Geist in der Republik der Adenauer-Jahre stand nicht links, hielt sich nur mühsam in der Mitte, tendierte in zahlreichen Fragen nach rechts.

Die Bundesrepublik wurde eine konservative Demokratie. Der Kölner Aufsteiger mit dem deutlichen Hang zum Großbürgertum, von dem er sich in seiner störrischen Einzelgängerhaltung allerdings nie ganz hatte vereinnahmen lassen, formte Staat und Gesellschaft ein gut Stück nach seinem Bilde. Was er allein sicher nicht geschafft hätte, aber er fand in den einflußreichen Gruppierungen der Republik dafür mächtige Verbündete.

Zwischen der größten gesellschaftlichen Organisation im neuen Staat, den Gewerkschaften, und dem Kanzler des Bürgertums bestand naturgemäß ein gespanntes Verhältnis. Um so überraschender mag es im Rückblick auf diese Jahre erscheinen, daß Adenauer für seine außenpolitischen Pläne auch bei der Vertretung der Arbeitnehmer in den entscheidenden Augenblicken immer wieder Unterstützung oder doch zumindest Duldung fand. Der DGB stellte sich im November 1949 hinter das Petersberger Abkommen zwischen den Alliierten Hohen Kommissaren und der Bundesregierung, das Bonn das Recht auf konsularische Vertretungen und eigenständige Handelsbeziehungen mit dem Ausland einräumte und im Gegenzug die Einwilligung der Bundesrepublik enthielt, der internationalen Ruhrbehörde beizutreten und damit die umstrittene Ruhrkontrolle anzuerkennen. Die Gewerkschaftsführung stimmte wenige Monate später auch dem Schuman-Plan, dem Vorschlag zur Bildung einer Montanunion, zu und hielt sogar still, als Adenauer seine Wiederbewaffnungspläne, die in den Einzelgewerkschaften zu leidenschaftlichen Debatten geführt hatten, im Februar 1952 im Bundestag durchsetzte.

Adenauers »Zähmung der Gewerkschaften« (Theo Pirker) war nicht zuletzt darauf zurückzuführen, daß der DGB bis 1951 zunächst von einer außerordentlich starken Persönlichkeit, Hans Böckler, geführt wurde und daß sein Nachfolger, Christian Fette, sich dann in den Monaten der Wiederbewaffnungs-Diskussion als sehr schwacher Spitzenmann der Arbeitnehmerorganisation erwies. Böckler, eine imposante Erscheinung, ein Jahr älter als der Kanzler und in den zwanziger Jahren SPD-Stadtverordneter im Köln des Oberbürgermeisters Adenauer, zeigte an den ersten außenpolitischen Schritten der Bundesregierung relativ geringes Interesse. Er kämpfte nach den Niederlagen, die die gewerkschaftlichen Ordnungsvorstellungen im Frankfurter Wirtschaftsrat erfahren hatten, mit allen ihm noch verbleibenden Kräften für die Entwicklung einer Wirtschaftsdemokratie in der neuen Republik.

So forderte der DGB-Vorsitzende für die Zustimmung der Gewerkschaften zu Adenauers Westplänen die Einführung der betrieblichen Mitbestimmung. Der Kanzler, von den Vertretern der Wirtschaftsverbände hart bedrängt und durch massive Streikdrohungen gewarnt, sagte nach mehreren dramatischen Gesprächen mit Böckler zu, und der Bundestag verabschiedete am 10. April 1951 das Montan-Mitbestimmungsgesetz. Es sollte allerdings während der Adenauer-Ära auch gleichzeitig der letzte Sieg der Gewerkschaften in einer Grundsatzfrage der Wirtschaftsordnung sein.

Schon das Betriebsverfassungsgesetz von 1952 bedeutete für den DGB, an dessen Spitze jetzt Christian Fette stand, eine schwere Niederlage. Adenauer beugte sich dem Druck der Industrie, weigerte sich, die betriebliche Mitbestimmung auszuweiten, obwohl er hatte erkennen lassen, daß er persönlich dieser Forderung aufgeschlossen gegenüberstand. Allerdings stieß der Kanzler in dieser Auseinandersetzung bei der Gewerkschaftsführung auf keinen bedrohlichen Widerstand mehr.

Bei der Gründung des DGB im Jahr 1949, als sich 16 Industriegewerkschaften unter einem Dach zusammenschlossen und als Einheitsgewerkschaft die alten Richtungsorganisationen der Weimarer Jahre ablösten, wurde ein Programm verabschiedet, in dem die Sozialisierung, eine volkswirtschaftliche Gesamtplanung und die Mitbestimmung an der Spitze des Forderungskatalogs standen. Durchgesetzt wurde nur die paritätische Mitbestimmung im Montanbereich. Nach der endgültigen Niederlage von 1952 zogen sich die Gewerkschaften weitgehend auf die reine Tarifpolitik zurück. Radikal in der Sprache, gemäßigt in ihrem praktischen Handeln, stützten sie das liberaldemokratische System der Bundesrepublik.

Auch die Achse DGB/SPD blieb in den großen Entscheidungen über die West- und Wiederbewaffnungspolitik wirkungslos. Zur Erbitterung Schumachers schwenkte der DGB auf Adenauers Linie ein, konnte ihm der Kanzler sogar bei den Beratungen über das Petersberger Abkommen, das der SPD-Vorsitzende ablehnte, triumphierend einen Brief Böcklers präsentieren, der die Zustimmung der Gewerkschaften zu diesem Vertrag signalisierte. Die Reaktion des völlig überraschten Schumacher läßt sich ausmalen.

Die Haltung des DGB in diesen Jahren ist also nicht zuletzt auf die Persönlichkeit Böcklers zurückzuführen. Er wollte die Wirtschaftsdemokratie, sah angesichts der noch äußerst schwierigen Wirtschaftslage zu Beginn der fünfziger Jahre dunkle Zeiten auf die Arbeiterschaft zukommen und war ebenso wie Adenauer davon überzeugt, daß die Kürzungen der Demontagelisten Vorteile für die Beschäftigten bringen würden. Nicht die Ordnungspolitik des Kanzlers, wohl aber seine außenpolitische Konzeption hielt Böckler auch aus der Sicht der Arbeitnehmerschaft für richtig. Allerdings forderte er für seine Zustimmung einen Preis, den der Kanzler nur teilweise einlöste.

Dann, als mit dem Koreakrieg von 1952 an eine deutliche Verbesserung der Konjunkturlage einsetzte, die Arbeitslosigkeit trotz des Zustroms immer neuer Flüchtlinge sank, die Löhne allmählich anstiegen, begann Adenauers Politik selbst unter den Mitgliedern der Gewerkschaften mehr und mehr Anhänger zu finden. So war ihre »Zähmung« auch eine Folge der unübersehbar positiven Fakten der wirtschaftlichen Entwicklung. Eine Erkenntnis, gegen die sich der dogmatische »wirtschaftsdemokratische« Flügel im DGB lange wehren sollte.

Für die Entwicklung der Bundesrepublik hatte der politische Rückzug der Gewerkschaften eine zweischneidige Bedeutung: Die Politik des DGB, sein Bekenntnis zum demokratischen Staat westlicher Prägung, seine »maßvolle« Tarifpolitik, sein umsichtiger Umgang mit der Streikwaffe, trugen entscheidend zur Stabilisierung des Systems bei. Aber der Rückzug auf rein tarifpolitische Positionen bedeutete auch eine politische Selbstbeschränkung der Arbeitnehmerschaft, den Verzicht ihrer Führung, die Republik von einer liberalen zu einer sozial ausgewogenen Demokratie weiterzuentwickeln. Sie überließ das gesellschaftspolitische Feld damit weitgehend den konservativen Kräften im Staat. Dem Kanzler durfte es recht sein. Die einzige gesellschaftliche Gegenmacht, die ihm wirklich hätte gefährlich werden können, lag an der Kette, gefesselt von Lohnzuwächsen und Vollbeschäftigung.

Die »Adenauer-Ära« läßt sich – etwas grobmaschig – in drei Phasen aufteilen. Die wirtschaftliche und politische Konsolidierung der Bundesrepublik fiel in die Jahre 1949 bis 1955, also die Zeit von der Gründung bis zum Deutschlandvertrag, der der Republik ihre (fast) vollständige Souveränität zugestand. Die Jahre der Blüte der Regierung Adenauer lagen zwischen 1955 und 1959, als das Land sich der Europäischen Gemeinschaft anschloß, die Bundeswehr aufgebaut, das Saarland wieder in die Bundesrepublik eingegliedert wurde, die letzten deutschen Kriegsgefangenen aus Rußland zurückkehrten. Der politische Niedergang des Kanzlers und das Ende der absoluten Vormachtstellung der Union setzte mit dem peinvollen und von Adenauer inszenierten Gerangel um die Heuss-Nachfolge Mitte 1959 ein, lief über den Mauerbau in Berlin und die sich verstärkenden Entspannungstendenzen in der internationalen Politik, erreichte mit der »Spiegel-Affäre« und der Forderung der FDP nach einem Kabinett ohne Adenauer ihren Höhepunkt. Er endete mit dem Rücktritt des 87jährigen Kanzlers am 15. Oktober 1963.

Die Zahlen der Bundestagswahlen in diesem Zeitraum spiegeln Aufstieg und Fall Konrad Adenauers sehr deutlich wider. 1949 erreichten CDU und CSU zusammen 31 Prozent, 1953 mit dem jetzt für alle sichtbaren »Kanzlerkandidaten« 45,2 Prozent, und 1957 billigten 50,2 Prozent der Wähler die Politik der Union. 1961 stimmten dagegen nur noch 45,7 Prozent für die Adenauer-Parteien. Der Kanzler wurde zwar von den Wählern nicht gestürzt, denn er regierte noch zwei Jahre weiter, aber sie stützten den alten Mann nicht mehr in dem Ausmaß früherer Jahre. Viele Bürger waren die patriachalische Führung müde geworden, sahen hinter den sich nun häufenden düsteren Beschwörungen – »Mein Gott, was soll aus Deutschland werden!« –, hinter dem krampfhaften Bemühen, die alten Feindbilder mit neuem Schrecken zu beleben, und hinter den hämischen Attacken gegen den von der Partei favorisierten Nachfolger nun nicht mehr staatsmännische Klugheit, sondern beginnende Altersstarrheit.

Das Glück stand Adenauer lange zur Seite. Und natürlich die Gabe, der Mut und der nüchterne Blick, es stets im richtigen Augenblick zu packen. So unbestreitbar seine große politische Leistung ist, so sehr seine Entscheidungen bald auch die Mehrheit der Deutschen überzeugten –

seine besten Wahlhelfer hatte er in Moskau und Ostberlin. Als die Wähler 1949 über die Macht im Weststaat entschieden, machten sich nur noch wenige unter ihnen Illusionen über den »real existierenden Sozialismus« im anderen Teil Deutschlands. Die Zwangsherrschaft der Satrapen Moskaus in Ostberlin – die Unterdrückung der Parteien, die Verfolgung politisch Andersdenkender, die Verhinderung freier Meinungsäußerung, die mit brutalen Methoden durchgesetzten Wirtschafts- und Bodenreformen – rissen dem System sehr bald die pseudodemokratische Maske vom Gesicht. Der Begriff »Freiheit« erhielt westlich der Elbe einen ganz besonderen, allerdings gelegentlich etwas selbstgerechten Unterton. Die zehnmonatige Berlin-Blockade der Sowjets war am Wahltag im August 1949 ebenfalls noch nicht vergessen, sie hatte viele Bundesbürger immun gemacht gegen die deutschlandpolitischen Sirenenklänge aus dem Kreml.

Vier Monate vor der Wahl im Oktober 1953 zermalmten sowjetische Panzer den Protest der Berliner Bauarbeiter gegen Normerhöhungen, der bald in einen Aufstand gegen die Herrschaft Ulbrichts einmündete. Es war der letzte Funke, der noch einmal zur Flamme wurde, bevor sich die Bürger in der DDR innerlich für Jahrzehnte in die Welt des Privaten zurückzogen. Und ein Jahr nach dem Aufstand der Ungarn im Oktober 1956, der ebenfalls ein weithallendes Echo auslöste, errang Adenauer seinen größten Wahlsieg.

Der Mauerbau im August 1961, nur wenige Wochen vor der Wahl zum 4. Deutschen Bundestag entlarvte dagegen Adenauers Deutschlandpolitik als das, was sie spätestens seit Anfang der fünfziger Jahre gewesen war: der Weg in die Teilung des Reiches. Die »Politik der Stärke«, das zeigte der 13. August 1961 vielen Menschen in Ost und West, war gescheitert.

Die Motive der Wähler in der »Adenauer-Ära« waren –

wie vorher und nachher auch – selbstverständlich vielfältig, lassen sich nicht auf eine Formel reduzieren. Aber die politische Entwicklung im Osten trug zweifellos zu einer Grundstimmung bei, die den antikommunistischen Feldzügen Adenauers einen wirkungsvollen Resonanzboden verschaffte.

Für Adenauer war die Innenpolitik ein Instrument zur Verwirklichung seiner außenpolitischen Konzeptionen. Auch wenn er immer wieder mit Recht darauf hinwies, daß die Bundesrepublik ihre wirtschaftliche und demokratische Entwicklung durch eine konsequente Bündnis- und Sicherheitspolitik absichern müsse, nahmen seine Westpläne, seine Abwehrkonzeptionen gegenüber dem Osten eine so überragende Stellung ein, daß die Innenpolitik nicht selten nur wie ein Anhängsel wirkte. Wirtschafts- und Sozialpolitik, die Auseinandersetzungen mit den großen gesellschaftlichen Gruppierungen, die häufig durch »Wahlgeschenke« gelöst wurden, die Zugeständnisse, die er seinen Koalitionspartnern machte – dies alles hatte für den Kanzler im Grunde nur den Zweck, sich die Machtbasis zu schaffen und zu erhalten, um seine keineswegs immer geradlinigen Visionen von einem neuen Europa, von der Einbettung des Weststaates in ein hochgerüstetes atlantisches Bündnis in die Realität umzusetzen.

Das gilt vor allem für die Jahre nach dem Deutschland-Vertrag von 1955, durch den die Republik ihre politische Selbständigkeit formal weitgehend erreicht hatte. Die erste Phase des Wiederaufbaus war beendet, die drängendsten Ernährungs-, Wohnungs- und Beschäftigungsprobleme bewältigt. Die glänzende Entwicklung der westdeutschen Volkswirtschaft machte zudem auch ausreichende finanzielle Mittel frei, um eine innenpolitische Kurskorrektur vornehmen und das zunächst nicht zu verhindernde, recht willkürlich entstandene innenpolitische Stückwerk durch überdachte, geschlossene Konzeptionen in der Sozial- und Steuerpolitik, der Bildungs- und Kulturpolitik ablösen zu können. Aber es geschah nur wenig, viele großartig angekündigte Vorhaben blieben an den Hürden hängen, die der Bonner Interessenklüngel sofort aufstellte, oder die Strukturen waren schon so festgefahren, daß nur noch ein starker politischer Wille sie hätte aufbrechen können. Auch der Kanzler setzte dem keinen Widerstand entgegen, förderte solche Entwicklungen sogar durch seinen Hang, mit schnellen Zugeständnissen in innenpolitischen Fragen Bonner Hindernisse bei außenpolitischen Entscheidungen zu überwinden.

Nicht nur in der Opposition, sondern auch in der Union selbst sahen dies sehr viele mit wachsendem Unbehagen, griff die CDU zahlreiche gesellschaftspolitische Defizite in ihren Programmen und Beschlüssen auf. Es blieb bei den Forderungen. Ludwig Erhard hatte nach dem Rücktritt Adenauers mit seiner allerdings sehr mißverständlichen »Formierten Gesellschaft« diesem Unbehagen Ausdruck gegeben, und die Wucht, mit der dann die Bundesrepublik der frühen siebziger Jahre von der Reformwelle überrollt wurde, weist ebenfalls auf den großen Nachholbedarf hin, den die Nach-Adenauer-Generation offensichtlich in der Gesellschaftspolitik verspürte.

Besonders zeigte sich der mangelnde Reformwille in der Sozialpolitik. Die Wachstumsraten der westdeutschen Wirtschaft hielten sich in den Jahren zwischen 1950 und 1955 auf einem jährlichen Niveau von über 10 Prozent, der Durchschnittslohn stieg von 1948 bis 1953 um etwa 80 Prozent. Aber die Schwächsten in der deutschen Nachkriegsgesellschaft, die von den Sozialleistungen des Staates abhängigen Menschen, nahmen am sich anbahnenden »Wirtschaftswunder« kaum teil. In der schwierigen Situation, vor die die Kriegsfolgen den neuen Staat stellten, entstand zwar ein Geflecht von Sozialgesetzen, die weitgehend auf das alte Sozialversicherungssystem der

Weimarer Jahre zurückgriffen, Rentner, Kriegsopfer und Schwerbehinderte notdürftig unterstützten, den völlig vermögenslosen Heimatvertriebenen durch einen »Lastenausgleich« wichtige Starthilfen anboten, aber die große Sozialreform, die seit Beginn der fünfziger Jahre von Sozialdemokraten, Teilen der Kirchen und dem linken CDU-Flügel gefordert wurde, sozusagen die Erfüllung des »sozialen« Versprechens der Marktwirtschaft, fand nicht statt.

Adenauer war kein engagierter Sozialpolitiker. Wer sich seinen Aufstieg durch eigene Kraft, viele soziale und gesellschaftliche Widerstände überwindend, erkämpft hat, neigt leicht zu dem Irrglauben, der Mensch trage für sein materielles Schicksal weitgehend selbst die Verantwortung. Aber der Kanzler war andererseits tief verbunden mit dem karitativen Denken seiner Kirche, hatte in den wirtschaftlichen Krisenjahren als Oberbürgermeister aus unmittelbarer Nähe den unverschuldeten Sturz zahlloser Kölner Bürger ins Elend miterlebt. Er war sozialen Fragen gegenüber kein gefühlskalter »Kapitalist«.

Ähnlich wie Bismarck sah er in der Sozialpolitik vor allem eine politische Waffe. Der erste Gründungskanzler verwirklichte die vielbewunderte Sozialgesetzgebung des Kaiserreiches, um die wachsende Zahl der Industriearbeiter politisch an die Monarchie zu binden. Sie sollten nicht durch die »Agitation der sozialrevolutionären Kräfte« dem Staat der Hohenzollern, der allerdings durch sein Wahlsystem gar nicht »ihr« Staat sein konnte, entfremdet werden.

Adenauers Beweggründe waren ähnlich. Soziale Spannungen mußten in der Bundesrepublik auch abgebaut werden, damit die Attraktivität des »freien Deutschlands« für die Bürger in der DDR erhalten blieb. Als der Druck für eine Reform des Sozialsystems immer stärker wurde, sprach er 1953 denn auch von der Notwendigkeit einer »umfassenden Sozialreform«. Zu der ist es in der Ära

Adenauer jedoch nie gekommen. Aber im Kampf um die Rentenreform, einem Teilstück also, das dann die Einführung der dynamischen Rente brachte und das Rentenniveau mit einem Schlag um rund 60 Prozent erhöhte, setzte sich der Kanzler gegen heftige Widerstände der Wirtschaft und Teilen der eigenen Partei durch, ließ sich durch kein Argument der »Wohlstandsstaat«-Gegner beirren. Die Rentenreform wurde im Jahr 1957 zum Wahlschlager, trug entscheidend zur absoluten Mehrheit der Union bei. Genau deswegen aber trieb der Kanzler das Vorhaben auch vorwärts, ließ alle Planungen einer umfassenden Neuordnung des Sozialsystems in den Schubladen verschwinden.

Der Innenpolitiker Adenauer baute sich ein sicheres Fundament für seine Außenpolitik. Die westdeutsche Republik war Ende der fünfziger Jahre einer der reichsten Staaten der Erde. Das Wirtschaftssystem »funktionierte«, die Krisen, die gelegentlich auftraten, hatten ihren Ursprung nicht mehr in der Unterbeschäftigung, in der mangelnden Produktionsausstattung, in einem stagnierenden Außenhandel oder in einer labilen, wertlosen Währung, sie entwickelten sich vielmehr aus konjunkturellen Überhitzungserscheinungen. Die Westdeutschen fanden ihr angeschlagenes Selbstbewußtsein wieder, weil die Rekordziffern ihrer Volkswirtschaft ihnen signalisierten: »Wir sind wieder wer!«

Der Kanzler erreichte in diesen Jahren den Gipfelpunkt seiner Popularität. Weniger vielleicht geliebt von den Bürgern, aber bewundert und respektiert. Ein Patriarch stand an der Spitze des Staates, der in einer sich immer schneller verändernden Welt Beständigkeit symbolisierte, den Ruf der Deutschen draußen in der Welt wieder aufpoliert hatte. Er ragte herüber aus einer Zeit, die in diesen Jahren mit zunehmender Verklärung gesehen wurde, weil sie angeblich die »gute alte Zeit« gewesen war.

Dem Ruhm stand dieser alte, skeptische Mann mit Distanz gegenüber, zu mißtrauisch, um dem »Hosianna« der Massen, den Schmeicheleien der Höflinge mehr abzugewinnen als den Nutzen, den es seiner Politik eintrug. Die Macht aber war es, so zeigten viele seiner Reaktionen vor und nach dem erzwungenen Abgang von der Bühne, auf der er so lange vor einem staunenden Publikum sein politisches Einpersonen-Stück darbot, die ihn vorwärts trieb, zu seinem wirklichen Lebenselixier wurde. Es schien manchmal fast so, als wäre es nur die Macht gewesen, die ihn faszinierte, und nicht die Menschen, die ihm die politische Herrschaft auf Zeit ausgeliehen hatten.

Kapitel 5
Europa – vom Atlantik bis zur Elbe

Das Reich wurde nicht von den alliierten Siegermächten in den Untergang getrieben, sondern von den Deutschen selbst. 1914 mag noch gestimmt haben, daß es die politische und militärische Führung halb in den Krieg gezogen hatte und sie halb hinsank in die blutigen Menschen- und Materialschlachten an der Marne, bei Tannenberg oder auf den Feldern von Verdun. 1939 zog es sie nur noch. Chamberlain und Daladier waren im Gegensatz zu Hitler keine Kriegs-, sondern Friedenspolitiker. Ihre – bei uns so auffällig laut verurteilte – »Appeasement«-Politik war vielleicht nicht klug, aber sie war moralisch und zivilisiert. Jedenfalls besaß die Führung der deutschen Wehrmacht, die einzige Kraft im Land, die den Kriegstreiber in der Berliner Reichskanzlei noch hätte stoppen können, nicht den Mut, auch nur das geringste Risiko einzugehen, den Frieden zu retten.

Als die Alliierten im Mai 1945 die Kapitulationsurkunden entgegennahmen, wollten sie das Reich zunächst besetzt halten, aber Pläne zur Zerstückelung Deutschlands lagen schon im Februar 1945 bei der Konferenz in Jalta nicht mehr auf dem Verhandlungstisch. Als dann die Ost-West-Konfrontation den »Eisernen Vorhang« immer undurchlässiger werden ließ, fanden die Sieger hüben und drüben willige Helfer unter den Deutschen, die ihnen bei der sich schon bald abzeichnenden Zwei-Staaten-Lösung zur Seite standen.

Als der erste westdeutsche Bundeskanzler im September 1949 seine Amtsgeschäfte aufnahm, war über das

Schicksal der Deutschen im Grunde schon entschieden worden. Die Bonner Außenpolitik, zunächst nur in engstem Kontakt mit den drei Hohen Kommissaren überhaupt ansatzweise möglich, konnte nur noch reagieren, indem sie entweder die von den Siegermächten gesetzten Fakten – zwei deutsche Staaten und ein polnisch-sowjetisches Schlesien, Pommern und Ostpreußen – akzeptierte oder aus einer Position nahezu völliger Abhängigkeit heraus versuchte, dagegen Front zu machen. Adenauer entschied sich ohne Einschränkung für eine Zusammenarbeit mit den Westalliierten und damit – das war die logische Konsequenz – gegen jeden Versuch, durch eine »Schaukelpolitik« das zunächst geringe Gewicht des Weststaates für die Rückgewinnung der Einheit in die Waagschale zu werfen.

Auf den Konferenzen der »Großen Drei« in Teheran (1943), Jalta und Potsdam (1945) fielen die Entscheidungen, die die Weltpolitik in den nächsten 45 Jahren bestimmen sollten. Es ging dabei nicht allein um Deutschland, aber der Krieg, den die Deutschen ausgelöst hatten, führte zur politischen Neuordnung der Welt. Die Sowjetunion stieg neben den Vereinigten Staaten zur Weltmacht auf, Großbritannien und Frankreich wurden endgültig zu Mittelmächten, und der europäische Kolonialismus, der in Asien und Afrika Menschen und Länder beherrschte, brach unter den sich immer stärker ausbreitenden Befreiungsbewegungen zusammen, die von Moskau und Washington aus sehr unterschiedlichen Motiven unterstützt wurden.

Als sich Roosevelt, Churchill und Stalin Ende November 1943 in Teheran trafen, war der Zusammenbruch Deutschlands nur noch eine Frage der Zeit. Es gab unter den drei Staatschefs Einigkeit darüber, daß der Frieden für das geschlagene Land hart werden würde. Roosevelt erklärte, der Begriff »Reich« müsse aus dem Bewußtsein der Deutschen verschwinden, Stalin forderte ständige

Stützpunkte der Alliierten im eroberten Land, um künftige deutsche Kriegsgelüste sofort unterdrücken zu können, und Churchill präsentierte den »Donaubund«, der aus Süddeutschland, Österreich und Ungarn bestehen sollte.

Teheran brachte noch keine konkreten Beschlüsse für die Bildung des Nachkriegsdeutschland, aber es zeigte doch schon einige politische Konturen, von denen die künftigen Auseinandersetzungen dann geprägt wurden. Stalin trat erstmals ganz entschieden für eine Verschiebung Polens nach Westen ein, die Oder-Neiße-Linie deutete sich an. Der sowjetische Diktator ließ damit bereits erkennen, wie seine Ordnung Osteuropas aussehen sollte: ein sowjetisch kontrollierter und beherrschter Korridor an den Westgrenzen zu Deutschland. Gleichzeitig forderte er eine drastische Reduzierung des deutschen Industriepotentials, was auf die hohen Reparationsansprüche Moskaus hinwies.

Roosevelt verhielt sich den europäischen Problemen gegenüber in Teheran noch äußerst passiv. Er betrieb zu diesem Zeitpunkt keine Europa-, sondern Weltpolitik. Die Verwirklichung der zwischen ihm und Churchill 1941 vereinbarten »Atlantik-Charta« und die Fortsetzung des Krieges im Pazifik beherrschten sein Denken.

In der amerikanischen Diplomatie allerdings sahen einige Mitarbeiter des Präsidenten schon sehr realistisch, was sich am europäischen Horizont abzuzeichnen begann. Der Diplomat Charles Bohlen schrieb nach der Konferenz an den US-Botschafter in Moskau einen sehr pessimistischen Lagebericht: »Deutschland soll zerstückelt werden und zerstückelt gehalten werden. Die Staaten Ost-, Südost- und Mitteleuropas werden sich nicht in Föderationen oder einer Assoziierung zusammenschließen dürfen. Frankreich soll seine Kolonien und seine strategischen Stützpunkte jenseits seiner Grenzen verlieren und wird keinen irgendwie nennenswerten Militärapparat unterhalten dürfen. Polen und Italien werden zwar ihre gegenwärtige territoriale Größe annähernd beibehalten, doch ist zweifelhaft, ob ihnen der Unterhalt nennenswerter Streitkräfte erlaubt werden wird. Das Resultat müßte darin bestehen, daß die Sowjetunion die einzige bedeutende militärische und politische Kraft auf dem europäischen Kontinent darstellt.«

Als die »Großen Drei« sich im Februar 1945 wieder zusammensetzten, stand die deutsche Wehrmacht vor dem Zusammenbruch, hatten Stalins Armeen Südosteuropa und Ungarn überflutet, bereiteten sie den Einmarsch in die Tschechoslowakei vor. Die militärische Lage hatte somit bereits auch politische Fakten gesetzt. In Jalta stand denn auch nicht mehr die Zerstückelung Deutschlands auf dem Konferenzprogramm.

Churchill erkannte mit wachsenden Ängsten die »russische Gefahr«, sah nicht nur Ost- und Südosteuropa dem Griff Stalins ausgeliefert, sondern nun auch Westeuropa »bis zum Rhein« vom vordringenden sowjetischen Imperialismus bedroht. London kehrte zur traditionellen Gleichgewichtspolitik (»Balance of Power«) zurück. Die eigene Schwäche illusionslos im Blick, begann die britische Politik, die Bedeutung einer amerikanischen Präsenz in Europa zu erkennen, bemühte sie sich, Frankreich, das nach der schweren Niederlage von 1940 aus dem europäischen Kräftespiel ausgeschieden war, wieder in den Kreis der Großmächte einzubeziehen, um die Position des Westens bei den Verhandlungen mit Stalin zu stärken. Eine Aufteilung Deutschlands aber, das wußte Churchill, diente nun nicht mehr dem angestrebten Machtgleichgewicht im Nachkriegseuropa.

Amerika näherte sich angesichts der nicht mehr zu übersehenden Einverleibung der ost- und südosteuropäischen Staaten in das sowjetische Imperium zunehmend der britischen Position. Jetzt telegrafierte der in Teheran in europäischen Fragen noch so zurückhaltende Roosevelt warnend an Stalin: »Sie verstehen natürlich, daß es in diesem globalen Krieg keine Frage gibt, ob militärischer oder politischer Art, an der die Vereinigten Staaten nicht interessiert sind.«

Vor allem Stalins brutales und rücksichtsloses Vorgehen in der Polenfrage hatte die britisch-amerikanische Diplomatie aufgerüttelt. Moskau schuf sich mit dem Lubliner Komitee eine ihm hörige polnische Regierung, wischte die von den anglo-amerikanischen Regierungen anerkannten Vertretungsansprüche der Londoner Exilregierung vom Tisch, ließ seine vor Warschau stehende Armee bewegungslos zusehen, wie die deutsche Wehrmacht den mutigen polnischen Aufstand blutig niederschlug. Stalin brach alle bisherigen Zusagen, ließ bei den Westmächten kaum noch etwaige Zweifel aufkommen, daß er darangegangen war, die jahrhundertealten, imperialistischen Träume des Zarenreiches – die Eroberung des Balkan und die Herrschaft über die Ostsee – in die politische Wirklichkeit umzusetzen. Deutschland wurde jetzt zu einer Verlockung. Ein nicht geteiltes Land, so erkannten Stalin und Molotow, eröffnete der sowjetischen Machtpolitik die Chance, ihren Einfluß über das ganze Reich auszudehnen, also auch über das wirtschaftlich starke Ruhrgebiet im Westen. Die Einheit, und nicht die Aufteilung Deutschlands rückte damit zunehmend in das politische Kalkül der sowjetischen Politik.

Jalta wurde zur Konferenz der Scheinerfolge und Täuschungen. In London und Washington empfand man die Beschlüsse, die auf der Krim vereinbart worden waren, als eine erfolgreiche Verteidigung der westlichen Positionen. Selbst ein so skeptischer »Ostpolitiker« wie John Foster Dulles, dessen Politik später in Adenauer einen zwar gelegentlich störrischen, aber doch geistesverwandten Anhänger fand, sprach von einer »neuen Ära«, die nach Jalta anbrechen werde.

Der Optimismus des Westens war nicht ganz grundlos, übersah allerdings, daß Stalin, ebenso übrigens wie Hitler, ein diplomatischer Gegner war, der nicht mit den traditionellen westlichen Maßstäben gemessen werden konnte. Er kannte keinerlei Skrupel, am Verhandlungstisch gegebene Zusagen sofort wieder zu brechen, mit unbeweglichem Gesicht die dreistesten Unwahrheiten vorzutragen (so etwa, daß die polnische Bevölkerung voll hinter der von Moskau eingesetzten Regierung stehe) und mit Terrormethoden die Gesellschaften in den eroberten Staaten zu unterjochen.

Stalin hatte in Jalta auf Drängen Churchills Frankreich eine Besatzungszone zugestanden, und er ließ auch durchblicken, daß bürgerliche Kräfte in die polnische Regierung aufgenommen werden sollten. Er setzte sogar seine Unterschrift unter die »Deklaration über das befreite Europa«, in der »das Recht aller Völker« garantiert wurde, »diejenige Form der Regierung zu wählen, unter welcher sie leben wollten«. Schließlich sagte er Roosevelt verbindlich zu, daß die Sowjetunion sich nach Beendigung des Krieges in Europa am Kampf gegen Japan beteiligen werde. Ein Punkt, auf den der amerikanische Präsident sehr nachdrücklich bestanden hatte.

Jalta führte trotzdem zu einer schweren Niederlage für die westlichen Führer. Frankreich trat zwar dem »Club der Sieger« bei, aber de Gaulles Verhalten sollte dann die anglo-amerikanische Politik in der Deutschlandfrage zunächst entscheidend lähmen, Stalins Widerstand gegen die Errichtung einer deutschen Zentralgewalt erleichtern. Die bürgerlichen Mitglieder in der polnischen Regierung wurden rücksichtslos von den Kommunisten des Lubliner Komitees an die Wand gedrückt. Die Zusage »freier Regierungen« war für die Polen, Rumänen, Bulgaren und später die Tschechoslowaken angesichts der Wirklichkeit blanker Zynismus. Stalins Marionettenregierungen erstickten in diesen Staaten jeden politischen Pluralismus.

In Jalta und dann in Potsdam gab es zwar viele »demokratische« Bekenntnisse, aber jede Seite verstand darunter etwas völlig anderes. Der Krieg in Japan schließlich wurde durch die Atombombenabwürfe auf Hiroshima und Nagasaki beendet, sowjetische Truppen brauchten nicht mehr einzugreifen.

Mit Blick auf Deutschland kam es in Jalta nicht in der territorialen Frage zur Auseinandersetzung. Über seine Beute aus dem Bündnis mit Hitler, Ostpolen und das Baltikum, war Stalin ohnehin nicht mehr bereit, auch nur zu diskutieren. Der Streit entzündete sich vielmehr an den astronomisch hohen Reparationsforderungen der sowjetischen Delegation, mit der die besiegten Deutschen zum Wiederaufbau der von ihnen zerstörten Länder beitragen sollten. Stalin verlangte, daß die Zahlungen auf eine Höhe von 20 Milliarden Dollar festgelegt werden sollten. Für Roosevelt und Churchill schon allein deshalb unannehmbar, weil eine solche finanzielle Last den Deutschen jede Chance einer wirtschaftlichen Selbständigkeit rauben mußte. Das notleidende Land hätte also entweder mit hohen Besatzungskosten der Amerikaner und Briten gestützt werden müssen, oder es wäre durch das wachsende Elend bald Opfer der kommunistischen Propaganda geworden. Die Frage wurde vertagt.

Die dritte für Deutschland und Europa schicksalshafte Station wurde dann im Juli/August 1945 die Konferenz von Potsdam. Aber sie sollte nicht mehr die gleichen Akteure wie in Teheran und Jalta am Verhandlungstisch erleben. Roosevelt war am 12. April gestorben, und sein Nachfolger Harry Truman, ein kantiger Politiker aus dem amerikanischen Mittelwesten, erschien ohne jede außenpolitische Erfahrung auf dem Berliner Schauplatz. Das britische Gespann Churchill/Eden mußte nach einer schweren Wahlniederlage mitten im Konferenzgeschehen den Labourpolitikern Attlee und Bevin die Verhandlungsführung Londons überlassen. Stalin war also der einzige

Delegationsleiter in Potsdam, der das politische Dickicht der alliierten Diplomatie während der letzten Jahre voll durchschaute. Viel hat dies sicher nicht am Konferenzverlauf geändert, aber der Führungswechsel auf der westlichen Seite dürfte deren Position nicht gerade gestärkt haben. Potsdam sollte der Vorbereitung einer künftigen Friedenskonferenz dienen. In Wirklichkeit fielen in diesen Berliner Sommerwochen Entscheidungen, die für Mittel- und Osteuropa bis zum Beginn der neunziger Jahre ihre Gültigkeit behielten. Die »normative Kraft des Faktischen« war für fast ein halbes Jahrhundert stärker als das »Provisorische« der Ergebnisse, auf die sich Stalin, Truman und Attlee in Berlin geeinigt hatten.

Die Oder-Neiße-Linie wurde »vorbehaltlich der Zustimmung einer künftigen Friedenskonferenz« gebilligt, London und Washington erklärten sich mit der »Umsiedlung« aller Deutschen aus diesen Gebieten und aus dem Sudetenland einverstanden. Die Forderung nach einer »humanitären« Abwicklung dieser gigantischen Völkerwanderung blieb eine Papierformel. Millionen Menschen mußten unter meist schrecklichen Umständen den Weg nach Westen antreten, viele von ihnen erreichten das Ziel nie. Hitlers wahnwitziger Machtanspruch forderte auch nach der Kapitulation noch zahllose Opfer.

Gescheitert wären die Verhandlungen fast an der Reparationsfrage. Der Kompromiß aber, den die Siegermächte schließlich fanden und der die Konferenz rettete, trug bereits den Keim der deutschen Spaltung in sich. Um Stalins unerbittliche und total überhöhte Forderung zu erfüllen, beschlossen die »Großen Drei«, daß jede Besatzungsmacht seine Reparationsansprüche aus den eigenen Besatzungsgebieten befriedigen sollte. Damit jedoch wurde eine weitere, für Deutschland wichtige Entscheidung von Potsdam, die schnellstmögliche Errichtung einer deutschen Zentralverwaltung, zur reinen Augenwischerei. Sowjets und, wenn auch etwas gemäßigter, Franzosen plünderten nämlich in den nächsten Monaten und Jahren ihre Zonen rücksichtslos aus, Briten und Amerikaner stoppten dagegen bald die Demontagen, um ihre Besatzungsgebiete nicht in ein noch größeres Chaos versinken zu lassen.

In den Westzonen – Frankreich war zu schwach, als daß es sich nicht schließlich unter dem Druck der Briten und Amerikaner zu einer politischen Umkehr hätte entschließen müssen – und in der Ostzone entwickelten sich völlig unterschiedliche wirtschaftliche und gesellschaftspolitische Systeme, die bald auch ein starkes Gefälle in ihrer ökonomischen Leistungskraft aufwiesen. Ost und West übertrugen ihre »Ideologien« auf den jeweiligen Herrschaftsbereich in Deutschland: Enteignungen in der Groß- und Mittelindustrie, eine landwirtschaftliche Bodenreform, ein Einparteiensystem – die bürgerlichen Ostparteien hatten sich der SED zu unterwerfen –, die absolute Vorherrschaft der kommunistischen Gesellschaftsauffassung im Osten und eine demokratisch-liberale Verfassung, verbunden mit einer marktwirtschaftlichen Ordnung im Westen.

Die vier Militärgouverneure versuchten zwar noch eine Zeitlang, dem Auftrag von Potsdam nachzukommen und eine deutsche Zentralverwaltung zu schaffen, aber sie mußten bald erkennen, daß die praktische Politik längst über alle Konferenzbekenntnisse hinwegzugehen begann und eine starke Eigendynamik entwickelt hatte. Marshall-Plan und Währungsreform, Bizonen-Verwaltung und Staatsgründung setzten politische Fakten.

Das Scheitern der alliierten Deutschlandpolitik ließ sich an den Konferenzen des »Rates der Außenminister« deutlich ablesen. In London, Paris und Moskau verhandelten Molotow, Bevin, Bidault und Byrnes bis 1947 zäh und streitsüchtig über die deutsche Zukunft, ohne auch nur einen Schritt vorwärtszukommen. Die Sowjets wollten ihre Zone im Würgegriff behalten und gleichzeitig

Einfluß auf die Westzonen, vor allem auf das Ruhrgebiet, erlangen. Die Franzosen knüpften an ihre Politik der zwanziger Jahre an, setzten auf die Zersplitterung und damit langfristige Schwächung des aus ihrer Sicht so gefährlichen östlichen Nachbarn. Briten und Amerikaner verlangten ein »gezähmtes« Reich, das aber wirtschaftlich überleben konnte und boten Grenzkorrekturen im Osten (Oder-Neiße-Gebiet) und im Westen (Saarland) an.

Der amerikanische Außenminister schlug schließlich vor, die Siegermächte sollten sich verpflichten, Deutschland nach der Besatzungszeit noch 25 Jahre entwaffnet und entmilitarisiert zu halten und dies durch scharfe Kontrollen sicherzustellen. Er scheiterte mit diesem »Neutralisierungsplan«, weil Stalin einem historischen Irrtum erlag. Der sowjetische Diktator ging offenbar von der Voraussetzung aus, daß die Amerikaner Europa sehr bald wieder verlassen würden und damit der Einfluß Moskaus auf das geschwächte Westeuropa ungehemmt wachsen könnte. Er erinnerte sich wohl an einen Satz Roosevelts, der einmal ihm gegenüber davon gesprochen hatte, die USA würden sich nach »zwei Jahren« wieder vom Kontinent zurückziehen. Der tiefgreifende Schwenk, den die amerikanische Außenpolitik dann vollzog, die Hinwendung zur »Eindämmungspolitik«, führte aber in den nächsten Jahrzehnten zu einem gewaltigen militärischen Aufmarsch der Supermächte an der Scheidelinie ihrer Interessensphären.

Die westdeutsche Außenpolitik, die bald nahezu allein von Adenauer bestimmt und geführt werden sollte, hatte also von zwei Grundvoraussetzungen auszugehen: Die territoriale Neuordnung war von den Siegermächten bereits vor der Gründung der Bundesrepublik auf der Landkarte Deutschlands eingezeichnet worden, und der seit 1947 nicht mehr zu verdeckende Ost-West-Konflikt wurde sozusagen zum Überbau für alle außenpolitischen

Pläne und Möglichkeiten der Bonner Politik. Der Kanzler zählte zu denjenigen, die diese Bedingungen sehr früh erkannten, und er richtete seine politische Konzeption konsequent danach aus.

In einem Schreiben vom 31. Oktober 1945 an Duisburgs Oberbürgermeister Heinrich Weitz beschreibt er bereits präzise die Lage in Europa und zieht seine Schlußfolgerungen:

»Rußland hat in Händen: die östliche Hälfte Deutschlands, Polen, den Balkan, anscheinend Ungarn, einen Teil Österreichs. Rußland entzieht sich immer mehr der Zusammenarbeit mit den anderen Großmächten und schaltet in den von ihm beherrschten Gebieten völlig nach eigenem Gutdünken. In den von ihm beherrschten Ländern herrschen schon jetzt ganz andere wirtschaftliche und politische Grundsätze als in dem übrigen Teil Europas. Damit ist die Trennung in Osteuropa, das russische Gebiet, und Westeuropa eine Tatsache. In Westeuropa sind die führenden Großmächte England und Frankreich. Der nicht von Rußland besetzte Teil Deutschlands ist ein integrierender Teil Westeuropas. Wenn er krank bleibt, wird das von schwersten Folgen für ganz Westeuropa, auch für England und Frankreich sein. Es liegt im eigensten Interesse nicht nur des nicht von Rußland besetzten Teiles Deutschlands, sondern auch von England und Frankreich, Westeuropa unter ihrer Führung zusammenzuschließen, den nicht russisch besetzten Teil Deutschlands politisch und wirtschaftlich zu beruhigen und wieder gesund zu machen ... Die Schaffung eines zentralisierten Einheitsstaates wird nicht möglich, auch nicht wünschenswert sein, der staatsrechtliche Zusammenhang kann lockerer sein als früher, etwa in der Form eines bundesstaatlichen Verhältnisses.«

Kaum einem anderen in der ersten Politiker-Generation der Nachkriegsjahre fiel es jedoch auch so leicht wie Adenauer, sich auf diese Situation einzustellen. Denn der

Weg, der sich für die Bundesrepublik aus den vorgegebenen weltpolitischen Konstellationen fast zwingend ergab, war nahezu deckungsgleich mit den Gedanken und Vorstellungen, die schon den Kölner Oberbürgermeister in den Anfangsjahren der Weimarer Republik bewegt hatten: Deutschland ohne Preußen, der »Rheinstaat«, fest eingefügt in ein grenzenübergreifendes Wirtschaftssystem, das Westeuropa künftig vor kriegerischen Auseinandersetzungen bewahren sollte.

Bereits in einer Rede am 1. Februar 1919 wird Adenauers Haltung gegenüber Preußen deutlich. Geschickt – schließlich ist er Stadtoberhaupt in einer preußischen Provinz – bemäntelt er die eigene Kritik mit dem Hinweis, er zitiere lediglich die Gegner der Vormacht im Reich: »In der Auffassung unserer Gegner ist Preußen der böse Geist Europas, Preußen ist in ihren Augen der Hort des kulturfeindlichen, angriffslustigen Militarismus, Preußen ist dasjenige Land gewesen, das zu diesem Krieg getrieben hat – ich betone nochmals ... ich spreche aus dem Gedankengang unserer Gegner heraus –, Preußen wurde nach ihrer Meinung von einer kriegslüsternen, gewissenlosen, militärischen Kaste aus dem Junkertum beherrscht ... Würde Preußen geteilt werden, die westlichen Teile Deutschlands zu einem Bundesstaate der ›Westdeutschen Republik‹ zusammengeschlossen, so würde dadurch die Beherrschung Deutschlands durch ein vom Geist des Ostens, vom Militarismus beherrschtes Preußen unmöglich gemacht ... Diese westdeutsche Republik würde wegen ihrer Größe und wirtschaftlichen Bedeutung in dem neuen Deutschen Reiche eine bedeutungsvolle Rolle spielen und demgemäß auch die außenpolitische Haltung Deutschlands in ihrem friedensfreundlichen Geist beeinflussen können.«

In dieser Rede finden sich die Grundsätze der Adenauerschen Politik nach 1945 mit großer Klarheit wieder: ein Deutschland, dessen politisches Zentrum im Westen liegt, losgelöst vom »Geist des Ostens« und mit den Weststaaten Europas wirtschaftlich eng verbunden. Das Feindbild »Preußen« mußte nur durch die »bolschewistische Gefahr«, die »Westdeutsche Republik« nur durch die »Bundesrepublik Deutschland« ersetzt werden, und neben Frankreich erhielt Amerika, das unmittelbar nach dem Krieg zunächst in Adenauers Denken fast überhaupt keine Rolle spielte, einen herausragenden Stellenwert. Preußen aber war durch die Alliierten zerschlagen worden, und das Europa Adenauers lag auf der Linie der sich unter Truman entwickelnden amerikanischen Außenpolitik, die ein starkes militärisches und wirtschaftliches Bollwerk zwischen Atlantik und Elbe forderte.

Dieses Konzept war angesichts der Lage in Europa und der Entwicklungen in der Weltpolitik nicht nur in sich schlüssig, sondern es sollte bei seiner politischen Umsetzung den rund 50 Millionen Westdeutschen viel schneller, als die meisten von ihnen erwartet hatten, Frieden, Wohlstand und einen hohen Grad an Sicherheit bringen. Aber es war ebenso klar sichtbar, was dieser Weg auf der anderen Seite bewirken mußte: Die Teilung des Reiches wurde damit von den Westdeutschen faktisch akzeptiert, und die 17 Millionen Bürger der sowjetisch besetzten Zone blieben ihrem Schicksal überlassen.

Der Kanzler hat dies ebenso gewußt wie die Westalliierten. Gesagt haben sie es den Deutschen, die über ihre Politik frei entscheiden konnten, nicht, als sie ihre Pläne zur Wahl stellten. Das Westbündnis auf der einen Seite und die verbalen Beschwörungen der Einheit des Reiches auf der anderen wurden so zum unauflösbaren Widerspruch der Außenpolitik Adenauers. Politiker wie Bismarck oder Stresemann haben mit allen diplomatischen Mitteln darum gekämpft, die Einheit Deutschlands zu schaffen beziehungsweise zu erhalten. Der pommersche Landjunker zuckte dabei anfangs auch nicht vor Gewalt zurück und wagte das schwierige Spiel mit den »fünf

Kugeln«. Der Berliner Bierverleger-Sohn »schaukelte« zwischen Ost und West, akzeptierte den von Rathenau mit der Sowjetunion abgeschlossenen Rapallo-Vertrag und traf mit Briand die Vereinbarungen von Locarno, die den Franzosen ihre tief eingewurzelten Sicherheitsängste nehmen sollten. Weder Bismarck noch Stresemann hätten – wenn dieser Hinweis angesichts sehr unterschiedlicher Ausgangssituationen überhaupt statthaft ist – die Loslösung von einem Drittel des Reiches einfach hingenommen.

Adenauer lehnte solche Wege strikt ab. Er sah in dem Schwanken der deutschen Außenpolitik eine der entscheidenden Ursachen für die europäische Katastrophe dieses Jahrhunderts. Eine Erkenntnis, die er nicht erst nach 1945 und angesichts der Ost-West-Konfrontation gewann, sondern schon 25 Jahre früher. Deutschlands Isolierung war seit 1918 sein politischer Alptraum. Noch in den »Erinnerungen« schreibt er: »Bismarck hat in seinen Memoiren davon geschrieben, wie ihn immer wieder der Gedanke an die Isolierung Deutschlands verfolgt habe. Die Isolierung hat das Deutsche Reich, als es die stärkste Militärmacht der Welt war, in den Krieg von 1914 bis 1918 geführt, der es von der stolzen Höhe, auf der es stand, hinunterwarf. Und nun wir! Konnte denn irgendeiner davon träumen, daß wir, besetzt, entwaffnet, jederzeit in der Hand unserer Gegner, daß wir etwa in der Lage seien, nur auf uns allein gestellt unser Wort in der europäischen oder in der Weltgeschichte zur Geltung zu bringen?«

Die Konferenz von Potsdam, auf der die Siegermächte ohne jede Mitsprache der Betroffenen über das Schicksal Deutschlands entschieden hatten, wurde für den Kanzler in den folgenden Jahren zum aktuellen Symbol dieser Isolierungsgefahr. Als der Kalte Krieg 1954 allmählich von ersten Entspannungsversuchen abgelöst wurde, die Amerikaner, Russen, Franzosen und Engländer auf den verschiedensten Konferenzen und Treffen Wege zur Abrüstung und zum Interessenausgleich suchten, reagierte Adenauer mit tiefen Ängsten und Sorgen, versuchte er die noch dünnen Stränge dieser Gespräche durch heftige Interventionen zu kappen. Sehr deutlich zeigt sich diese Haltung in einem Brief, den er nach der Genfer Gipfelkonferenz von 1955, auf der die Regierungschefs der vier Mächte in der Deutschlandpolitik zwar keine Annäherung erzielten, aber weitere Gespräche über europäische Sicherheitsfragen vereinbarten, an den amerikanischen Außenminister Dulles schrieb: »Wir sind mit dem Abschluß der Genfer Konferenz in eine neue Phase der Ost-West-Beziehungen eingetreten, die nicht minder gefahrvoll ist als die vergangene. Wir werden in zunehmendem Maße mit sogenannten Entspannungsmanövern der Sowjets rechnen müssen, die darauf abzielen, die öffentliche Meinung unserer Länder über die wahren Ziele der Sowjetunion hinwegzutäuschen, unsere Völker einzuschläfern und damit zugleich die Abwehrkraft und Geschlossenheit des Westens aufzuweichen und seine Einheit zu zerstören. Ich glaube, mehr als je ist heute Wachsamkeit und enge Zusammenarbeit der westlichen Regierungen nötig, um dieser neuen russischen Taktik wirksam zu begegnen.«

Adenauer war kein »Kalter Krieger«, wie seine Gegner immer wieder behaupteten, sondern geradezu besessen von der Vorstellung, die einstigen Kriegsalliierten könnten auf Kosten Deutschlands politische Vereinbarungen treffen. So unrealistisch dies angesichts der anhaltenden Spannungen zwischen Moskau und Washington auch war, des Kanzlers Furcht hatte ihre Gründe. Eine wie auch immer geartete Einigung der Supermächte über die Sicherheit Europas hätte den Schleier, der über Adenauers Außenpolitik lag, brutal weggerissen: Die Teilung wäre politisch sanktioniert worden.

Der Kanzler mißtraute den Deutschen. Ihr Jubel beim Kriegsausbruch 1914, ihre massenhafte Hinwendung zu

Hitler hatten ihn gelehrt, daß seine Landsleute nicht weniger »schwankend« waren als die Politik ihrer Führer: »... breite Schichten des Volkes, der Bauern, des Mittelstandes, der Arbeiter, der Intellektuellen, hatten nicht die richtige Geisteshaltung, sonst wäre der Siegeszug des Nationalsozialismus im deutschen Volk in den Jahren von 1930 an nicht möglich gewesen« (»Erinnerungen«). Nur die feste Verankerung in das Bündnis mit dem Westen konnte die Deutschen also nach seiner Auffassung vor neuen politischen Abenteuern bewahren. So wollte er zunächst in den Westverträgen festschreiben lassen, daß im Falle einer territorialen Neuordnung Deutschlands auch der Nachfolgestaat der Bundesrepublik an das westliche Bündnis gebunden war.

Der weltpolitische Rahmen, in dem Adenauer seine außenpolitische Konzeption sah, wurde für ihn durch zwei weitere Prämissen bestimmt: den drohenden Niedergang Europas und den Drang Moskaus, seinen Einfluß nach Westen auszudehnen. Immer wieder wies der Kanzler auf die Gefährdung eines geschwächten Westeuropas hin, das nach zwei selbstmörderischen Weltkriegen nicht mehr die notwendige Kraft aufbringen könne, um dem sowjetischen Imperialismus Widerstand entgegenzusetzen.

Er stand mit diesen düsteren Zukunftsvisionen, die auch einen starken kulturpessimistischen Einschlag besaßen, nicht allein, sondern traf damit eine weitverbreitete Stimmung im westlichen Lager. Der Krieg in Korea, die Berlin-Krisen, der wachsende sowjetische Einfluß in Nahost, die Hinwendung zahlreicher Staaten der Dritten Welt zum Marxismus verbreiteten in den fünfziger Jahren nicht nur in der Bundesrepublik Furcht und schürten Untergangsängste. Hier aber doch besonders, denn das Land lag unmittelbar an der Grenze des inzwischen gewaltigen Imperiums der Sowjetunion.

»Die europäischen Staaten, die noch um die Jahrhundertwende entscheidend auf die Weltpolitik eingewirkt hatten, schienen zur Bedeutungslosigkeit herabzusinken«, schreibt Adenauer rückblickend in den »Erinnerungen«. Und seine Europa-Idee, lange vor diesen neuen Entwicklungen zwar noch nicht konkret formuliert, aber doch konzeptionell mit seiner Weststaat-Idee angedacht, ließ sich nun auch nahtlos auf die Nachkriegssituation übertragen. »Das Chaos in Europa, das der Zweite Weltkrieg hinterließ, gab eine wichtige Lehre: Wollten wir Europäer in der völlig veränderten Welt nicht untergehen, so mußten wir aus der veränderten Situation die notwendige Schlußfolgerung ziehen: Der Zusammenschluß Europas war absolut zwingend. Ohne die politische Einigung würden die einzelnen Völker Europas Untergebene der Supermächte sein.«

Die sowjetische Politik wurde von Adenauer fast uneingeschränkt als expansionistisch gedeutet. Sicherheitsbedürfnisse oder Einkreisungsängste des »russischen Kolosses« hielt er angesichts der tatsächlichen Machtverhältnisse in Europa für abwegig. Warfen sowjetische Politiker diese Argumente in die Diskussion, maß er ihnen kaum Bedeutung zu. Im Urteil des Kanzlers blieben dies lediglich auf die Stimmung der Deutschen abgezielte taktische Varianten und Täuschungsmanöver Moskaus.

Das Bild Adenauers von der Sowjetunion war in seinen Grundfarben unumstößlich festgelegt. Gegenüber Nehru zum Beispiel, so berichtet er in seinen »Erinnerungen«, zeichnete er es bei seinem Indienbesuch mit den gewohnt grellen Strichen: »Seit hundert Jahren seien in der russischen Geschichte gewisse Tendenzen erkennbar, wie beispielsweise eine starke politische Expansion und ein Drang nach Asien und nach Westen in der Absicht, andere Völker unter die russische Macht zu bringen. Dies sei keine spezifische Eigenschaft des heutigen Regimes, sondern diese Tendenz habe auch unter den Zaren bestanden.« Diese tiefeingewurzelte Meinung bestimmte die Ostpolitik des Kanzlers. Mochte er auch in den letzten Jahren etwas variantenreicher über die Entwicklungen in der Sowjetunion gedacht haben, mochte auch manche ostpolitische Studie im Kanzleramt oder im Außenministerium entworfen worden sein, Adenauer wich im Grunde bis zum Schluß seiner Kanzlerschaft nicht von dem starren Konfrontationsdenken ab. Seine Politik, die sich sonst so geschmeidig an aktuelle Situationen anpassen konnte, blieb gegenüber Moskau fast unbeweglich.

Wie sehr sich dieser Eindruck auch in der eigenen Partei und in den westdeutschen Medien festgesetzt hatte, zeigte die lebhafte Diskussion, die seine Rede auf dem 14. Bundesparteitag der CDU im März 1966 hervorrief. Adenauer erklärte angesichts der erfolgreichen Friedensbemühungen Moskaus im indisch-pakistanischen Krieg den verblüfften Delegierten: »Daß da die Sowjetunion den Frieden zwischen diesen beiden Völkern vermittelte, das ist für mich ein Beweis dafür, daß die Sowjetunion in die Reihe der Völker eingetreten ist, die den Frieden wollen.«

Auch die zweite kommunistische Großmacht, die in den fünfziger Jahren immer deutlicher auf der Weltbühne in Erscheinung trat, das China Mao Tse-tungs, betrieb für den deutschen Bundeskanzler eine expansionistische Politik. Aber vor allem sah er die neue Macht im Osten in den Dimensionen der weltweiten Ost-West-Auseinandersetzung. Gegenüber de Gaulle äußerte er die Hoffnung, »daß Rußland durch die Entwicklung in Rotchina gezwungen werde, Streitkräfte aus dem Westen abzuziehen und gegen Rotchina einzusetzen«. Es war auch recht bezeichnend, daß er später immer wieder auf eine angebliche Bemerkung Chruschtschows während des Moskau-Besuches von 1955 zurückkam. Der Kreml-Chef habe ihm erklärt, die Sowjetunion rechne fest mit einem Krieg gegen China und hoffe dabei auf die Hilfe des Westens, berichtete Adenauer später immer wieder seinen westlichen Gesprächspartnern. Kein Dokument bestätigt diese Äußerung, und es wäre auch überaus seltsam, wenn der Kremlchef seine Verhandlungsposition mit einem solchen Eingeständnis geschwächt hätte. Aber Adenauer, in ständiger Panik, daß der Westen seine »Politik der Stärke« aufgeben würde, schuf solche Durchhalte-Legenden häufig und glaubte dann bald selbst daran.

Dies genau entsprach Adenauers Hoffnungen und Erwartungen. Die Sowjetunion mußte – so die historische Perspektive – durch die wachsende chinesische Bedrohung zu ungeheuren militärischen Anstrengungen gezwungen werden, die ihre Kraft überforderten und die wirtschaftlichen Schwierigkeiten im Land drastisch verschärften. Ein hochgerüstetes, ökonomisch starkes Europa, unterstützt und gesichert durch Amerikas atomaren Schirm, im Westen und das rote Riesenreich im Osten, so die Kalkulation Adenauers, führten zur Isolierung Moskaus, zwangen den Gegner schließlich in die Knie. Dann aber war der Weg frei, über eine politische Neuordnung des zusammengebrochenen russischen Imperiums zu bestimmen, den osteuropäischen Staaten demokratische Wahlen zu ermöglichen und die Deutschlandfrage im Sinne des Westens zu lösen.

Es ist ja dann auch ein gut Stück so gekommen. Aber nicht ein Krieg mit China, sondern der Konkurrenzkampf mit der anderen Supermacht führte zum Zusammenbruch des sowjetischen Imperiums. Noch entscheidender allerdings für das Ende des kommunistischen Systems sollte das wirtschaftliche Chaos werden, das bereits in der Breschnew-Ära immer größere Formen annahm. Korruption und eine erstarrte Bürokratie, die Überalterung der politischen Führung, die Macht des Militärs und die nicht mehr zu verhindernde Meinungspluralität in den Staaten des Ostblocks führten zum machtpolitischen Einsturz. Das alles hatte natürlich nichts mit der Deutschland- und Ostpolitik Adenauers in den fünfziger und frühen sechziger Jahren zu tun. Nicht die »Politik der Stärke« des Westens, sondern die politischen und wirtschaftlichen Entwicklungen in der Sowjetunion haben die Teilung Europas beendet.

In den zahlreichen Darstellungen der Außenpolitik Adenauers wird mit Recht auf die vielfältigen Entwürfe einer »neuen« Ostpolitik am Ende seiner Amtszeit hingewiesen, werden die zahlreichen Überlegungen des Kanzlers erwähnt, die wieder Bewegung in die erstarrten Fronten zwischen Bonn und Moskau bringen sollten. Aber sie blieben in der praktischen Politik ohne Folgen. Adenauer bewegte sich nicht, blieb bei seinen ostpolitischen Positionen. Die »Einheit in Freiheit« hatte für ihn keineswegs die Priorität, die er seinen Wählern vorgaukelte. Denn so schlicht es anmutet, wie er die Entwicklungen im Osten und ihre Rückwirkungen auf Europa betrachtete, die gebetsmühlenartige Wiederholung dieser Thesen war wohlberechnet, sollte der deutschen Öffentlichkeit deutlich machen, daß es keine Alternative zum Weg ins Westbündnis gab.

Seine Reden, seine Interviews und seine »Erinnerungen« sind angefüllt von diesen Gedanken, die ständig und nahezu wortgleich wiederholt werden: »Die Sowjetunion hatte sich in ihren Aufgaben übernommen. Sie konnte nicht gleichzeitig ihr Reich ... zu einem wohlfunktionierenden Staat aufbauen, ihren gewaltigen innenpolitischen Aufgaben gerecht werden und gleichzeitig mit den Vereinigten Staaten in der Aufrüstung Schritt halten. Sie konnte das schon nicht aus dem einfachen Grunde, weil ihre Landwirtschaft nicht ausreichte, um ihre Menschen zu ernähren aus Mangel an anbaufähigem Boden und aus Mangel an Arbeitskräften und Maschinen. Sowjetrußland konnte den Westen nicht niederringen, es konnte auch nicht auf die Dauer mit dem Westen weiterleben in dem gegenwärtigen Spannungsverhältnis, zumal die chinesische Gefahr im Hintergrund auftauchte. Die Entwicklung würde eines Tages dazu führen, daß es sich entscheiden mußte: entweder Auseinandersetzung mit Westeuropa und dessen Eroberung oder aber Auseinandersetzung mit den Chinesen ... Meine Hoffnung war, die Sowjetunion werde eines Tages einsehen: Alles zusammen können wir nicht machen. Meine Hoffnung war, sie werde dann ihre Kräfte auf die Auseinandersetzung mit den Chinesen konzentrieren und Europa in Ruhe lassen. Auf diese Entscheidung mußte gewartet werden.«

Eine seltsame Mischung von Realismus und Illusion spricht aus solchen Sätzen. An welch trügerische Hoffnung hatte er sich da geklammert, sollte er so naiv gewesen sein, tatsächlich an einen Krieg zwischen China und der Sowjetunion, einen raschen wirtschaftlichen Zusammenbruch Moskaus zu glauben. Es wird nicht mit letzter Sicherheit die Frage zu beantworten sein, ob Adenauers Simplifizierungen der sowjetischen Machtbestrebungen tatsächlich Chancen für die deutsche Außenpolitik zerschlagen haben. Aber sicher ist, daß er sich zäh und mit Erfolg dagegen gesträubt hat, mögliche politische Neuansätze überhaupt ernsthaft zu prüfen.

Betrachtet man Adenauers Ostpolitik mit Rücksicht auf die Zeit, in der sie entwickelt und praktiziert wurde, dann ist nicht zu übersehen, daß seine Gedanken und Strategien keineswegs außergewöhnlich waren oder etwa dem Denken einer Minderheit in der westdeutschen Republik entsprachen. Stalins brutales Vorgehen in Osteuropa, die monatelange Berlin-Blockade oder die diplomatischen Winkelzüge seines Außenministers Molotow auf den zahlreichen Konferenzen, die die Deutschlandfrage zum Thema hatten, mußten auf die Westdeutschen damals äußerst bedrohlich wirken. Daß der sowjetische Diktator, im Gegensatz zu Hitler, die Möglichkeiten und Grenzen der eigenen Macht sehr wohl einzuschätzen wußte, jedes Risiko vermied, Entwicklungen in Gang zu setzen, die seiner Kontrolle entglitten oder die Gefahr einer kriegerischen Auseinandersetzung mit den USA heraufbeschworen, ist wohl erst im Abstand der Zeit, nach dem Einblick in Akten und Dokumente deutlich geworden.

Aber die Öffnung der Archive zeigte auch, daß der Kanzler in den Jahren 1952 und 1953 bewußt die Gelegenheit vorüberziehen ließ, die Einheit der Deutschen in den fünfziger Jahren zurückzugewinnen. Die Stalin-Note vom 10. März 1952 hatte schon damals eine kontroverse Expertendiskussion ausgelöst, und ihre Ablehnung durch Adenauer wird zu Recht als »epochale Entscheidung« (Theodor Schieder) bezeichnet. Für die Adenauer-Bewunderer allerdings gibt es keine Zweifel, daß die Bewertung dieses Vorstoßes der Sowjetunion inzwischen zu einer »Legende der versäumten Gelegenheiten« geführt hat. Sie erklären schlicht, die Behauptung, »im Jahre 1952 sei vor allem auch aufgrund der Haltung des Bundeskanzlers eine Chance zur Wiedervereinigung vertan worden«, sei unhaltbar. Es ist erstaunlich, mit welcher Sicherheit sie diese These vertreten und Adenauers Verhalten in diesen Monaten, in denen er die Öffentlichkeit täuschte und die Westmächte beschwor, keinerlei ernsthafte Prüfung des sowjetischen Vorschlags zu erwägen, beiseite schieben.

Während des Notenaustausches stieß die abwehrende Haltung des Kanzlers nicht nur bei Kurt Schumacher und Teilen der westdeutschen Publizistik auf scharfe Kritik, sondern auch in den eigenen Reihen forderten ihn Männer wie Jakob Kaiser, Heinrich von Brentano oder Eugen Gerstenmaier auf, nicht »amerikanischer als die Amerikaner« zu sein. Der Kanzler, der sein politisches Lebenswerk, Deutschland als verkleinerter Weststaat im engen Bündnis mit Frankreich, England und Amerika, bedroht sah, blieb unbeirrt. »Kein Angebot der Sowjetunion« werde ihn dazu bewegen, aus der Verbindung mit dem Westen auszubrechen«, erklärte er, denn dies müsse die Bundesrepublik »schließlich dem asiatischen Osten ausliefern«.

Stalin hatte in seiner aufsehenerregenden Note vorgeschlagen, Deutschlands Einheit wiederherzustellen, die Besatzungstruppen abzuziehen, eine Nationalarmee und eine eigene deutsche Rüstungsindustrie zu schaffen. Er sagte die freie Betätigung der Parteien und eine Rehabilitierung der ehemaligen Wehrmachtsangehörigen zu. In einer zweiten Note erklärte sich Moskau dann auch mit freien gesamtdeutschen Wahlen einverstanden. Die Bedingung, die der Westen zu erfüllen hatte, war eindeutig: Das wiedererrichtete Reich mußte blockfrei bleiben, durfte also keinem Bündnis angehören.

Die Beweggründe Stalins, nach jahrelanger Obstruktion in der Deutschlandfrage nun in die Offensive überzugehen, lagen auf der Hand. Die Bundesrepublik stand direkt vor der Westintegration, der Deutschlandvertrag und der Vertrag über die Europäische Verteidigungsgemeinschaft lagen unterschriftsreif vor. Moskau hatte erkennen müssen, daß an der Westgrenze seines Imperiums ein mächtiges, bald zweifellos hochgerüstetes Bündnis im Entstehen war. Die wachsenden Schwierigkeiten in den Volkswirtschaften der Sowjetunion und der DDR zeigten dem Kreml-Chef zudem, daß Moskau dringend eine »Koexistenz« auf dem europäischen Kontinent anstreben mußte, und der ostdeutsche Satellit mag dafür ein akzeptabler Preis gewesen sein.

Die DDR-Führung reagierte hinter den Kulissen entsetzt auf Stalins Angebot an den Westen. Der italienische Sozialist Pietro Nenni zitierte später Wilhelm Pieck und Otto Grotewohl mit dem Satz: »Damals, 1952, wollte uns Stalin in eine neue Situation stellen, und wir wissen nicht, wie wir da herausgekommen wären.« Und Walter Ulbricht erklärte in einer Rede im Mai 1960: »Ich sage ganz offen, unser Vorschlag von 1952 war auch für die DDR, für die Werktätigen mit einem Risiko verbunden.«

Ob Stalins Angebot ernst gemeint war, wie es die Alliierten sofort annahmen, oder nur ein Bluff, um die Deutschen von Adenauers Westkurs abzubringen und nun durch neue langhingehaltene Verhandlungen einen Keil zwischen Bonn und die mißtrauisch auf jede »Schaukelbewegung« reagierenden Westmächte zu treiben – diese Frage läßt sich mit letzter Sicherheit auch heute noch nicht beantworten. Aber daß der westdeutsche Kanzler die Möglichkeiten, die sich nun so überraschend auftaten, nicht einmal »ausloten« wollte, zeigen die Dokumente dieser Zeit doch sehr deutlich.

Adenauer blockte sofort alle aufkeimenden Hoffnungen ab. »Seien wir uns darüber klar, daß dort der Feind des Christentums sitzt«, erklärte er eine Woche nach Bekanntwerden der Stalin-Note auf einer CDU-Tagung. »Im Grunde bringt sie wenig Neues.« Eine Nationalarmee lehnte er mit dem – blickt man auf seine Bestrebungen eine westdeutsche Armee aufzubauen – erstaunlichen Argument ab, »es gehör(t)en ungeheure Summen dazu, auch nur einige Divisionen auszurüsten, an die wir gar nicht denken können, und deshalb ist dieser Teil der sowjetischen Note nichts weiter als Papier und sonst gar nichts!«

In seinen Gesprächen mit den Hohen Kommissaren hatte der Kanzler weniger Schwierigkeiten, als er in seinen »Isolierungsängsten« zunächst befürchtete. Denn es zeigte sich jetzt auch, daß die im Artikel 7 des gerade ausgehandelten Deutschlandvertrags festgehaltene Bestimmung lediglich zur Beruhigung der westdeutschen Wähler aufgenommen worden war. Dort heißt es: »Bis zum Abschluß der friedensvertraglichen Regelung werden die Unterzeichnerstaaten zusammenwirken, um mit friedlichen Mitteln ihr gemeinsames Ziel zu verwirklichen: ein wiedervereinigtes Deutschland, das eine freiheitlich-demokratische Verfassung ähnlich wie die Bundesrepublik besitzt und das in die europäische Gemeinschaft integriert ist.« Die darin zum Ausdruck gebrachte Unterstützung der deutschen Wiedervereinigungswünsche entsprach längst nicht mehr den Interessen der Westmächte. In Paris, London und Washington war man sich bei den Beratungen über die Stalin-Note klar, daß ein bündnisfreies Gesamtdeutschland den Plänen des Westens entgegenstand. So unterschiedlich dabei auch ihre Beweggründe waren, die Verbündeten erkannten zu ihrer Beruhigung, daß sie im westdeutschen Kanzler ihren besten Helfer besaßen. Da Adenauer nicht »schwankte«, konnten sie Stalins Offerte mit den üblichen Propagandagebärden zu Grabe tragen.

Warum hat der Kanzler nicht einmal versucht, die Sowjetunion beim Wort zu nehmen? Ein neutrales Gesamtdeutschland war nicht »sein« Deutschland. Es hätte das Ende der Westintegration gebracht, der »Rheinstaat« hätte sich überlebt. Eine Neutralisierung bedeutete aus seiner Sicht, »daß Deutschland zwischen den beiden gewaltigen Machtblöcken schließlich in den russischen Sog geraten würde.« Adenauer ließ keine Zweifel daran, »daß wir die Wiedervereinigung Deutschlands nur erreichen werden mit Hilfe der drei Westalliierten, niemals mit Hilfe der Sowjetunion«. Wenn das aber richtig war, dann galt es für absehbare Zeit, Abschied zu nehmen von allen Einheitsträumen. Denn die Westalliierten waren in dieser Frage keine seriösen Helfer mehr. Die inzwischen zugänglich gewordenen Dokumente in den Archiven der Westmächte führen dafür zahlreiche Belege auf. So erklärte Londons Außenminister Selwyn Lloyd in einem geheimen Memorandum am 22. Juni 1953 mit schonungsloser Klarheit: »Deutschland ist der Schlüssel zum Frieden in Europa. Ein geteiltes Europa bedeutet ein geteiltes Deutschland. Deutschland wiederzuvereinigen, solange Europa geteilt ist, ist – falls machbar – gefährlich für uns alle. Deshalb fühlen wir alle – Dr. Adenauer, die Russen, die Amerikaner, die Franzosen und wir selbst – im Grunde unseres Herzens, daß ein geteiltes Deutschland fürs erste sicherer ist. Aber keiner von uns wagt es, dies wegen der Auswirkungen auf die öffentliche Meinung in Deutschland auch offen auszusprechen. Daher treten wir alle in der Öffentlichkeit für ein vereintes Deutschland ein, jeder aufgrund seiner eigenen Bedingungen.« Lloyd hatte recht, denn in Washington und Paris dachte man nicht anders.

Adenauer schürte Furcht in den eigenen Parteireihen, indem er behauptete, die Aufnahme von Verhandlungen mit der Sowjetunion werde den Vertrag über die Europäische Verteidigungsgemeinschaft auch dann zunichte machen, wenn Stalins Angebot sich als Täuschung herausstellen sollte. Nichts spricht dafür, daß dies zugetroffen hätte. Immerhin schlug der amerikanische Außenminister Dean Acheson selbst Adenauer vor, die drei Westmächte sollten Gespräche mit den Sowjets aufnehmen, damit die Stalin-Note ihren Propaganda-Effekt bei vielen Deutschen verlöre. Der Kanzler lehnte auch dies ab, obwohl sich mit dem Angebot von Acheson die Möglichkeit bot, Stalins Vorschlag ohne jede Brüskierung der Westalliierten ernsthaft zu testen. Es ist wenig wahrscheinlich, daß die Westintegration, die dann auch ohne die Verwirklichung der Europäischen Verteidigungsgemeinschaft zustande kam, einen anderen Weg genommen hätte, wenn es für einige Monate zu neuen – möglicherweise erfolglosen – Deutschlandgesprächen mit Moskau gekommen wäre. Dabei hätte auch die wichtige Frage geprüft werden können, ob die Bündnisfreiheit eines Gesamtdeutschland einer Mitgliedschaft in der Montanunion im Wege stünde, wie der Kanzler es behauptete.

Ein Kommentar von Rudolf Augstein (Jens Daniel) im »Spiegel« vom 7. Mai 1952 zeigt, daß schon damals Adenauers hinhaltendes Taktieren aufmerksamen Beobachtern keineswegs verborgen geblieben war: »Moskau soll durch die vollzogene Tatsache der Eingliederung

Westdeutschlands in das westliche Bündnissystem den Geschmack an weiteren Einheitsvorschlägen verlieren, das ist der Sinn der Eile, die den Kanzler und den amerikanischen Außenminister Dean Acheson beflügelt. ›Vierer-Konferenz gefährlich und nicht wünschbar‹, sagt der Kanzler vor dem Außenpolitischen Ausschuß. ›Auch wenn ich zu hundert Prozent sicher zu sein glaubte, daß die Sowjets es nicht ehrlich meinen, so müßte ich mich trotzdem unbedingt für eine solche Prüfung durch Verhandlungen einsetzen‹, erklärt er in dem Interview, das der Publizist Friedlaender ihm aufgesetzt hat. ›Neutralität nur bewaffnet‹, sagte der Kanzler in London am 4. Dezember 1951. ›Bewaffnete Neutralität unmöglich‹, sagte er in Siegen am 12. März, nachdem die Sowjets eine deutsche Nationalarmee vorgeschlagen haben. All diese Ungereimtheiten sind verständlich bei einem Kanzler, der mit taktischen Winkelzügen seinem Ziel, der Integration Westeuropas, entgegenlaviert.«

Noch am 3. Mai 1952 hatte John McCloy, der amerikanische Hohe Kommissar in der Bundesrepublik, an seinen Außenminister berichtet, wie sehr Adenauer in dieser Frage die öffentliche Meinung und das Parlament fürchtete, wie eng er sich mit den Westalliierten verband, um die Verträge durchzubringen:

»Der Kanzler sagte mir heute, nachdem er gestern noch den ganzen Tag und ›die halbe Nacht‹ den amerikanischen Vorschlag für ein Treffen (der vier alliierten Außenminister) in Berlin mit allem Ernst geprüft habe, sei er definitiv zu dem Schluß gekommen, daß dieser Vorschlag im gegenwärtigen Zeitpunkt ein Fehler sei. Wenn ein solches Treffen jetzt vorgeschlagen würde, dann bezweifelt der Kanzler, daß das Kabinett ihn zur Unterzeichnung der Verträge ermächtigt, bevor dieses Treffen nicht Klarheit gebracht hat, ob die Sowjets es mit ihrem Angebot freier Wahlen ernst meinen. Die Opposition bestände seiner Meinung nach darauf, daß ein solches Treffen vor einer Vertragsunterzeichnung stattfindet, aber er befürchtet jetzt, daß sogar Mitglieder seiner Regierung die gleiche Haltung einnähmen. Er hält es auch für unklug, Viermächte-Gespräche auf das Thema freie Wahlen zu beschränken, da die Sowjets möglicherweise so viele Konzessionen machen, daß sehr lange Verhandlungen gerechtfertigt erscheinen, in deren Verlauf sich das öffentliche Interesse auf diese Zugeständnisse konzentriere und andere Punkte des sowjetischen Vorschlages, die abzulehnen seien, gar nicht mehr beachtet würden. Unter diesen Umständen wäre es dann unmöglich, die Verhandlungen zu einem definitiven Ende zu bringen.«

Ein Dokument, das nicht nur zeigt, wie ernst der Kanzler die Stimmung und die Hoffnungen in der Bundesrepublik einschätzte, sondern auch, wie sehr er sich bewußt war, daß Stalins Vorstoß sehr wohl etwas »Neues« in die Deutschlanddebatte gebracht hatte. Er verließ sich daher lieber auf das Zusammenspiel mit den Westalliierten, deren ablehnende Haltung zur deutschen Einheit er kannte, als auf die Diskussionen im eigenen Kabinett.

Er erreichte sein Ziel. Am 26. Mai 1952 wurde der Deutschlandvertrag, einen Tag später das Abkommen über die Europäische Verteidigungsgemeinschaft unterzeichnet. Stalin reagierte schnell. Bereits die dritte Note des Kreml war angereichert mit den altbekannten Propagandafloskeln, die den Westmächten und dem Kanzler signalisierten, daß die Gefahr des Zwangs zum Verhandeln überstanden war. In der DDR wurde der »Aufbau des Sozialismus« verkündet, auch Ulbricht und die SED-Führung durften aufatmen.

Richard Löwenthal hat in seiner Arbeit über die Zeit, die »Vom Kalten Krieg zur Ostpolitik« führte, die Meinung vertreten, nicht 1952, sondern in den wenigen Monaten zwischen Stalins Tod am 5. März und dem 17. Juni 1953 habe eine Chance zur Lösung der Deutschlandfrage bestanden, die dann von Adenauer und den Westmächten verspielt worden sei. Richtig daran ist, daß nach dem Tod des Diktators Malenkow, Berija und andere Mitglieder des Politbüros offensichtlich zu einer Revision der sowjetischen Deutschlandpolitik bereit waren und es im Kreml heftige Auseinandersetzung um diesen Kurs gab.

Englands großer alter Mann, Winston Churchill, seit 1951 wieder Premierminister, sah während dieser sowjetischen »Tauwetterperiode« eine neue Möglichkeit, durch Verhandlungen auf höchster Ebene den »Kalten Krieg« in Europa zu entschärfen. Er scheiterte auf ganzer Linie. Eisenhower, der Kriegsgefährte von einst, erklärte lapidar: »Im Augenblick sehe ich für uns keine andere Wahl, als den Ausbau der moralischen, wirtschaftlichen und militärischen Stärke des Westens stetig fortzusetzen.« Selbst im britischen Foreign Office stieß Churchill mit seiner Initiative auf tiefes Mißbehagen, wie die oben angeführte Bemerkung seines Außenministers Selwyn Lloyd beweist. Ein Schlaganfall beendete die Aktivitäten des inzwischen 78jährigen.

Interessant ist in diesem Zusammenhang Adenauers Reaktion auf Churchills Versuch, einen neuen Vierer-Gipfel zusammenzubringen. Der Kanzler reagierte mit Bestürzung. Er sah mit Stalins Tod »die Gefahren, die in der Weltlage enthalten waren und die insbesondere uns Deutsche bedrohten, sicherlich nicht gemildert. Er hatte die Labilität der Weltlage noch gesteigert, die Gefahren, in der wir alle schwebten, daher noch vermehrt«. (»Erinnerungen«) Für den Kanzler blieb die Sowjetunion von »einem ständigen Expansionsdrang beherrscht«, die nach dem Wechsel von Stalin auf Malenkow bemerkbaren politischen Neuansätze waren für ihn »offensichtlich von der Notwendigkeit diktiert, daß sich zunächst die Nachfolger Stalins innenpolitisch festigen mußten«.

Am 17. Juni 1953 brach der Aufstand in Ost-Berlin aus. Er war für die Sowjetunion ein Alarmsignal, denn an der osteuropäischen Flanke des Imperiums drohten unkontrollierbare Entwicklungen. Die Ereignisse in den Juni-Tagen beendeten die kurze »Tauwetterperiode«, leiteten die Ablösung an der sowjetischen Führungsspitze ein – Berija wurde Ende des Jahres erschossen, Chruschtschow und Bulganin stürzten Malenkow 1955 –, und sie rückte die Teilung Deutschlands und Europas endgültig in weite Ferne. Richard Löwenthal führt das Scheitern der vorsichtigen Neuorientierung der Moskauer Führung nicht nur auf den Berliner Aufstand zurück, sondern spricht auch von der »Starrheit der westlichen, auch der westdeutschen Außenpolitik in den kritischen Monaten nach Stalins Tod. Speziell im Falle der Bundesrepublik handelt es sich hier nicht um ein Versagen aus Unfähigkeit, sondern um eine aus vollem Bewußtsein betriebene Politik ihres ersten Kanzlers«.

Adenauers Ostpolitik blieb in den Jahren danach weitgehend bewegungslos, agierte nicht, sondern reagierte fast nur noch. Auf der Genfer Gipfelkonferenz von 1955 präsentierte Chruschtschow die Zwei-Staaten-Theorie Moskaus. Der Kreml verließ damit den Boden des Potsdamer Abkommens, die Einheit, aus welchen politischen Motiven auch immer propagiert, stand nicht mehr auf dem sowjetischen Programm. Adenauers Bemerkung nach dem Nato-Beitritt der Bundesrepublik – »Wir sitzen nun im stärksten Bündnis der Geschichte. Es wird uns die Wiedervereinigung bringen« – lag damals jenseits der deutschlandpolitischen Realitäten.

1955 reiste der Kanzler nach Moskau und akzeptierte – zum Unwillen der Verbündeten – die Aufnahme der diplomatischen Beziehungen zwischen beiden Ländern. Die Heimkehr von über 10 000 Kriegsgefangenen war die Gegenleistung, die er dafür einhandelte. Die Westdeutschen haben zu Recht in diesem Schritt eines der menschlich großen Verdienste Adenauers gesehen. Sein überragender Wahlsieg 1957 und die hohe Popularität, die er in diesen Jahren erreichte, waren sicher nicht zuletzt auch auf die Bilder über die von ihren Familien empfangenen Kriegsgefangenen zurückzuführen. Sie überdeckten allerdings, daß die von Bonn schlecht vorbereitete Moskau-Reise politisch völlig erfolglos blieb, es Adenauer nicht gelungen war, Bewegung in die Deutschland-Frage zu bringen.

Die deutsch-sowjetische »Eiszeit« endete mit dem Moskauer Treffen nicht. Im November 1958 forderte Chruschtschow, inzwischen Alleinherrscher im Kreml, auf einer Kundgebung im Moskauer Sportpalast das Ende des Vier-Mächte-Status für Berlin und den Abzug der dortigen Besatzungstruppen. Im Berlin-Ultimatum wurde die Umwandlung West-Berlins in eine entmilitarisierte »Freie Stadt« verlangt. Der Friedensvertrags-Entwurf, den Moskau am 10. Januar 1959 vorlegte, bewies lediglich, wie dramatisch sich die Lage inzwischen zuungunsten der westdeutschen Position entwickelt hatte: Chruschtschow wollte jetzt den »Frieden« diktieren, die Vierteilung Deutschlands, und nicht mehr die Einheit stand zur Diskussion. Der Westen antwortete mit dem »Herter-Plan«, der erst in seiner dritten Stufe freie gesamtdeutsche Wahlen vorsah. Das einzige Ergebnis der sich über Monate hinziehenden Verhandlungen blieb eine leichte Entschärfung des Berlin-Konflikts.

Symbol der ostpolitischen Ratlosigkeit wurde die Hallstein-Doktrin. Nach der Aufnahme der diplomatischen Beziehungen mit Moskau formuliert, drohte sie jedem Staat, der die DDR anerkannte, mit dem Abzug des Bonner Botschafters. Der »Alleinvertretungsanspruch«, durch keinen ernsthaften Versuch, die Einheit mit neuen Verhandlungsangeboten wieder auf die internationale Tagesordnung zu setzen, unterstützt, lähmte die westdeutsche Außenpolitik, nahm ihr zunehmend ihre Glaubwürdigkeit. Der Abbruch der diplomatischen Beziehungen zu Jugoslawien und einigen arabischen Staaten konnte die wachsende Bedeutung des zweiten deutschen Staates nicht aufhalten, sondern allenfalls etwas bremsen.

Die politischen Entscheidungen zwischen 1952, dem Jahr der Stalin-Note, und 1961, dem Jahr des Berliner Mauerbaus, lassen keine Zweifel darüber zu, daß es in den 15 Monaten vom 10. März 1952 bis zum 18. Juni 1953 die vorerst letzte Chance gegeben hatte, die territorialen Veränderungen in Deutschland, auf die sich die Kriegsalliierten in Jalta und Potsdam geeinigt hatten, zu korrigieren. Es bleibt fraglich, ob ein Eingehen auf Stalins Angebot, eine flexible Reaktion auf die »Tauwetterperiode« unter Malenkow und Berija die Wiedervereinigung in den Bereich des Möglichen gerückt hätte. Es ist aber unbestreitbar, daß Adenauer nicht einmal den Versuch unternommen hat, dies zu prüfen.

Seine Motive für diese Verweigerung bleiben fragwürdig. Ein Aufschub der Unterschrift unter die Westverträge hätte sicher die Westmächte irritiert, aber ein Bündnis mit den USA, England und Frankreich nicht endgültig blockiert. Angesichts der historischen Dimension, die die sowjetische Politik dieser Monate für Deutschland – möglicherweise – besaß, reagierte Adenauer nicht als weitsichtiger Staatsmann, sondern als ein eng denkender Politiker, den seine Vorurteile unfähig machten, den Zipfel zu ergreifen, der sich ihm bot.

Er konterkarierte aber damit auch die eigene »Politik der Stärke«, die er vor und nach 1953 immer wieder beschwor und zur Begründung seiner zunächst keineswegs populären Außenpolitik heranzog. Der Weg von der Staatsgründung bis zum Ende der Verhandlungen über die Westverträge war konsequent. Adenauer wollte die schnelle Rückgewinnung der westdeutschen Souveränität und ein Mitspracherecht über die deutsche Zukunft. Für dieses Ziel paßte er sich geschmeidig, aber die eigenen Interessen auch hart vertretend, den Wünschen und Forderungen der Westalliierten an. Auch die Wiederbewaffnung, die er heimlich und mit vielen Winkelzügen an den Westdeutschen vorbei in die Verhandlungen einbrachte, hatte ihren Sinn, wenn sie nicht um ihrer selbst Willen vorbereitet wurde.

Adenauers Konzept war den außenpolitischen Plänen Schumachers und Kaisers ja vor allem deswegen überlegen, weil es in dem klaren, unzweideutigen Anstreben einer Westanbindung Moskau deutlich machen konnte, daß ohne eine Revision der sowjetischen Deutschlandpolitik westlich der Elbe ein mächtiges Militärbündnis entstehen würde, das gegen die kommunistische Weltmacht gerichtet war. Stalin unternahm mit seiner Note von 1952 genau das, was Adenauer mit seiner Politik angeblich bezweckte: Er reagierte flexibel und – möglicherweise – kompromißbereit auf die bis dahin offenbar erfolgreiche »Politik der Stärke«. Hätte Adenauer ehrlich argumentiert, wäre das Ziel seiner Politik die Unabhängigkeit Westdeutschlands u n d die Wiedergewinnung der Einheit gewesen, dann hätte er jetzt zugreifen müssen. Er tat es nicht. Es bleibt also nur der Schluß, daß er ein Gesamtdeutschland ablehnte – es sei denn, die Nato-Truppen hätten ihre Kasernen auch an den Ufern der Oder errichten können. In den Jahren sowjetischer Stärke war dies aber ein unerreichbares Ziel. Durch ihre Reaktion auf die Stalin-Note und ihr Verhalten während der kurzen Übergangsphase bis zum Berliner Aufstand haben Adenauer und die Westmächte also deutlich gemacht, daß sie das Militärbündnis in jedem Fall, auch um den Preis der Spaltung Deutschlands wollten. Damit aber wurde die Wiedervereinigungs-These zur großen »politischen Lüge« dieses Kanzlers.

Arnulf Baring, der ebenso wie Adenauer natürlich die historischen Umbrüche am Ende des 20. Jahrhunderts nicht voraussehen konnte, hat in einer Diskussion zu diesem Themenkomplex eine sehr nachdenkenswerte Anmerkung gemacht: »Adenauer hat die eigenen Leute hinters Licht geführt, wenn er behauptete, die Wiedervereinigung sei das oberste Ziel seiner Politik. Er gaukelte ihnen sogar vor, die Stalin-Note vom März 1952 sei der Beweis dafür, daß man mit Geduld und Festigkeit noch viel mehr erreichen könnte – die reine Unwahrheit! Aber gerade das war Adenauers Größe, daß er als erster begriff, daß es keine Chance für eine Wiedervereinigung in Freiheit gab und eine Neutralisierung eines wiedervereinigten Deutschlands den politischen Selbstmord bedeuten würde.«

Doch stimmt der zweite Teil dieses Gedankens wirklich? Der Begriff »Neutralisierung« ist in den Adenauer-Jahren so emotional besetzt worden, daß bis heute kaum nüchtern darüber nachgedacht werden kann. Für den Kanzler war klar, daß ein neutrales Gesamtdeutschland – und nur das war, wenn überhaupt, von den Sowjets zu bekommen – zur »Versklavung« und »Unterjochung« zunächst Deutschlands und dann ganz Westeuropas führen mußte. Baring und Adenauer gingen mit ihrer These davon aus, daß die Angebote der Sowjets auf jeden Fall unseriös waren. Wenn Moskau also überhaupt vorhatte, ernsthaft zu verhandeln, würde es demnach mit seinen Konzessionen nur so weit gegangen sein, daß die anschließende »Unterjochung« noch möglich gewesen wäre. Da der Kanzler dies nicht »ausgelotet« hat, bleiben solche Argumente zwar gewichtig, aber nicht beweisbar.

Wäre es jedoch zu freien gesamtdeutschen Wahlen gekommen, dann erscheint es sehr unwahrscheinlich, daß das Gewicht der 60 Millionen Westdeutschen für die SED nicht eine hoffnungslose Ausgangslage geschaffen hätte. Diese Wahlen wären vielleicht nicht von Adenauer, sondern von Schumacher gewonnen worden (obwohl die ersten deutsch-deutschen Wahlen im Dezember 1990, in einer historisch allerdings völlig anderen Situation, eine solche These nicht bestätigt haben), aber ganz sicher nicht von Walter Ulbricht. Amerikanische

Untersuchungen kamen bereits damals zu diesem Ergebnis.

Ein neutrales Gesamtdeutschland wäre damals zu einem Entspannungsfaktor in Europa geworden, wenn die beiden Supermächte die Unabhängigkeit dieses Staates garantiert hätten. Denn ein bündnisfreier Landkorridor zwischen Rhein und Oder mußte die Fronten der feindlichen Systeme auseinanderschieben. Die Möglichkeit zu engeren Wirtschaftsbeziehungen, an denen die Sowjetunion brennend interessiert war, bot die Chance, Deutsche und Russen allmählich vom Vorteil der Überwindung der Konfrontationspolitik zu überzeugen. Der Aufbau der Nato und des Warschauer Paktes dagegen führte nachweislich zu einem gigantischen Truppenaufmarsch und zu astronomischen Rüstungsausgaben. In Mitteleuropa sollten schließlich mehr Nuklearwaffen gelagert und stationiert sein als in jeder anderen Region der Welt.

Das sind Gedanken, die in den Ohren der »Real-Politiker« natürlich utopisch klingen. Und auch aus der Sicht unserer Tage erscheint die Adernauersche Denkungsweise in bezug auf die Einheit nach dem Fall der Berliner Mauer im Jahre 1989 konsequent und folgerichtig. Aber wer so argumentiert, vergißt, daß die damalige Deutschland-Politik der Union auf Kosten von Millionen Menschen in der DDR und in den anderen Ostblockstaaten ging. Zudem wissen wir heute noch genauer als zum Zeitpunkt der Ereignisse, wie dicht die Supermächte mehrfach, vor allem in der Kuba-Krise von 1962, vor einem Atomkrieg standen. Es war viel Glück im Spiel, daß die »Politik der Stärke«, mit der beide Seiten auf unverantwortliche Weise jonglierten, für Europa und besonders für Deutschland nicht im Inferno einer atomaren Schlacht endete. Erst die Entspannungspolitik in den späten sechziger und frühen siebziger Jahren, die für Bonn zu den Ostverträgen führte und 1975 in Helsinki mit den KSZE-

Verträgen ihren Höhepunkt erreichte, minderte die Kriegsgefahr und öffnete die Grenzen zwischen Ost und West.

Dies soll die politischen Leistungen Adenauers und der Union für den Aufbau Westdeutschlands und die Rückführung des Landes in die internationale Staatengemeinschaft nicht mindern. Aber mit Blick auf die Spaltung bleiben auch nach der Wiedervereinigung alle Hinweise auf Adenauers angebliche strategische Weitsicht Apologie, und sie gehören in den Bereich der Legendenbildung. Wie in vielen politischen Fragen hat der Gründungskanzler auch auf diesem Feld improvisiert und die Bürger mehr oder weniger getäuscht. In der Wirtschafts- und Europapolitik stand ihm das Glück des Tüchtigen zur Seite, in der Deutschland-Politik führte er sein Land in eine Sackgasse.

Am 30. August 1954 lehnte die französische Nationalversammlung die Ratifizierung des Vertrages über die Europäische Verteidigungsgemeinschaft ab. Damit war automatisch der Deutschlandvertrag gescheitert. Adenauer stand vor einem politischen Scherbenhaufen. In den »Erinnerungen« spricht er noch zehn Jahre später von einer »Tragödie« und von »qualvollen Tagen«. Ob der Kanzler sich allerdings damals ernsthaft mit Rücktrittsabsichten trug, ist fraglich. Er hatte schon frühzeitig Alternativen zu EVG angedacht und mit Washington diskutiert. Im Grunde schlug seiner Politik das Ende der EVG-Pläne zum Heile aus. Viel früher als von ihm erhofft wurde die Bundesrepublik daraufhin Mitglied der Nato.

Das Aus für die Europäische Verteidigungsgemeinschaft schien jedoch für die Aussenstehenden zunächst tatsächlich den Zusammenbruch der Adenauerschen Konzeption zu bedeuten. Denn wäre die EVG zustande gekommen, dann hätte das nicht nur zu einer Europa-Armee geführt, sondern auch schon sehr viel früher zur politischen Union. Europa als »Dritte Kraft« aber, als von beiden Supermächten unabhängige politische Größe, der vereinigte Kontinent vom Atlantik bis zur Elbe als starkes Bollwerk gegen die Sowjetunion – das war der Schlußstein, den der Kanzler für die Rückkehr Westdeutschlands in den Kreis der freien Völker setzen wollte.

Adenauer hatte als Rheinländer eine tiefe kulturelle und politische Bindung nach Westen, und das heißt in erster Linie zu Frankreich. »Es bestand für uns kein Zweifel«, schreibt er, »daß wir zur westeuropäischen Welt gehören nach unserer Herkunft und nach unserer Gesinnung. Wir wollen zu allen Ländern gute Beziehungen unterhalten, insbesondere aber zu den westeuropäischen Ländern, den Beneluxstaaten, Frankreich, Italien und Großbritannien. Der deutsch-französische Gegensatz, der Hunderte von Jahren die europäische Politik beherrscht hatte, der zu so vielen Kriegen, Zerstörungen und Blutvergießen Anlaß gegeben hatte, mußte endgültig aus der Welt geschaffen werden.«

Europa hatte aus Adenauers Sicht die Idee der christlich-abendländischen Kultur zu »retten«, die Erbfeindschaft zwischen den beiden mächtigsten westeuropäischen Staaten Frankreich und Deutschland zu beenden und der »heimatlosen« deutschen Nation eine neue Identität zu geben. Als die politische Union zunächst gescheitert war, die 1957 gegründete Europäische Wirtschaftsgemeinschaft sich lediglich zu einem großen Handelsverein entwickelte und die amerikanische Politik sich nach dem Tod von John Foster Dulles aus der Sicht des Kanzlers immer mehr von der »Politik der Stärke« entfernte, da trat die deutsch-französische Annäherung in das Zentrum seiner europäischen Politik.

Im Gegensatz zur Bonner Ostpolitik aber blieb das Thema Europa auch nach dem Rückschlag, den die Ablehnung des EVG-Vertrages zunächst bedeutete, in Bewegung. Vor allem die USA griffen nach der Entscheidung der französischen Nationalversammlung energisch ein, denn sie wollten keinerlei Verzögerung beim Aufbau der neuen deutschen Armee, die knapp 10 Jahre nach Kriegsende nur in einem integrierten Bündnisverband für die westlichen Nachbarn akzeptabel war. Die Pariser Verträge vom Oktober 1954 leiteten den Beitritt der Bundesrepublik in die Nato ein, brachten den Beschluß, das Besatzungsregime zu beenden, und die Einigung über das Saarstatut. Adenauer konnte damals aufatmen, ja triumphieren. Das Europa, das sich bis zum Ende seiner Amtszeit entwickelte und formte, sah zwar anders aus als die Vision, die er schon 30 Jahre früher als Kölner Oberbürgermeister den Rheinländern aufgezeigt hatte, aber es brachte doch für die Gemeinschaftsländer neue starke wirtschaftliche Impulse und führte zu einer politischen Annäherung, vor allem dann zwischen Deutschland und Frankreich.

Bis die Europäische Gemeinschaft gegründet wurde und General de Gaulle die V. Republik errichtete, standen die europäischen Einigungsbestrebungen ganz im Zeichen des Ost-West-Konflikts und der Frage, wie die Bundesrepublik »gezähmt« in den Kreis der Weststaaten eingefügt werden konnte. Mit der Abschwächung des »Kalten Krieges« entfiel 1954 der Druck zum engen politischen Zusammenschluß, neigte sich das Interesse überwiegend wirtschaftlichen Fragen zu. Die Europäische Gemeinschaft wurde zwar mit supranationalen Rechten ausgestattet, aber schon bevor de Gaulles »Europa der Vaterländer« das Licht der politischen Welt erblickte, gingen die EG-Staaten wieder ihre eigenen politischen Wege. Dabei blieb es in den kommenden Jahrzehnten. Erst der Vertrag von Maastricht, auf den sich die Europäische Gemeinschaft einigte und der 1993 in Kraft trat, führte dann zu einer entscheidenden politischen Vertiefung der Union.

Die Europapolitik des Kanzlers blieb im Gegensatz zu seiner Ostpolitik stets pragmatisch. Er reagierte auf jede

Schwierigkeit, die bei den Beratungen auftauchte, sehr flexibel, ließ sich nur selten auf Grundsatzdebatten ein. Der Kanzler forderte immer wieder, auch mit kleinen Schritten dem Ziel einer engeren Zusammenarbeit näherzurücken. Seine pragmatische Haltung hat er in der letzten politischen Rede seines Lebens, in Madrid am 16. Februar 1967, noch einmal sehr deutlich gemacht: »Wenn der politische Einfluß der europäischen Länder weiterbestehen soll, muß gehandelt werden. Wenn nicht gleich die bestmögliche Lösung erreicht werden kann, so muß man eben die zweit- oder drittbeste nehmen. Wenn nicht alle mittun, dann sollen die handeln, die dazu bereit sind ... Man sollte nicht allzu viel Wert auf die juristische Form eines solchen Zusammenschlusses legen. Ob nun eine Föderation oder Konföderation entsteht, oder welche Rechtsform es immer sein mag: Handeln, Anfangen ist die Hauptsache.«

Es war ein »Rhein-Europa«, das sich in den fünfziger Jahren mühsam, durch komplizierte Verträge abgestützt, auf eine gemeinsame politische Zukunft vorbereitete. Für Adenauer ist es der Schritt gewesen, der den Deutschen das Fenster zum Westen öffnen sollte. Aber er verschloß auch die Türen zum Osten. Die Einheit des alten Reiches, in welchen Grenzen und unter welcher staatsrechtlichen Konstruktion auch immer, rückte mit den Europa-Entscheidungen in weite Ferne. Der Kanzler wußte dies besser als die meisten seiner Landsleute in Ost und West, die sich noch lange an offizielle Wiedervereinigungsbeschwörungen der Regierung und ihres Leiters klammerten. Sie wurden bewußt getäuscht. »Vergessen Sie nicht«, sagte Adenauer schon 1954 zu Frankreichs damaligem Ministerpräsidenten Mendès-France, »daß ich der einzige deutsche Kanzler bin, der die Einheit Europas der Einheit seines eigenen Vaterlandes vorzieht. Ich bin bereit, die deutsche Wiedervereinigung zu opfern, wenn wir in ein starkes westliches Lager eintreten können.« In einem Interview im September 1954 mit der Londoner »Times« erklärte Adenauer mit aller Offenheit, daß er Westeuropa und nicht die Einheit wollte: »Selbstverständlich mußte ich stärksten Einspruch erheben, als er (Mendès-France) verlangte, daß alle Vertragspartner das Recht haben sollten, im Fall der Wiedervereinigung Deutschlands, sich aus der EVG zurückzuziehen. Das wäre nach meiner Auffassung – und nach Auffassung der anderen – geradezu eine Aufforderung an Rußland gewesen, die Wiedervereinigung mit jedem nur erdenklichen Mittel anzustreben (!) und so die EVG zu zerstören.«

Westeuropa und das atlantische Militärbündnis, oder die Bewahrung der Chance zur baldigen Einheit, das war die wirkliche Alternative, vor der die Deutschen gestanden hatten, und nicht die Frage »Unterjochung« oder Freiheit, wie es Adenauer ihnen in seinem grenzenlosen Hang zu Vereinfachungen drohend einredete. Das Scheitern der EVG signalisierte in der Anfangsphase der Einigungsbemühungen, daß Westeuropa zwar bündnisfähig, aber noch nicht bereit zur Aufgabe der nationalen Eigenständigkeiten war. Auch die Westdeutschen nicht, wie sich am Ende der »Adenauer-Ära« und noch viele Jahre danach zeigen sollte.

Der Weg in die Europäische Gemeinschaft hat den Westdeutschen fraglos geholfen, Krieg und Not schneller, als es angesichts der ungeheuren materiellen und moralischen Zerstörungen vermutet wurde, zu überwinden. Der Wohlstand der Bundesrepublik beruhte (und das gilt auch für das heutige wiedervereinigte Deutschland) ganz entscheidend auf einem liberalen Welthandel und dem Wegfallen der westeuropäischen Zollschranken. Die traditionelle Abneigung, mit der die Deutschen den Ideen der westlichen Demokratien gegenüberstanden, fand im Bonner Staat ebenfalls ihr Ende. Das Eindringen liberaldemokratischer Kulturwerte bereicherte Leben und Denken im Land tief, verschaffte schließlich in den sechziger und siebziger Jahren republikanischen Verhaltensregeln als Maßstab der Politik stärker Geltung. Erst das Verhalten führender Parteirepräsentanten und Regierungsmitglieder in den Finanzaffären der CDU zu Beginn des neuen Jahrhunderts, sowie der wachsende Rechtsradikalismus beginnen in der Berliner Republik wieder Fragezeichen demokratischen Selbstverständnisses zu setzen.

Der Weg in den Westen, den Adenauer vorgab und der politisch mit scharfen antiöstlichen Akzenten abgesichert werden mußte, bereicherte aber die Bundesrepublik nicht nur, sondern machte sie auch für Jahrzehnte ärmer. Denn er schnitt die Westdeutschen von jahrhundertealten geistig-kulturellen Verbindungen ab, die ihre Geschichte solange und so schöpferisch begleitet hatten. In den fünfziger Jahren überlagerte die verständliche Europa-Euphorie der Deutschen solche Gedanken. Als die Ernüchterung später allmählich einsetzte, waren die Stacheldrahtzäune und Mauern schon ebenso fest zementiert, wie die Feindbilder in den Köpfen der Menschen.

Aus heutiger Sicht bleibt also nur noch spekulativ die Frage zu stellen, ob ein neutrales Gesamtdeutschland nicht eine »Brücke« (Jakob Kaiser) zwischen den beiden Teilen Europas hätte werden können, die einer sich machtpolitisch von diesem Kontinent abwendenden Welt mehr Stabilität verliehen hätte. Adenauer hat diese Frage nicht zugelassen, und wie erfolgreich er mit seinem so einfachen Weltbild war, beweist nicht zuletzt, daß sie erst wieder in den achtziger Jahren zu stellen begonnen wurde.

Seit 1958 hat der politische Interessengegensatz zwischen den USA und Frankreich, der in der amerikanischen Nordafrikapolitik seinen Anfang nahm, die europäisch-atlantische Zusammenarbeit stark bestimmt. Der Streit zwischen den »Atlantikern« und »Gaullisten« beherrschte die Bonner Westpolitik bis über die Amtszeit Adenauers hinaus. Der Kanzler, seit dem Tod von John Foster Dulles im Mai 1959 und dem Amtsantritt Kennedys im Januar 1961 politisch zunehmend vereinsamt, hielt ihn für gefährlich und sinnlos, lavierte in diesen Jahren geschickt, pragmatisch und von Sorgen geplagt zwischen Paris und Washington. Die Berlin-Krisen, ausgelöst durch Chruschtschows Forderung nach einer Revision des Potsdamer Abkommens, verstärkten die Entspannungsbemühungen der Amerikaner und Briten. Adenauer reagierte mit düsteren Untergangsängsten, äußerte sich tief verbittert über Treffen westlicher Staatschefs mit der sowjetischen Führung, sein »Potsdam-Komplex« überwältigte ihn wieder.

Mit der Amtsübernahme de Gaulles erschien gleichzeitig ein »Nationalist« auf der westeuropäischen Bühne. Er sollte die letzte große politische Gestalt sein, die in Adenauers Leben trat. Häufig trafen sie sich, eine ständige Korrespondenz vertiefte den Gedankenaustausch, und die Unterzeichnung des deutsch-französischen Vertrages am 22. Januar 1963 empfand der Kanzler als die Krönung seines politischen Lebenswerkes. Aber es war auch eine »Freundschaft« der Gegensätze und Mißverständnisse. »Adenauer fand einen starken und eigenwilligen Partner für europäische Politik, aber auch einen ebenso unbeugsamen Widerpart in der atlantischen Bündnispolitik mit oder gegenüber der amerikanischen Führungsmacht.« (Lothar Ruehl)

De Gaulle sah deutlicher als Adenauer, daß die amerikanische Vorherrschaft im atlantischen Bündnis die Westeuropäer in wachsende Abhängigkeiten brachte. Er warnte davor, daß die europäischen Interessen, die nicht immer deckungsgleich mit den amerikanischen seien, im Sicherheitsdialog der Supermächte zu wenig Berücksichtigung fänden. Der General zog die Konsequenz: Frankreich baute eine eigene und bündnisunabhängige nukleare

Streitmacht auf (»Force de Frappe«) und zog sich aus der Nato zurück.

Adenauer wiederum übersah nicht, daß Bonn nicht von Paris, sondern nur von Washington aus verteidigt werden konnte. Er stützte de Gaulles Europapolitik, schloß sich beispielsweise dem Veto gegen Großbritanniens Beitritt zur EG an, sah aber auch die Konflikte, die ein französisch-deutsches Übergewicht in der Gemeinschaft heraufbeschwor. Der General wollte eine »Renaissance« der Großmacht Frankreich und wußte, daß dies nur mit Hilfe der Deutschen möglich war. Adenauer brauchte de Gaulle, der in den Berlin-Krisen fest an der Seite Bonns stand, als Gegengewicht zu den von ihm als gefährlich angesehenen Entspannungsbemühungen der Amerikaner und Briten. De Gaulle wollte ein unabhängiges Europa »vom Atlantik bis zum Ural«, in dem Frankreich eine Führungsrolle einnahm. Adenauer wollte ein starkes Westeuropa vom Atlantik bis zur Elbe, das fest eingebunden war in die militärische und wirtschaftliche Partnerschaft mit den Vereinigten Staaten. De Gaulle hat zweifellos weiter gesehen als der westdeutsche Kanzler, ahnte die künftigen Entwicklungen der amerikanischen Politik mit dem sicheren Instinkt eines »Nationalisten« voraus – Entwicklungen, die vom Vietnam-Krieg zum »Krieg der Sterne«-Programm führten. Adenauer war der größere Skeptiker, aber auch zu stark in den Widersprüchen seiner »versteinerten« Ostpolitik verstrickt, um zum »Gaullisten« zu werden.

Ist der Kanzler als Außenpolitiker gescheitert? Sieht man die Entwicklungen aus seinem Blickwinkel, dann wohl nicht. Das Nein Frankreichs zur Europäischen Verteidigungsgemeinschaft hat zwar die politische Union, die Adenauer zunächst anstrebte, für lange Zeit in weite Ferne gerückt, aber die Europäische Gemeinschaft hat sich nicht nur auf Südeuropa (Spanien, Portugal, Griechenland) ausgedehnt, sondern auch die Briten, Iren und Dänen sind inzwischen zu ihr gestoßen. In Maastricht fiel der Beschluß zur Bildung einer politischen Union, ab 2002 wird es mit dem Euro eine gemeinsame Währung geben, was einen weiteren folgereichen Qualitätssprung darstellt. Neue Beitrittskandidaten – Polen, Tschechen und Slowaken, aber auch die baltischen Staat und die Türkei pochen energisch an die Pforten der EU – stehen vor der Tür. Die EG und dann die Union wurden für die wirtschaftliche Entwicklung Westeuropas zu einem soliden Fundament. Die Aussöhnung zwischen Frankreich und Deutschland, ein zentrales Ziel des Kanzlers, ist gelungen, längst kein europäisches Thema mehr.

In der Deutschlandpolitik ist Adenauer gescheitert. Aber er war während seiner gesamten Amtszeit auch nicht bereit, seine Rheinstaat-Idee als Preis für die Wiedervereinigung des geteilten Landes aufzugeben. Hans-Peter Schwarz meint, die Deutschlandpolitik des Kanzlers habe ein »doppeltes Scheitern« erlebt, weil »seine Hoffnung, die Sowjetunion mit Hilfe eines einigen Westens aus der Ostzone verdrängen zu können«, sich ebenso wenig erfüllte »wie die Bereitschaft, die Fesseln der nationalstaatlich konzipierten Wiedervereinigungspolitik abzustreifen«.

Diese These stimmt, wenn man Adenauers Bekenntnisse und nicht seine Handlungen zum Maßstab der Bewertung seiner Politik macht. Diese Politik nämlich war objektiv gegen die Einheit gerichtet, und »die Fesseln der nationalstaatlich konzipierten Wiedervereinigungspolitik« waren dringend notwendig, damit die Deutschen ihrem Kanzler nicht auf die Schliche kamen.

Des Kanzlers langjährige Sekretärin, Anneliese Poppinga, zitiert den von ihr bewunderten Mann in ihrem sehr informativen Buch über seine letzten Lebensjahre, mit einigen Gedanken über die Voraussetzungen einer guten Außenpolitik: »Außenpolitik kann man nicht ohne

Kenntnis der Vergangenheit treiben. Man muß Wissen haben und man muß Erfahrung haben. Genau wie im menschlichen Leben setzt sich da ein Stein auf den anderen. Man muß die Entwicklung seines eigenen Landes und die der anderen Staaten zumindest in ihren großen Zügen kennen, man muß die Entwicklungen studieren, wenn man erfolgreiche Politik machen will.« Vieles von dem war dem Kanzler gegeben. Aber es waren da auch unübersehbare Lücken in seinem sechzig Jahre vorher geformten Bild von der Welt zu erkennen.

Kapitel 6
Ende einer Karriere

Der Abschied von der Macht zog sich lange hin. Es wurden für den Kanzler schwere, bittere Jahre, bis er am 15. Oktober 1963 im Plenarsaal des Bundestages mit versteinertem Gesicht den Dank des Vaterlandes entgegennahm. Zäh hatte er sich bis in die letzten Monate hinein an das Amt geklammert, überzeugt davon, nur er könne die Deutschen vor kommendem Unheil bewahren. »Mein Gott«, sagt er einmal im Gespräch mit Belgiens Außenminister Spaak, »ich weiß nicht, was meine Nachfolger tun werden, wenn sie sich selbst überlassen sind; wenn sie nicht fest vorgezeichnete Bahnen gehen müssen, wenn sie nicht an Europa gebunden sind.« Er zeigte in diesen letzten Jahren wenig menschliche Größe, aber demonstrierte einer sich allmählich von ihm abwendenden Welt, welche Kraft nach wie vor in ihm schlummerte, welche Abwehrreaktionen er bei wachsendem Druck auf seine Stellung oder seine Politik noch mobilisieren konnte. Auch das Ende war diesem Leben angemessen: Er schritt ihm kämpfend und ohne Rücksicht auf die Folgen für die Erben von Thron und Macht entgegen.

Erstaunlich bleibt die ungebrochene körperliche und geistige Vitalität des über 85jährigen. Seine Arbeitstage wurden nicht kürzer, seine Reisen nicht weniger, die politischen und persönlichen Rückschläge mehrten sich, führten zeitweise zu kaum noch erträglichen psychischen Belastungen, ohne daß Adenauer Erschöpfung zeigte, Resignation ihn lähmte, die Rastlosigkeit gebremst wurde. Das Alter forderte keinen Tribut von ihm. Wie sollte ein solcher Mann erkennen, daß die Zeit über ihn hinwegzuschreiten drohte? Freiwillig hatte er Macht in seinem Leben nie abgegeben.

Der Abstieg vom Gipfel erfolgte in vier Phasen: Über die Diskussion der Heuss-Nachfolge 1959, den Bau der Berliner Mauer 1961, die »Spiegel-Affäre« 1962 und schließlich die Fraktionssitzung der Unions-Parteien am 23. April 1963, auf der Adenauers Nachfolger bestimmt wurde. Hinter diesen Ereignissen aber – und dies war entscheidender – stand der tiefgreifende Wandel, der die internationale Politik seit 1954 mehr und mehr kennzeichnete und der mit der Präsidentschaft Kennedys seinen ersten Höhepunkt erreichte.

Die Fundamente der »Politik der Stärke«, auf denen das Konzept des westdeutschen Kanzlers ruhte, wurden zunehmend brüchig und das führte schließlich zu einer gefährlichen Erstarrung der Ost-West-Fronten. Amerikaner und Briten erkannten, daß sich der ideologische Gegner im Osten nicht niederrüsten ließ, die Sowjetunion trotz aller wirtschaftlichen Probleme, trotz der Entwicklung Chinas zu einer asiatischen Großmacht, durch sein nukleares Waffenpotential zu einer gleichwertigen Supermacht aufgestiegen war. Kennedy und Macmillan suchten den Dialog mit der Sowjetunion.

Die großen internationalen Konflikte, die die letzten Amtsjahre Adenauers überschatteten, zeigten beiden Supermächten, daß jeder Schritt, der die Einflußsphäre des Gegners bedrohte, in die nukleare Katastrophe führen konnte. Die Krisen um Berlin und Kuba waren die Ausläufer des »Kalten Krieges«, der vorerst letzte Versuch Moskaus, den Widerstandswillen des Westens auf die Probe zu stellen. Mit der Abriegelung Ost-Berlins am 13. August 1961 zog Chruschtschow einen Schlußstrich unter die Nachkriegsphase der sowjetischen Deutschlandpolitik. Mit der Blockade russischer Schiffe, die Raketenteile für Kuba geladen hatten, zeigte Kennedy, daß die

USA ihre Interessen notfalls mit Waffengewalt zu verteidigen bereit waren.

Der amerikanische Präsident akzeptierte den Berliner Mauerbau und erkannte damit den sowjetischen Herrschaftsanspruch auf Ost-Berlin und die DDR stillschweigend an, erklärte nur West-Berlin für unantastbar. Chruschtschow wiederum ging mit dem Raketenabzug aus Kuba kriegerischen Auseinandersetzungen mit der westlichen Supermacht aus dem Weg und machte so deutlich, wo für den Kreml die Grenzen seines Durchsetzungswillens lagen.

Die Konflikte verlagerten sich bald nach Asien und Afrika. In Vietnam verstrickten sich die USA immer tiefer in einen jahrelangen Krieg, der nicht zu gewinnen war. Im Nahen Osten scheiterte die Sowjetunion mit dem Versuch, die arabische Welt in ihre Einflußzone einzuverleiben. Chruschtschow wurde gestürzt, und mit der neuen sowjetischen Führung begannen die ersten ernsthaften Versuche, das mörderische und unbezahlbar gewordene Wettrüsten einzugrenzen. Über die Teilung Deutschlands sprachen die Supermächte immer weniger.

Für die Deutschen wurden dies Jahre der Ernüchterung. Die Störflüge sowjetischer Düsenjäger über der alten Hauptstadt und Moskaus Drohungen, den Berliner Viermächte-Status aufzukündigen, zeigten ihnen, daß auch »das mächtigste Bündnis der Geschichte« Europa nicht von der Kriegsbedrohung befreit hatte. Der Bau der Berliner Mauer aber wirkte dann wie ein Schock. Die Menschen sahen, daß weder die Schutzmacht Amerika noch die Bundesregierung etwas gegen diesen eindeutigen Rechtsbruch unternahm, der die letzte Lücke zwischen den beiden deutschen Staaten schloß. Die Berliner Mauer signalisierte das eigentliche Ende der Adenauer-Ära.

Für den Kanzler war es eine Katastrophe. Er wirkte zunächst denn auch wie gelähmt. So überraschend wie die Bonner Politik es den Bürgern suggerierte, kam die Abriegelung Ostberlins allerdings nicht. »Wenn wir davon ausgehen,« schrieb der amerikanische Botschafter in Moskau bereits im März 1961 an seine Vorgesetzten in Washington, »daß die Sowjets das Berlin-Problem so lassen, wie es ist, müssen wir erwarten, daß die Ostdeutschen die Sektorengrenze abriegeln werden, um die für sie unerträgliche Fluchtwelle nach Berlin zu stoppen.«

»Es waren traurige Tage«, schreibt Adenauers enger Mitarbeiter Horst Osterheld später. »Im August 1961 hat der Kanzler die Erregung, die sich nicht nur der Berliner, sondern auch der Deutschen im Bundesgebiet bemächtigte, die Erschütterung, die sie aufwühlte, nicht adäquat empfunden, weder in ihrer Gewalt, noch in ihrer Weite und Tiefe.« Wenige Wochen später verlor die Union die absolute Mehrheit im Bundestag. Die FDP, die unter Erich Mendes Führung erklärt hatte, eine Koalition sei nur mit einem neuen Kanzler möglich, erreichte mit 12,8 Prozent das beste Wahlergebnis ihrer Geschichte.

Zweifellos war es ein schwerer psychologischer Fehler des Kanzlers, nicht sofort nach Berlin zu fliegen und damit Solidarität und Mitgefühl für die aufgebrachten Menschen zu demonstrieren. Er unterschätzte die Situation völlig, und es war ja nicht zum erstenmal, daß Adenauer sich weigerte, in die ungeliebte ehemalige Hauptstadt zu reisen. Aber der Schock ging diesmal tiefer. Der Bau der Berliner Mauer hat das Dilemma, in der Adenauers Deutschlandpolitik steckte, blitzartig sichtbar gemacht. Die Wiedervereinigung war nicht durch eine »Politik der Stärke« zu erringen, wie er es jahrelang den Deutschen eingeredet hatte, weil die Westmächte nicht bereit waren, für die Einheit, geschweige denn für Berlin oder eine wie auch immer geartete Veränderung des Status quo in Osteuropa die nukleare Auseinandersetzung mit der Sowjetunion zu riskieren. Dies war die bittere Lehre des 13. August 1961.

Der Zenit war überschritten. Adenauer trat endgültig in die Dämmerung seiner Kanzlerschaft ein. Schon die »Präsidentschaftskrise« im Frühjahr 1959 bot erste Anzeichen dafür, daß sein so sicherer Instinkt für die Stimmung und Gefühle der Massen ihn offenbar zu verlassen drohte. Als die Amtszeit von Theodor Heuss ihrem Ende zuging, dachte der Kanzler daran, den populären schwäbischen Bildungsbürger durch eine Verfassungsänderung bis nach den Bundestagswahlen an der Spitze des Staates zu belassen, um dann 1962 vielleicht selbst Präsident zu werden. Heuss merkte zwar sehr richtig an, »daß man ein Grundgesetz nicht deshalb ändern dürfe, weil gerade ›ein netter Mann auf dem Markt sei‹«, aber solche Skrupel waren Adenauer im politischen Machtspiel ohnehin fremd. Erst als die Sozialdemokraten abwinkten und mit Carlo Schmid einen eigenen Kandidaten ankündigten, schwenkte der Kanzler auf eine neue Linie um. Innenminister Gerhard Schröder hatte Ludwig Erhard in die Debatte gebracht.

Es begann eine sich über mehrere Monate hinziehende Bonner Komödie, an deren Ende sich Adenauer zwar wieder einmal durchsetzte, aber diesmal doch eine zornige Fraktion und eine verwirrte Öffentlichkeit auf dem Kampfplatz zurückließ, die nicht mehr bereit war, über den »alten Fuchs« zu schmunzeln. Das Spiel mit dem höchsten Amt des Staates und mit dem neben Adenauer populärsten westdeutschen Politiker hinterließ erste tiefe Kratzer am Kanzlerbild.

Erhard war von Adenauer telefonisch befragt worden, und seine gewundene Antwort interpretierte der Kanzler vor der Fraktion sofort in ein eindeutiges »Ja« um. Aber dort wußte man längst, um was es wirklich ging: die Nachfolge – aber nicht im Präsidenten-, sondern im Kanzleramt. Erhard war für die Mehrheit der Union die »Lokomotive« für den nächsten Wahlkampf. Adenauers Versuch, den ungeliebten Kronprinzen in die Villa Hammerschmidt abzuschieben, löste helle Empörung aus, und die öffentliche Diskussion um die Kanzlernachfolge brach erstmals mit aller Heftigkeit los. Adenauer erklärte schließlich, er selbst werde für das Präsidentenamt bereitstehen.

Die Erleichterung in der Union war unübersehbar. Aber der Kanzler forderte nun, der farblose Finanzminister Franz Etzel müsse sein Nachfolger werden, und er ließ die Republik im gleichen Atemzug wissen, daß der Bundespräsident bei richtiger Auslegung der Verfassung ein recht mächtiger Mann im Staate sei. Sein Mitwirken an der Außenpolitik erklärte Adenauer als ebenso selbstverständlich, wie die regelmäßige Anwesenheit eines künftigen Bundespräsidenten Adenauer im Kabinett. Nicht schwer sich vorzustellen, was das für den Nachfolger im Kanzleramt bedeutet hätte.

Es wurde ein peinliches Schauspiel, und als der Vorhang fiel, da war einiges vom Glanz seines Hauptdarstellers abgebröckelt. Denn Adenauer erklärte schließlich in einer Fernsehansprache, er bleibe Kanzler, weil kein anderer – also auch nicht Ludwig Erhard – das Land durch die gefährlichen Gewässer der Politik steuern könne: »Die außenpolitische Entwicklung der ganzen zehn Jahre seit Bestehen der Bundesrepublik ist unter meiner ständigen Mitarbeit und unter meiner Verantwortung als Bundeskanzler und zeitweise als Bundesaußenminister und Bundeskanzler vor sich gegangen. Daher kann ich in einer so kritischen Phase meinen jetzigen Posten nicht verlassen.«

In den letzten Jahren zog sich Adenauer noch stärker als vorher auf die Außenpolitik zurück. Die Berlin-Krisen, die Angst vor einem möglichen Zusammenspiel zwischen Moskau und Washington auf Kosten der Bonner »Alleinvertretungsansprüche«, die Auseinandersetzungen um das Teststopp-Abkommen, der schwierige Balance-Akt zwischen de Gaulles widerspenstigem Europakurs und Kennedys atlantischen Forderungen umkreisten fast pausenlos sein Denken. Die völlig blockierte Ostpolitik sollte mit einem Burgfrieden-Angebot wieder in Bewegung gebracht werden, stieß aber in Moskau auf eisernes Schweigen. Auch die Hoffnung, für die DDR-Bürger zumindest Erleichterungen zu erreichen, ihren Freiheitsraum zu erweitern, scheiterte. Die Versuche, mit dem Kreml wieder das Gespräch über Deutschlandfragen aufzunehmen, kamen jetzt viel zu spät.

Diszipliniert und beherrscht blieb er trotz aller Enttäuschungen und Kämpfe wie immer, aber jetzt wurde doch unübersehbar, daß die Macht ihm aus den Händen glitt. Die Regierungsbildung nach der Wahl im September 1961 schleppte sich 51 Tage hin, wurde zu einem qualvollen, gereizten Geschäft. Die Autorität des Kanzlers, die früher Konferenzen und Verhandlungen so mühelos beherrscht hatte, bröckelte ab. Adenauer konnte die Menschen wieder verachten lernen. Eine Tagebuchnotiz Horst Osterhelds aus den Wochen der Koalitionsverhandlungen: »Diese Machtkämpfe, dieses Jagen nach Posten, dieses gegenseitige Abschießen! ... In der Öffentlichkeit sucht man zu verbreiten, der Kanzler sei inaktiv geworden, zu alt und zu starr für die Leitung eines modernen Staates. Die Führer der FDP und die Frondeure in der Union wissen ganz genau, daß das nicht stimmt. Aber das Gerede kommt ihnen zupaß und einige von ihnen nähren es. Sie hetzen den Elch und suchen, ihn in schwieriges Gelände zu drängen. Vielleicht werden sie jetzt noch kein Halali blasen können; aber der alte Elch wird sich nicht mehr so bewegen können wie bisher.«

Die »Spiegel-Affäre« löste im Herbst 1962 eine Regierungskrise aus. Zum erstenmal brachte der bedrängte Kanzler – was immer er angekündigt hatte: er wollte weitermachen, um jeden Preis – die Große Koalition ins Spiel, das Bündnis mit jenen Kräften also, denen er fünf Jahre vorher noch den »Ausverkauf Deutschlands« zugetraut hatte. Es blieb bei einem Kabinett mit Unions- und

FDP-Ministern. Der alte Mann mußte den Rücktritt für den Herbst 1963 zusagen. Er hatte die Macht über seine Fraktion verloren. Horst Osterheld notierte: »Zwölf Jahre hat er vermocht, sie immer wieder einzufangen, ihre Phantasie zu beschäftigen und sie von seinem Können zu überzeugen. Aber sie wollen sich nicht mehr überzeugen lassen. Sie wollen selbst regieren. Man spürt es Tag für Tag. Die ›Brigade Erhard‹ drückt mächtig auf eine neue kleine Koalition mit der FDP. Erhard bekam, wie ich höre, in der Fraktion oft Sonderbeifall, der Kanzler kaum.« Das Ende einer Karriere.

Der Rest war keineswegs Schweigen. Adenauer blieb Abgeordneter und Parteivorsitzender. Er kämpfte gegen die innere Leere und stichelte gegen den Nachfolger, gab noch manches Interview, das politische Stürme in der Republik auslöste. Die »Erinnerungs«-Bücher wuchsen nur langsam, er war kein Schriftsteller. Aber sie sollten das politische Testament werden. Keine Abrechnung mit den Menschen, die ihm immer gleichgültiger geworden waren, aber mit der gefährlichen neuen Lehre der »Entspannungspolitiker«. So wurden sie auch zu Beschwörungen der Macht, die – wie Adenauer glaubte – allein vor dem Bösen zu schützen vermag. Die Politik hat ihn bis zum letzten Atemzug nicht losgelassen. Sie war zu seinem Schicksal geworden.

Als er starb, neigten sich im Kölner Dom die Großen dieser Welt vor einem der Ihren. Heinrich Krone, einst als Fraktionsvorsitzender einer seiner treuesten politischen Weggefährten in der CDU, aber schrieb am Abend des 19. April 1967 in sein Tagebuch: »Ich habe Konrad Adenauer in stillen Stunden des Abends erlebt, mit ihm gesprochen. Wir beide allein. Er war ein tiefer, gläubiger Mensch und Christ. Er war im letzten einsam.«

Personenregister

Bildnachweis

Archiv für christlich-demokratische Politik, St. Augustin 12

Bundesbildstelle Bonn 8, 10, 11, 14, 15, 16, 18, 19, 20, 23

Stiftung Bundeskanzler-Adenauer-Haus, Bad Honnef-Rhöndorf 1, 2, 3, 4, 5, 6, 9, 13, 18

Süddeutscher Verlag, München 17, 22

Ullstein-Bilderdienst, Berlin 21

Herbert Wiesemann, Düsseldorf 7

Die deutschen Kanzler

Von Bismarck bis Kohl

Herausgegeben
von Wilhelm von Sternburg

Mit 28 Abbildungen
488 Seiten
Band 8032
ISBN 3-7466-8032-8

28 Kanzler haben Deutschland seit der Reichsgründung im Januar 1871 regiert. Ihre politischen Biographien, geschrieben von Rudolf Augstein, Joachim Fest, Fritz Fischer, Klaus Harpprecht, Heinz Höhne, Jürgen Leinemann, Theo Sommer und anderen renommierten Historikern, Politologen und Publizisten, bieten einen »Überblick über die jüngere deutsche Geschichte, der seinen Ausgangspunkt bei den Kanzlerpersönlichkeiten nimmt, aber nicht bei ihnen steckenbleibt«. *Süddeutscher Rundfunk*

»Ein lesenswertes Buch« *Westdeutsche Allgemeine*

AtV

Aufbau Taschenbuch Verlag

Wilhelm von Sternburg

Carl von Ossietzky

Es ist eine unheimliche
Stimmung in Deutschland
Eine Biographie

315 Seiten
Band 1658
ISBN 3-7466-1658-1

Wilhelm von Sternburg schildert Leben und Denken dieses außergewöhnlichen Intellektuellen, der mit republikanischer Zivilcourage für Vernunft und Demokratie stritt.

»Eine lebhafte Darstellung der Glanzzeit deutscher Publizistik in der Weimarer Republik … Stark bewegend sind die Passagen über das komplizierte Verhältnis zwischen Ossietzky und Tucholsky.«
Süddeutsche Zeitung

AtV

Aufbau Taschenbuch Verlag

Ingo Hasselbach
Winfried Bonengel

Die Abrechnung
Ein Neonazi steigt aus

Aktualisierte Ausgabe

192 Seiten
Band 7036
ISBN 3-7466-7036-5

Ingo Hasselbach, jahrelang ein führender Neonazi, gibt einen authentischen Bericht über den Rechtsextremismus in Deutschland. Er beschreibt seinen eigenen verhängnisvollen Weg vom Punk zum Neonazi. Hasselbach nennt Namen, zeigt Strukturen, charakterisiert »Führer« und Anhänger. Er schildert seine Motive für den radikalen Ausstieg aus einer Szene, die wie eine Droge wirkt im Kampf um Anerkennung und Gemeinschaftsgefühl. Auch heute, Jahre nach seinem Ausstieg, muß Hasselbach im verborgenen leben. Präzise verfolgt er die neuesten Entwicklungen und analysiert Fehler, die vor allem von Politikern im Umgang mit der rechten Szene begangen werden.

»Ingo Hasselbach hat sich an seinen eigenen Haaren aus dem rechten Sumpf gezogen.« *Die Zeit*

»Mit seiner Abrechnung will er die eigene Vergangenheit abschütteln und stellt dabei das rechtsextreme Milieu bloß.« *Focus*

AtV

Aufbau Taschenbuch Verlag